Z

17909

LES
GRANDS ÉCRIVAINS
DE LA FRANCE
NOUVELLES ÉDITIONS

PUBLIÉES SOUS LA DIRECTION

DE M. AD. REGNIER

Membre de l'Institut

ŒUVRES
DE
LA ROCHEFOUCAULD

TOME III

PREMIÈRE PARTIE

PARIS. — IMPRIMERIE A. LAHURE
Rue de Fleurus, 9

OEUVRES

DE

LA ROCHEFOUCAULD

NOUVELLE ÉDITION

REVUE SUR LES PLUS ANCIENS IMPRIMÉS
ET LES AUTOGRAPHES

ET AUGMENTÉE

de morceaux inédits, des variantes, de notices, de notes, de tables particulières
pour les *Maximes*, les *Mémoires* et les *Lettres*, d'un lexique des mots
et locutions remarquables, d'un portrait, de fac-similés, etc.

PAR

MM. D. L. GILBERT ET **J. GOURDAULT**

TOME TROISIÈME

PREMIÈRE PARTIE

PAR M. J. GOURDAULT

PARIS

LIBRAIRIE HACHETTE ET Cie

BOULEVARD SAINT-GERMAIN, N° 79

1881

AVERTISSEMENT

La *Notice* placée en tête de ce volume contient tout ce que nous avions à donner d'explications et de renseignements sur la correspondance de la Rochefoucauld, et sur le soin que nous avons apporté à cette partie de notre tâche, dans laquelle M. Tamizey de Larroque, à qui nous renouvelons nos remerciements, a bien voulu nous seconder; il a pris fort obligeamment la peine, comme pour la fin des *Mémoires du cardinal de Retz*, de lire une épreuve, ce qui lui a donné l'occasion de nous communiquer pour notre commentaire plus d'une intéressante référence.

Tout ce qu'il nous reste à faire ici, c'est d'exprimer notre très-vif regret du retard qu'a éprouvé la publication de ce tome III. Nous en disons les raisons aux pages LXIX et LXX de la *Notice biographique*, que les souscripteurs recevront en même temps que cette première partie du tome III et qui complétera le tome I. Le *Lexique* formera, suivi de la *Notice bibliographique*, la seconde partie du tome III; il est prêt depuis longtemps pour les *Maximes* et les *Mémoires*, et il le sera très-prochainement pour les *Lettres*.

LETTRES

NOTICE.

Le recueil des lettres contenues dans ce tome III embrasse une période de quarante ans, de 1637 à 1677, et peut se répartir en deux groupes principaux, correspondant aux deux moitiés si diverses de la vie de la Rochefoucauld. Entre la première lettre, que le futur auteur des *Maximes* écrit à l'âge de vingt-cinq ans, et la dernière que nous ayons pu dater, qu'il adresse, moins de trois ans avant de mourir, au P. Rapin, tout en lui et autour de lui s'est profondément modifié : aux ministères tourmentés de Richelieu et de Mazarin a succédé la phase brillante du règne de Louis XIV, et l'ancien Frondeur, si malencontreusement jeté à la côte par les orages de la politique, n'a plus de goût que pour les douces et intimes relations, où il repose dans les passe-temps littéraires (on n'ose dire rassérène, à cause des *Maximes*) son esprit et son cœur aigris par les aventures.

L'intérêt de la première partie du recueil, celle qui va de 1637 à 1653, est précisément de nous montrer la Rochefoucauld, mieux encore que ne font ses *Mémoires*, dans toute l'ardeur de l'intrigue et de l'ambition. Deux de ces lettres (n°⁵ 2 et 6) ont trait à cette funeste liaison de jeunesse qui, en l'engageant à la suite de Mme de Chevreuse et des autres brouillons d'État, fit de lui, par avance, une recrue assurée de la Fronde. Deux autres, adressées à Mazarin aux mois de septembre et d'octobre 1648, laissent déjà voir que Marcillac, tout en protestant de son « entière obéissance, » commence à peser par onces, comme le Cardinal lui-même dit en ses *Carnets*[1], les conditions de son dévouement; deux mois après, dans un billet au comte de Chavigny, ses prétentions et son dépit s'exhalent.

---

1. *En una balanza a onzas.* (2ᵈ carnet, p. 78.)

On sait quel rôle joua notre auteur dans l'insurrection parisienne qui se termina par la paix de Rueil, enregistrée au Parlement le 1er avril 1649. De cette période, exclusivement consacrée à l'action, il ne nous reste de lui aucune lettre, et il est peu probable que, sauf de courts billets, de rapides avis, il en ait alors écrit un grand nombre. Il reprend la plume l'année suivante, durant la campagne entreprise pour la délivrance des Princes prisonniers, et sa première lettre d'affaires est à l'adresse de Pierre Lenet, cet ancien président, puis procureur général au parlement de Dijon, que les *Mémoires* nous ont fait connaître comme l'homme d'affaires et le financier du parti de Condé, principalement dans la deuxième Fronde.

Nous ne possédons pas moins de trente-six lettres adressées par la Rochefoucauld à ce personnage, la plupart de 1650 à 1653. Les plus importantes sont celles des derniers mois de l'année 1652. Le duc, rentré à Paris avec tout l'état-major de Monsieur le Prince, entretient alors une active correspondance avec l'autre fraction de la Fronde restée à Bordeaux. De l'ensemble de ces lettres écrites par lui ou en son nom, qui sont conservées à la Bibliothèque nationale dans les *Manuscrits de Lenet*[1], huit seulement avaient été publiées jusqu'à présent, quatre par M. Servois, et quatre par MM. Champollion dans la troisième partie de leur édition des *Mémoires de Lenet*[2]. De ces trente-six lettres donc, vingt-huit paraissent ici pour la première fois. Une partie est de la main de notre auteur, avec ou sans signature ; pour celles qui sont d'une autre main,

---

1. *Fonds français*, nos 6702 à 6730, avec un double tome XXI. Il se trouve de nos lettres dans dix des volumes de ce recueil.

2. On a imprimé dans cette partie des *Mémoires de P. Lenet* cinq lettres de plus, que nous ne reproduisons pas en entier : nous ne croyons pas qu'on puisse les considérer comme faisant partie de la correspondance de la Rochefoucauld ; elles sont de celles, dont nous parlons quelques lignes plus loin, que le secrétaire écrivait pour son propre compte. — C'est d'après cette édition de 1838, publiée dans la *Collection Michaud et Poujoulat*, que nous citerons ces *Mémoires de Lenet*, à cause des parties jusque-là inédites qu'elle contient ; pour les autres Mémoires, les renvois se rapporteront, comme dans les deux tomes précédents, à la *Collection Petitot*.

et qui, en général, comme au reste plus d'un des rapides billets du duc lui-même, sont loin d'être des modèles épistolaires, il n'est pas toujours possible de distinguer, d'une manière certaine, si le secrétaire, Gourville, le président Viole, ou quelque autre, a écrit sous la dictée du duc ou du moins par son ordre et en son nom. Il y a présomption pour l'affirmative toutes les fois qu'au dos se trouve cette mention : « Rochefoucauld » ou « M. de la Rochefoucauld. » Quelquefois aussi, à défaut de cet indice, un examen attentif de la pièce autorise une hypothèse dans ce sens. Quant aux lettres que Gourville, par exemple, qui est l'ordinaire et principal secrétaire, a visiblement écrites pour son propre compte, nous nous bornons à en insérer dans les notes, à titre de nouvelles ou de renseignements justificatifs, les passages qui concernent notre auteur ou quelqu'un des siens[1]. Plusieurs de ces missives sont partiellement rédigées en chiffre; mais il y a toujours en interligne, de la main de Lenet lui-même, une clef pour le chiffre et pour les pseudonymes, Astropol, Pluton, Junon, et autres.

Cet ensemble de lettres politiques, dont les dernières sont de l'année 1653, époque où la Rochefoucauld s'est retiré hors de France, constitue la portion la plus neuve et la plus curieuse de notre recueil. C'est tout ensemble un complément et un correctif aux *Mémoires* du duc. A la relation qu'il nous a laissée des troubles contemporains, relation un peu sèche, ne présentant d'ailleurs les choses qu'à l'endroit et visant manifestement à la gravité historique, cette correspondance ajoute toutes sortes de particularités, d'une nature souvent assez piquante; la Fronde s'y laisse surprendre à l'envers, et, si l'on peut dire, en déshabillé : la voilà bien dans son désarroi et son impuissance, avec ses mesquins calculs et toutes ses misères, avec ses défiances nées des égoïsmes individuels et ses *chipotages* (le mot est dans une des lettres, p. 70), fruit naturel des défiances. Dans ses *Mémoires*, la Rochefoucauld n'a rien jeté d'une plume négligente; partout il arrange son personnage et travaille de son mieux à se couvrir : ici, au contraire, il n'a eu ni le temps ni le souci de prendre son point

---

1. Voyez p. 106 et 107, *lettre* 38, note 3; p. 110-112, *lettre* 39, note 13; et p. 116-118, *lettre* 42, notes 6 et 12.

de reculée pour s'assurer de la perspective ; si, par exemple, il est fatigué, découragé, dégoûté, comme l'est aussi le peuple de Paris, il ne s'en cache en aucune façon. Son irrémédiable irrésolution, son défaut de conduite pratique, ce « je ne sais quoi » qu'indique Retz dans le portrait qu'il a tracé de lui[1], paraissent aussi manifestement : tout malade qu'il est et aveuglé par la blessure qu'il a reçue au combat du faubourg Saint-Antoine, il proteste sans cesse qu'il fera jusqu'au bout ce qu'il considère comme son devoir ; il se fâche, jusqu'à parler de coups d'étrivière, contre ceux qui, à Bordeaux, répandent des bruits injurieux pour sa constance de Frondeur[2] ; mais on voit que, malgré tout, il a hâte d'en finir, et que, n'étaient le « principe d'honneur » et cet amour-propre dont plus tard il scrutera si bien les moindres replis, il accepterait immédiatement l'amnistie qui lui est offerte, comme au moins dangereux des rebelles[3].

Le second groupe des lettres de la Rochefoucauld offre un caractère tout différent, et se rapporte à la période de sa vie que j'ai appelée, d'un mot de Montaigne, celle du *ravisement*[4]. Elles sont adressées à la marquise de Sablé, à l'académicien Jacques Esprit, au comte de Guitaut, au jésuite René Rapin, à Mlle de Scudéry, à Lenet derechef, et à divers. Les unes sont inédites, les autres ont été déjà publiées dans des recueils antérieurs, mais sans que les éditeurs aient pris soin de ranger, d'après les dates probables, celles, et c'est le plus grand nombre, qui ne sont point datées : aussi la partie la plus délicate de notre tâche a-t-elle été d'établir le mieux possible, d'après le contenu de chacune d'elles et les allusions qu'elles renferment, leur succession chronologique. Celles de ces lettres qui ont rapport au commerce littéraire d'où est sorti le livre des *Maximes* sont extraites, presque toutes, du recueil en quatorze volumes, de la Bibliothèque nationale, connu sous le titre de *Portefeuilles de Vallant*[5].

Des cent seize lettres dont se compose notre recueil (toutes

---

1. Voyez au tome I, p. 13 et 14.
2. Voyez les *lettres* 35, p. 98 ; 36, p. 101 ; 40, p. 112 ; 41, p. 113.
3. Voyez, au tome I, la *Notice biographique*, p. LVI et LVII.
4. *Ibidem*, p. 1.
5. *Fonds français*, nos 17044 à 17057. C'est dans le tome II,

de la Rochefoucauld ou écrites en son nom, sauf deux, les n°s 102 et 105, que nous ne donnons à cette place que comme annexes à deux lettres de lui), cinquante-deux paraissent ici pour la première fois [1], d'après des autographes de notre auteur ou de secrétaires ; cinquante autres, venant également de pièces manuscrites, sur lesquelles nous avons pu, pour la plupart, les recollationner, avaient été déjà publiées. Dans ce double

n° 17 045, que se trouvent nos lettres, accompagnées souvent, on le verra, de copies de *maximes*; il y a aussi, au tome V du même recueil, fol. 48-57, une longue copie de *Pensées de Pascal*.

1. Des soixante-deux lettres publiées avant notre édition (nous ne comptons pas les n°s 102 et 105), une, notre lettre 101, avait été insérée par le chevalier Perrin dans son édition des *Lettres de Mme de Sévigné*, de 1734; deux autres, les n°s 83 et 112, ont paru en 1806 dans *le Petit Magasin des Dames* (la première, la même année, dans *les Quatre Saisons du Parnasse*); neuf furent publiées par le libraire Klostermann en 1814, puis republiées par Bossange père et Masson en 1824, à la fin du volume des *Lettres inédites de Mme de Sévigné*, d'après des autographes qui étaient alors à Époisse, dans les archives de la maison de Guitaut, mais qui depuis, ayant été prêtés, ne s'y trouvent plus et se sont égarés[a] : trente-six sont dans l'édition des *OEuvres de la Rochefoucauld*, Belin, 1818 (réimprimée en 1820), et dans celle de 1825 ; puis quarante et une ont été données par V. Cousin dans *la Jeunesse de Mme de Longueville* (1855), *Madame de Chevreuse* (1862), et *Madame de Sablé* (1869); deux, dans *Mademoiselle de Scudéry, sa vie et sa correspondance*, par MM. Rathery et Boutron, en 1873 ; quatre, par M. Servois, dans l'*Annuaire-Bulletin de la Société de l'Histoire de France*, en 1863 ; quatre, dans les *Mémoires de Lenet*, en 1838 ; enfin l'édition Plon de 1869 a reproduit, à la fois, celles de Cousin et des éditions de 1818 et de 1825. A ne voir que le titre d'un volume publié par A. Serieys, chez H. Tardieu, l'an X (1801-1802), on pourrait croire qu'il renferme aussi des lettres de l'auteur des *Maximes;* mais ce titre trompe : le la Rochefoucauld dont il donne une lettre, une lettre unique, est la Rochefoucauld de Surgères, celui sans doute qui est mentionné dans notre tome II, p. xxvii, note 4. — Dans les notes préliminaires des *lettres* nous indiquons, pour chacune, les impressions antérieures.

[a] On peut s'étonner que ces neuf lettres n'aient été comprises dans aucune édition des *OEuvres de la Rochefoucauld*, ni dans aucun des ouvrages et recueils que nous citons dans la suite de cette note.

total, quatre-vingt-une sont de la main de la Rochefoucauld, vingt et une d'autres mains. Il y en a douze dont nous n'avons pu retrouver les originaux; nous les donnons, comme on le verra dans les notes, d'après des imprimés. Des quatre-vingt-une lettres autographes de la Rochefoucauld, cinquante-sept sont à la Bibliothèque nationale, dont trente-trois dans les *Portefeuilles de Vallant*, vingt-deux dans les *Manuscrits de Lenet*, deux dans d'autres fonds. Les vingt-quatre autres viennent : une des Archives nationales; une du Dépôt des affaires étrangères; une du British Museum; deux de la bibliothèque Cousin; quatre des archives de la maison de Condé, appartenant à Mgr le duc d'Aumale; et quinze d'autres collections particulières.

Aucune lettre du duc de la Rochefoucauld à Mme de Longueville ne figure dans ce volume [1]. Cette correspondance avec la sœur de Condé, qui serait assurément d'un incomparable intérêt, s'est-elle entièrement perdue? A-t-elle été détruite à dessein? Victor Cousin, dans son livre de *Madame de Longueville pendant la Fronde*, a écrit cette note : « Nous avons eu

---

1. Il parut en 1650 un in-4°, devenu très-rare, de 13 pages non chiffrées, intitulé : *Copie d'une lettre écrite à Madame la duchesse de Longueville*, et daté « de Rotterdam, le 4 mars 1650. » Cette lettre, qui est le n° 792 des *Mazarinades* énumérées par C. Moreau dans sa *Bibliographie*, est signée LA FRANCHISE, « quolibet », dit Retz dans ses *Mémoires* (tome III, p. 500), qui désignait la Rochefoucauld, comme le confirment Mme de Motteville (tome III, p. 420), Gui Joli (p. 179), la duchesse de Nemours (p. 509). Il se peut qu'il y ait eu là une intention moqueuse; mais, à la lecture, on voit bien vite que si l'on a voulu, par cette signature, faire penser à notre auteur, on s'est borné à cette ironie toute superficielle. La pièce est une réponse à la *Lettre de Mme de Longueville au Roi* (n° 1950 de la *Bibliographie des Mazarinades*) et à sa *Requête au parlement de Rouen* (n° 3473), réponse mieux écrite que la plupart des pamphlets de cette époque; mais il était impossible de supposer un seul instant qu'elle pût être l'œuvre du conseiller de Mme de Longueville, de celui qui l'avait accompagnée dans sa fuite jusqu'au lieu d'embarquement : elle est tout autant dirigée contre lui, contre l'instigateur de la princesse, que contre la princesse elle-même. Des dates de lieu on ne peut rien conclure; elles sont souvent, à dessein, fictives : sans quoi, nous pourrions ajouter que la Rochefoucauld n'était point alors à Rotterdam, mais en France.

la bonne fortune de retrouver deux lettres de Mme de Longueville à la Rochefoucauld, datées de Stenay, en 1650; nous les publierons un jour[1]. » Ces deux billets, « insignifiants en apparence, mais où respirent, dit encore l'historien de la princesse, une tendresse et une confiance à toute épreuve, » ont été imprimés dans le *Journal des Savants* (1853, p. 237 et 238). Cousin les avait trouvés à la Bibliothèque nationale, dans les *Manuscrits Clairambault*; c'est là que nous les avons recollationnés pour leur donner place dans notre *Appendice*.

Cet *Appendice* est double. La première partie contient un certain nombre de lettres adressées à la Rochefoucauld ou écrites par ses plus proches parents, son père, sa mère, sa femme, ou, comme une de Gourville à Lenet, une de Mme de la Fayette à Mme de Sablé, étroitement relatives à lui. Ce sont en tout vingt-six ou, en comptant deux annexes, vingt-huit pièces trouvées dans divers dépôts publics : la Bibliothèque nationale, les Dépôts de la Guerre et des affaires étrangères, l'Arsenal, la Bibliothèque Mazarine, les Archives nationales; deux, dans des collections particulières. Quatorze sont inédites. Il n'y a que le billet de Condé (n° 14), tiré des *Mémoires de Lenet*, dont nous n'ayons pu découvrir, dans ses manuscrits, ni original ni copie.

La seconde partie de l'*Appendice*, dont nous n'avons eu les éléments que lorsque notre tome III était déjà tout prêt pour l'impression, se compose de huit lettres, toutes, sauf une, de la Rochefoucauld ou de ses parents, toutes authentiques, inédites, conservées dans les archives de la famille de M. Pol du Rival[2], à Cahuzac (Lot-et-Garonne). Elles sont de teneur insignifiante, mais ont pourtant, comme celles de Mme de Sévigné à son fermier du Buron, qu'on n'a pas omises dans le

---

1. 1re édition (1859), p. 251; 4e édition (1872), p. 249. — Nous ne nous expliquons pas bien cette promesse, faite en 1859, de publier un jour des lettres insérées, dès 1853, dans le *Journal des Savants*; elle signifie sans doute : « Nous les publierons un jour en volume. » L'histoire de la vie de Mme de Longueville devait dans la pensée de Cousin former quatre tomes, dont deux seulement ont paru : voyez l'*Avertissement* de M. Barthélemy Saint-Hilaire, en tête de la 4e édition de *Madame de Longueville pendant la Fronde*.

2. Voyez ci-après, p. 282, note 1.

recueil de ses lettres qui fait partie de notre Collection, leur sorte d'intérêt pour l'histoire de la langue, laquelle doit tenir compte de tous les genres d'écrire et de parler. Nous les devons à notre érudit collaborateur M. Tamizey de Larroque, qui nous en a obtenu de M. Pol du Rival la libérale communication. Nous prions le propriétaire de ces documents et l'obligeant intermédiaire de recevoir ici l'expression de notre gratitude. Nous offrons aussi nos remerciements à M. Tholin, archiviste de Lot-et-Garonne, qui a bien voulu se charger de nous copier ces huit pièces, nous n'avons pas besoin de dire, après l'avoir nommé, avec quelle scrupuleuse exactitude.

Il nous reste à dire un mot d'une omission volontaire, qu'on pourrait être tenté de prendre pour un oubli et qui demande explication. L'éditeur de 1869, égaré par une fausse conjecture dont nous allons parler, a placé parmi les lettres (p. 351 et 352), en l'intitulant : *A Zaïde*, et en le considérant comme « un charmant billet » adressé à Mme de la Fayette, un fragment, écrit de la main de la Rochefoucauld, que V. Cousin avait reproduit ainsi, en 1851, dans le *Journal des Savants*[1] : « Nous trouvons dans les *Portefeuilles de Vallant*[2] un papier de la main de la Rochefoucauld où Mme de la Fayette pourrait bien être intéressée.... C'est, en tout cas, un morceau fort curieux. Au dos est écrit[3] : « M. de la Rochefoucauld donne ceci à juger. »

« J'AI cessé[4] d'aimer toutes celles qui m'ont aimé, et j'adore « Zaïde qui me méprise. Est-ce sa beauté qui produit un effet si « extraordinaire, ou si ses rigueurs causent mon attachement? Seroit-« il possible que j'eusse un si bizarre sentiment dans le cœur, et que « le seul moyen de m'attacher fût de ne m'aimer pas? Ha! Zaïde, « ne serai-je jamais assez heureux pour être en état de connoître si « ce sont vos charmes ou vos rigueurs qui m'attachent à vous? »

« Un autre petit papier (le folio 163), joint au précédent, donne cette variante sur la dernière phrase :

« Ha! Zaïde, ne me mettrez-vous jamais en état de connoître « que ce sont vos charmes et non pas vos rigueurs qui m'ont atta-« ché à vous? »

---

1. Août, p. 732. — 2. Tome II, fol. 162 et 163.
3. De la main de Vallant. — 4. Dans l'original, *sesse*, sans accent.

Après cette citation, Cousin ajoute en note : « Nul passage analogue ne se trouvant dans *Zayde*, nous en concluons que ce n'est pas ici une correction proposée, mais vraisemblablement une déclaration subtilisée, adressée, sur un air de badinage, à la Zaïde qui était alors l'objet des soins et des désirs de la Rochefoucauld. »

C'est fort ingénieux. Malheureusement Cousin n'avait pas assez bien cherché, et, en 1869, on l'a cru sur parole sans chercher après lui : le passage est dans le roman de *Zayde*, de Mme de la Fayette, 2de partie (Paris, Cl. Barbin, 1671), *Histoire d'Alamir, prince de Tharse* (p. 342 et 343)[1]. Ces lignes autographes[2], soumises probablement à Mme de Sablé pour prendre son avis, demeurent, malgré l'erreur commise, intéressantes et curieuses. Elles peuvent être, ou une addition, de la façon de la Rochefoucauld, suggérée par lui pour un endroit du roman, ou une révision d'un passage rédigé par Mme de la Fayette et communiqué par elle, avec demande de conseil, ou des variantes proposées, l'une même double pour la dernière phrase. En tout cas, elles suffiraient, croyons-nous, à prouver, comme nous l'avons dit dans la *Notice biographique* (p. LXXXIII), la collaboration littéraire du duc et de sa noble amie. Nous voyons (p. 132), dans la *lettre* 54, la Rochefoucauld rendre un service du même genre à Mme de Sablé, en lui envoyant, par l'entremise d'Esprit, une addition pour son livre de l'*Éducation des enfants*.

En terminant cette notice, nous ne pouvons nous empêcher d'exprimer un regret. Nous avons dit quel genre d'intérêt offrait notre recueil, soit pour l'histoire des troubles civils, soit pour celle des *Maximes*; mais il ne contient, pour ainsi dire, aucune de ces lettres intimes, expansives, où le cœur s'abandonne, se dévoile, se laisse saisir en ses replis cachés. A part

---

1. Voici le texte du roman, où l'on remarquera, sans changement dans les idées, de notables différences de style : « Je n'ai pu aimer toutes celles qui m'ont aimé; Zayde me méprise, et je l'adore. Est-ce son admirable beauté qui produit un effet si extraordinaire? ou seroit-il possible que le seul moyen de m'attacher fût de ne m'aimer pas? Ah! Zayde, ne me mettrez-vous jamais en état de connoître que ce ne sont pas vos rigueurs qui m'attachent à vous ? »

2. Nous en donnons le fac-similé dans l'*Album*.

deux ou trois d'entre elles, et çà et là quelques passages, toutes sont ou de simple politesse et de compliment, ou correspondance d'affaires, missives d'homme pressé se bornant au nécessaire, qu'il s'agisse, soit de politique, comme dans la première partie du volume, soit, comme dans la seconde, de rapides communications et consultations littéraires. De l'homme lui-même, et l'on en peut dire autant de Corneille, de la Bruyère, de Molière, il ne nous reste aucune confidence écrite, aucune de ces pages, en manière de causeries, où la plume court la bride sur le cou. Mais peut-être, après tout, n'a-t-il pas écrit beaucoup de ces lettres où l'on aimerait à recueillir un supplément d'informations, et, en quelque sorte, des aveux sur la vie morale de l'auteur. Outre qu'à ce point de vue il avait pu s'épancher de reste dans les *Maximes*, il ressemblait peu, par le caractère, par la nature et le tour d'esprit, aux grands épistoliers, aux Cicéron, aux Sévigné, aux Voltaire. Ce qui le distinguait, ce n'était point la verve, l'abondance, le trop-plein. Après les déboires de cette ambition, toujours trompée et toujours renaissante, où son plus bel âge s'était consumé, le cercle au milieu duquel il vécut suffisait sans doute à le satisfaire et ne laissait guère à son esprit, un peu paresseux au demeurant, le loisir et le goût de ces échappées. A partir de 1665, comme nous le disons dans la *Notice biographique*, l'auteur des *Maximes* était devenu une sorte d'oracle, et son suffrage était recherché comme le garant de celui du public. Sans être insensible à ce genre de gloire, il prenait discrètement son rôle, parlant peu en société, avare de louanges pour lui-même[1] et pour les autres, ne contestant jamais[2], et, dans les conversations comme la plume à la main, préoccupé de proportionner les termes aux choses. Bref, c'était, avant tout, un esprit sobre, observateur, réfléchi, même dans l'abandon de l'intimité, aimant à se concentrer sur un point unique. Qui se plaindrait que le temps que tant d'autres auteurs emploient à multiplier leurs ouvrages, la Rochefoucauld n'en ait usé que pour perfectionner et polir le sien ?

1. *Segraisiana* (1721), p. 28 et 29.
2. *Ibidem*, p. 153.

LETTRES.

1. — LE PRINCE DE MARCILLAC A SERISAY[1].

Je me donnerois l'honneur d'écrire à Monsieur, si je — 1637

LETTRE 1. — Revue sur l'autographe conservé au Dépôt des affaires étrangères (*France*, tome 86, fol. 51 et 52); cachets à demi conservés. Elle a été publiée pour la première fois par V. Cousin, dans la seconde édition de *Madame de Chevreuse* (*Appendice*, p. 429), et reproduite dans les éditions suivantes. On voit, par le contenu, qu'elle est de 1637, année où la duchesse de Chevreuse s'enfuit en Espagne. « La lettre n'est pas signée, dit V. Cousin en note à l'endroit cité, mais l'authenticité n'est pas douteuse : l'écriture est tout à fait celle qu'a toujours gardée la Rochefoucauld; c'est la première lettre que nous connaissions du futur auteur des *Maximes*. » Voyez ci-après, p. 16, la note préliminaire de la *lettre* 2.

1. Serisay ou Serizay[a] était membre de l'Académie française, dont il fut le premier directeur (de mars 1634 à janvier 1638). Gourville (*Mémoires*, p. 493) dit qu'il « avoit beaucoup d'esprit et étoit secrétaire de M. de la Rochefoucauld le père; » un peu plus loin (p. 496), il l'appelle « homme d'esprit, mais fort bouillant. » Voici la notice que lui consacre Pellisson dans le *Catalogue des Académiciens* (voyez son *Histoire de l'Académie*, édition Livet, tome 1, p. 266 et 267) : « Jacques de Serisay, né à Paris (*vers* 1590), intendant de la maison du duc de la Rochefoucauld. Il n'y a rien d'imprimé de lui; mais il a beaucoup de poésies et d'autres œuvres en prose à imprimer. » Le continuateur, d'Olivet, ajoute : « Il mourut à la Rochefoucauld (*Charente*) au mois de novembre 1653. Du reste, il ne m'est connu par nul endroit, si ce n'est par quelques poésies, mais fort courtes et en petit nombre, imprimées dans les

---

[a] On écrivait aussi *Cerizay* (voyez notre tome II, p. XXXIII, et les *Recueils* de Serey, cités dans la suite de cette note); il y a un chef-lieu de canton de ce nom dans l'arrondissement de Bressuire (Deux-Sèvres).

1637 ne savois que Madame[2] lui mande toutes les nouvelles qu'elle sait, et les particularités d'une affaire qui nous met en peine. Vous saurez donc que Mme de Chevreuse[3] m'a fait l'honneur de m'écrire une lettre, dont je vous envoie une copie[4], à laquelle j'ai obéi en lui en-

recueils de Sercy[a]. » — On lit, aux pages 91 et 92 du même tome de la même *Histoire de l'Académie*, que Serisay, ayant été mandé par le cardinal de Richelieu, en même temps que d'autres membres chargés, avec lui, de polir les *Sentiments de l'Académie sur* LE CID, s'excusa de se rendre à cette invitation « sur ce qu'il étoit prêt à monter à cheval pour s'en aller en Poitou. » Ailleurs (tome I, p. 152) Pellisson fait de lui cet éloge, que, dans ses harangues, « il satisfaisoit tout le monde au dernier point. » A la page 20 du même tome, il cite une lettre écrite par lui à Richelieu (22 mars 1634), au nom de l'Académie. Nous avons trouvé une autre lettre du même personnage, datée de Verteuil (28 octobre 1647), dans les *Papiers de Conrart*, in-4°, tome XIV, p. 69-71 (Bibliothèque de l'Arsenal).

2. *Monsieur*, à la ligne précédente, désigne le duc François V, né en 1588, mort en 1650, premier duc de la Rochefoucauld, père de notre auteur. Il était alors à Paris : voyez V. Cousin, *la Jeunesse de Mme de Longueville*, p. 296. On trouvera de lui, à l'*appendice* I, cinq lettres, plus une annexe à la *lettre* 3. — *Madame*, c'est-à-dire la mère de l'auteur, Gabrielle du Plessis-Liancourt, fille de Charles du Plessis, seigneur de Liancourt, et d'Antoinette de Pons, marquise de Guercheville, qui fut dame d'honneur de Marie de Médicis, et inspira une inclination passagère à Henri IV. François V de la Rochefoucauld l'avait épousée en juillet 1611. Malherbe parle de ce futur mariage, comme tenu pour « indubitable, » dans une lettre à Peiresc, du 2 février 1610 : voyez ses *OEuvres*, tome III, p. 134.

3. Sur Mme de Chevreuse, voyez, dans notre tome II, la note 3 de la page 4 des *Mémoires*.

4. Cette copie ne se trouve pas jointe à la lettre à Serisay, au Dépôt des affaires étrangères. — Au sujet des faits dont il s'agit ici, voyez, à la page 15, la note 10 de cette lettre ; les pages 33 et suivantes des *Mémoires* ; le billet de Mme de Chevreuse, inséré, *ibidem*, dans la note 2 de la page 34 ; et ci-après, dans l'*appendice* I, es pièces énumérées dans la note 10 de la page suivante.

[a] Voyez les *Poésies choisies*, 5ᵉ partie (Paris, Sercy, 1660), p. 374, 376 et 380.

voyant un carrosse et des chevaux pour aller à Xaintes; mais nous avons appris par leur retour qu'elle a pris un autre chemin, comme vers Bordeaux[5], de sorte que, ne sachant si cette affaire-là n'est point de conséquence, nous avons cru qu'il en falloit donner avis à Monsieur. Si ce n'est rien, je serai bien aise qu'on n'en fasse point de bruit. J'ai reçu aujourd'hui de vos lettres; mais je n'en suis pas plus informé de nouvelles que j'étois auparavant. Je vous prie de faire retirer soigneusement une caisse[6] qui est portée par la charrette de Poitiers, qui partira jeudi. Voilà toutes mes commissions pour cette heure. J'espère que vous aurez plus de curiosité d'apprendre des nouvelles, afin de pouvoir m'en instruire mieux que vous n'avez fait jusques à présent[7]. Je vous donne le bonsoir.

Adieu[8], mandez-moi toujours l'état de votre santé.

A Vertœil[9], ce 13 septembre [1637[10]].

Suscription : A Monsieur Monsieur de Serisay.

---

5. « Comme vers Bordeaux » est en interligne dans l'original.

6. Dans l'autographe, *quaisse*.

7. L'auteur avait écrit d'abord *aujourd'hui*, qu'il a biffé, sauf la première lettre, et remplacé par *présent*, en interligne; puis, trouvant sans doute la correction confuse, il a effacé le tout, et récrit *à présent* à la marge.

8. Cette dernière phrase est en post-scriptum, après un parafe.

9. Sur le château de Verteuil ou Vertœil[a], voyez la note 1 de la page 34 des *Mémoires*, et la *Notice biographique*, p. vii, note 1.

10. Le même jour, 13 septembre, Mme de la Rochefoucauld, mère de notre auteur, écrivit, au sujet de la fuite de Mme de Chevreuse, une lettre que nous donnons à l'*appendice* 1 (p. 231-243) avec plusieurs autres pièces relatives aussi à cette fuite, à savoir : la *Relation* du président Vignier à Richelieu; celle du duc François V de la Rochefoucauld, et sa lettre du 12 novembre; le tout,

---

[a] Nous avons les deux orthographes dans nos lettres, le plus souvent *Vertœil* : voyez à l'*appendice* 1, p. 230 et 232.

LETTRES.

2. A M. DE LIANCOURT[1].

Septembre 1638.

Mon très-cher oncle,

Comme vous êtes un des hommes du monde de qui j'ai toujours le plus passionnément souhaité les bonnes grâces, je veux aussi, en vous rendant compte de mes actions, vous faire voir que je n'en ai jamais fait aucune qui vous puisse empêcher de me les continuer, et je confesserois moi-même en être indigne, si j'avois manqué au respect que je dois à Monseigneur le Cardinal, après

déjà publié par V. Cousin, mais revu et corrigé par nous d'après le manuscrit du Dépôt des affaires étrangères.

Lettre 2. — Revue sur un autographe faisant partie de la collection léguée par M. le baron de Stassart à l'*Académie royale des Sciences, des Lettres et des Beaux-Arts*, de Belgique. Cette lettre a été publiée dans *la Jeunesse de Mme de Longueville* (3ᵉ édition, *Appendice*, p. 467; 8ᵉ édition, p. 530); V. Cousin l'y a fait précéder de cette introduction : « Nous croyons faire un cadeau de quelque valeur à la littérature en lui donnant tout entière cette lettre, la première que nous connaissions de la Rochefoucauld (*Cousin dit cela avant d'avoir découvert la lettre à Scrisay et le redit encore après, par mégarde*), et qui est comme l'essai de cette plume naturelle, aisée, ingénieuse. On voit qu'à vingt-cinq ans, en 1638, il écrivait déjà avec une netteté et une correction peu commune. L'original nous a été communiqué par feu M. le baron de Stassart, de Bruxelles, lequel l'avait acheté à la vente de M. le baron de Trémont (*Catalogue* de 1852, p. 118). Une main ancienne a mis en tête : « M. de Marcillac à M. de Liancourt, septembre 1638, touchant les pierreries de Mme de Chevreuse. »

1. Roger du Plessis, duc de la Roche-Guyon (1643), seigneur de Liancourt, frère de la mère de l'auteur, mort le 1ᵉʳ août 1674, à l'âge de soixante-quinze ans. Il prêta serment et prit sa place au Parlement, comme duc et pair, dans la séance royale du 14 décembre 1663 : voyez la *Gazette* du 22. Il avait épousé Jeanne de Schonberg, fille du maréchal Henri de Schonberg et de Françoise d'Épinai. Voyez les *Mémoires*, p. 98, note 2, et le *Port-Royal*, de Sainte-Beuve, tome V, p. 41-50.

que notre maison en a reçu tant de grâces, et moi tant de protection dans ma prison², et dans plusieurs autres rencontres, dont vous-même avez été témoin d'une grande partie. Je prétends donc ici vous faire voir le sujet que mes ennemis ont pris de me nuire, et vous supplier, si vous trouvez que je ne sois pas en effet si coupable qu'ils ont publié, d'essayer de me justifier auprès de Son Éminence, et de lui protester que je n'ai jamais eu de pensée de m'éloigner du service que je suis obligé de lui rendre, et que l'entrevue que j'ai eue avec un appelé Tartereau³ a été sans nulle circonstance que j'aie cru qui lui pût déplaire, comme vous apprendrez par ce que je vas vous en dire.

Lorsque je fus la dernière fois à Paris, pour donner quelque ordre aux affaires que Mme de Mirebeau⁴ nous avoit laissées en mourant, un gentilhomme, que je ne connoissois point, me vint trouver, et, après quelques civilités, me dit qu'il en avoit à me faire d'une personne qui avoit beaucoup de déplaisir d'être cause de tous

1658

2. Dans cette lettre, évidemment destinée à être mise sous les yeux de Richelieu, la Rochefoucauld se justifie « d'une façon si humble, qu'elle nous rend fort suspecte, dit V. Cousin dans l'ouvrage cité (p. 297), la fière attitude qu'il se donne au sortir de la Bastille. » Voyez les *Mémoires*, p. 37-40, où il raconte sa visite au Cardinal et se vante de n'être point entré en justification sur sa conduite.

3. Voyez, au tome II, la note 3 de la page 40 des *Mémoires*, où l'on a eu tort d'imprimer *Tartareau*.

4. La mère de la femme de notre auteur, Marie-Antoinette de Loménie, fille d'Antoine de Loménie, seigneur de la Ville-aux-Clercs, secrétaire d'État ; elle avait épousé, en premières noces, André de Vivonne, seigneur de la Béraudière et de la Châteigneraye, mort en 1616 ; et, en secondes noces (1622), Jacques Chabot, marquis de Mirebeau, comte de Charni, lieutenant général au gouvernement de Bourgogne. Veuve pour la seconde fois en 1630, elle était morte en juin 1638, sans laisser d'enfants de cette dernière alliance.

1638 ceux que j'avois reçus, depuis un an [5]; qu'il avoit ordre de Mme de Chevreuse de me voir, et de m'assurer qu'elle avoit été bien fâchée de la peine que j'avois soufferte, et bien aise de ce qu'elle étoit finie; ensuite de cela, il me dit que ce n'étoit pas là le seul sujet de sa visite, et que Mme de Chevreuse me prioit de lui remettre entre les mains les pierreries qu'elle m'avoit confiées, lorsqu'elle me renvoya mon carrosse [6]. Je lui témoignai que ce discours me surprenoit extrêmement, et que je n'avois jamais ouï parler des pierreries qu'il me demandoit. Il me répondit que je faisois paroître d'avoir beaucoup de méfiance de lui, et que, puisque je ne me contentois pas de la particularité qu'il me disoit, il alloit me faire voir une marque qui m'ôteroit de soupçon [7], en me donnant une lettre que Mme de Chevreuse m'écrivoit sur ce sujet. Je lui dis que, bien que je fusse son très-humble serviteur, néanmoins je pensois qu'elle ne dût pas trouver étrange si, après les obligations que j'ai à Monseigneur le Cardinal, je refusois de recevoir de ses lettres, de peur qu'il ne le trouvât mauvais [8], et que je ne voulois me mettre en ce hasard-là pour quoi que ce soit au monde. Il me dit que je ne devois pas appréhender en cela de lui déplaire, pource qu'il m'engageoit sa foi et son honneur qu'il n'y avoit rien dedans qui fût, directement ni indirectement, contre les intérêts de Son Éminence, et que c'étoit seule-

5. Mme de Chevreuse était passée d'Espagne en Angleterre au commencement de 1638. Elle y resta jusqu'au 1ᵉʳ mai 1640, date de son départ de Londres pour la Flandre.
6. Voyez les *Mémoires*, p. 35.
7. Dans le texte de Cousin : « qui m'ôteroit le soupçon »; quinze lignes plus loin : *vu*, pour *lu*.
8. La Rochefoucauld s'était engagé, envers le Cardinal, à rompre tout commerce avec Mme de Chevreuse : voyez les *Mémoires*, p. 31.

ment pour me redemander son bien, qu'elle m'avoit donné à garder. Je vous avoue que, voyant qu'il me parloit ainsi, je crus être obligé de prendre sa lettre, où, après avoir lu qu'elle me prioit de remettre ses pierreries entre les mains de ce Tartereau, je vis aussi qu'il m'en devoit donner une pour une personne qu'elle ne me nommoit point[9]. Je lui dis que ce n'étoit pas là observer ponctuellement la promesse qu'il m'avoit faite, et qu'il savoit bien que Mme de Chevreuse ne se contentoit pas de me redemander ses pierreries, mais qu'elle me chargeoit aussi de faire tenir une lettre à une personne, sans me la nommer, et que je trouvois bien étrange qu'il m'eût pressé de lire celle qu'il m'avoit donnée, après la déclaration que je lui avois faite dès le commencement. Il me répondit là-dessus que, quoiqu'il y eût quelque chose de plus qu'il ne m'avoit dit, il n'avoit pas toutefois manqué à sa parole, pource qu'il avoit eu ordre, s'il me trouvoit à la cour, de me dire que cette seconde lettre étoit pour la Reine, et de savoir si je m'en voudrois charger; sinon, de faire pressentir à la Reine, sans qu'elle se pût douter de rien, si elle feroit difficulté[10] d'en recevoir de particulières de Mme de Chevreuse; mais qu'ayant témoigné fort nettement qu'elle trouveroit seulement bien étrange qu'on eût eu cette pensée-là, en l'état où sont les choses, il avoit aussitôt jeté cette lettre au feu, selon l'ordre qu'il en avoit, et qu'ainsi je ne me devois mettre en peine de quoi que ce soit, que de lui remettre les pierreries qu'on me demandoit, et que ce fût si secrètement que

---

9. Cette personne était, comme il est dit douze lignes plus loin, la reine Anne d'Autriche.
10. Cousin donne ici une leçon peu intelligible : « de la faire présenter à la Reine..., si elle fesoit difficulté ».

1638 M. de Chevreuse et ses domestiques n'en sussent rien : de sorte que je crus n'y devoir plus apporter de retardement, et lui dis qu'il falloit que je partisse bientôt pour m'en retourner chez mon père, que je ferois quelque séjour à Amboise, et, s'il vouloit s'y rendre dans ce même temps, que j'y ferois trouver les pierreries. Nous prîmes donc jour ensemble, et le lieu devoit être en une hôtellerie qui se nomme *le Cheval bardé* [11], où il ne se rendit que deux jours après celui qu'il m'avoit promis, et si tard, que je n'eus de ses nouvelles que le lendemain, où je le fus trouver au lit, et si incommodé d'avoir couru la poste qu'il fut longtemps sans se pouvoir lever, ce qui l'obligea de me prier de sortir jusqu'à ce qu'il fût en état de me voir. J'allai cependant dans un petit jardin, où je me promenai près d'une heure, et même il m'y envoya faire des excuses de ce qu'il ne m'y venoit pas trouver, mais qu'il avoit été si mal depuis que je l'avois quitté, qu'il avoit pensé évanouir [12] ; néanmoins qu'il se portoit mieux, et que, si je voulois monter dans sa chambre, je l'y trouverois habillé. J'y fus, et lui fis voir des étuis et des boîtes cachetées ; nous résolûmes de les ouvrir, et de mettre en ordre ce que nous trouverions dedans, afin de le compter plus aisément. Tout étoit enveloppé dans de petits paquets de papier et de coton séparés, de sorte qu'il fallut beaucoup de temps pour les défaire sans rien rompre, et beaucoup plus encore pour compter séparément les diamants, tant des boutonnières que des bijoux, des bagues, et des autres pièces, outre les émeraudes, les perles, les rubis et les turquoises, dont il a mis le nombre,

---

11. *Le Cheval bardé*, c'est-à-dire couvert de l'armure appelée *barde*, qui était faite de lames de fer placées sur le poitrail.
12. Dans le texte de Cousin, *s'évanouir*.

la forme, et la grosseur dans l'inventaire qu'il me laissa, que je vous envoierai, ou une copie, aussitôt que ma maladie me donnera la force de pouvoir regagner Vertœil. Il me pria, ensuite de cela, de lui aider à remettre les choses au même état qu'elles étoient, et, après avoir tout arrangé le mieux que nous pûmes, je le priai de faire mes très-humbles compliments à Mme de Chevreuse, et de l'assurer qu'elle n'avoit point de serviteur en France qui souhaitât si passionnément que moi qu'elle y revînt avec les bonnes grâces du Roi et de Monseigneur le Cardinal. Je vous puis assurer, mon oncle, que voilà quelle a été notre entrevue, et que je n'ai jamais cru me pouvoir empêcher de rendre un bien qu'on m'avoit confié. Si je suis toutefois si malheureux que cela ait déplu à Son Éminence, j'en suis au désespoir, et vous supplie d'essayer de me justifier autant que vous le pourrez, et de me témoigner, en cette rencontre ici, que vous me faites toujours l'honneur de m'aimer, et de me croire,

 Mon très-cher oncle,

  Votre très-humble et très-obéissant neveu
  et serviteur,

      MARCILLAC.

3. — A L'ABBÉ DE THOU[1].

Monsieur,

J'ai une extrême honte de vous donner de si foibles marques de la part que je prends en votre déplaisir, et de ce qu'étant obligé en tant de façons[2] à feu Monsieur votre frère, je[3] ne peux vous témoigner que par des paroles la douleur que j'ai de sa perte, et la pas-

---

Lettre 3. — Revue sur l'autographe conservé à la Bibliothèque nationale, *Collection du Puy*, tome CMXV, fol. 181 et 182. En tête est le parafe de notre auteur et, d'une autre main, cette mention : « M. le prince de Marcillac. » Cette lettre a déjà été publiée par V. Cousin dans *la Jeunesse de Mme de Longueville* (au chapitre IV de la 8e édition, p. 299 et 300 ; dans la première où elle ait paru, à savoir la 3e, à l'*Appendice*, p. 470) ; elle ne porte point de date, mais on supplée aisément à cette omission ; elle figure, dans le recueil que nous venons d'indiquer, parmi un grand nombre d'autres lettres de condoléance, adressées, en septembre et octobre 1642, au même abbé de Thou, frère de François-Auguste de Thou (le fils aîné de l'historien), décapité à Lyon, avec son ami Cinq-Mars, le 12 septembre : voyez les *Mémoires*, p. 45 et note 2. Nous indiquerons, par exemple, outre la lettre de Marie de Gonzague, du 1er octobre (fol. 103), mentionnée par V. Cousin (p. 299, note 1), une lettre de M. de Liancourt, du 18 septembre (fol. 65), une de l'abbé de la Rochefoucauld, du 6 octobre (fol. 120 et 121), une du duc de Beaufort, du 23 octobre (fol. 146), une, sans date, du duc de Longueville (fol. 172).

1. Jacques-Auguste de Thou, troisième fils de l'historien, était alors abbé de Bonneval, comme on le voit par la suscription de plusieurs des lettres contenues au volume de la *Collection du Puy* mentionné dans la note précédente (entre autres, fol. 12 verso et fol. 51 verso). Il fut reçu conseiller au parlement de Paris le 20 mars 1643, devint président en la première chambre des Enquêtes, et, en 1657, ambassadeur en Hollande. Il mourut à Paris, en septembre 1677. Le second fils de l'historien, Achille-Auguste, était mort en 1635.

2. Texte de Cousin : « de tant de façons à Monsieur votre frère » ; un peu après, *puis*, pour *peux*.

3. Devant *je*, on lit dans l'autographe les mots : *j'ai* (dans la ligne) *et que* (en interligne), biffés.

sion que je conserverai toute ma vie de servir ce qu'il
a aimé. C'est un sentiment que je dois à sa mémoire
et à l'estime que je fais de votre personne. Je vous
serai extrordinairement [4] obligé si vous me faites l'honneur de croire que j'aurai toujours beaucoup de respect
pour l'une et pour l'autre [5], et que je suis,
 Monsieur,
  Votre très-humble et très-affectionné serviteur,
        Marcillac.

[1642]

Suscription : Monsieur Monsieur l'abbé de Thou.

---

4. — AU DUC D'ENGHIEN.

1643

Monseigneur,

Si quelque chose pouvoit diminuer la joie que j'ai de
la gloire que Votre Altesse vient d'acquérir dans une
des plus célèbres actions du monde [1], ce seroit, Monseigneur, de ce qu'étant plus obligé que personne d'en
ressentir une extrordinaire [2], je ne peux néanmoins la

---

4. Telle est bien l'orthographe de l'original [a]. Plus haut, la
Rochefoucauld a écrit *je ne peus* et *pation*.

5. Texte de Cousin : « pour l'un et pour l'autre ».

Lettre 4. — Copiée sur un autographe qui se trouve dans les
archives de la maison de Condé, et qui appartient à Mgr le duc
d'Aumale. Deux feuillets; deux cachets de cire rouge sur lacs de
soie noire.

1. La victoire de Rocroy, remportée par le duc d'Enghien, le
19 mai 1643.

2. Voyez la *lettre* précédente, note 4.

[a] Voyez *lettre* 4 et note 2; *lettre* 8 et note 1.

faire paroître à Votre Altesse que de la même sorte dont toute la terre s'est déjà servie [3], ni Lui témoigner autrement que par des paroles le zèle que j'ai pour son service et avec quelle passion je souhaite que vous me fassiez l'honneur de me croire,

Monseigneur, de Votre Altesse

Le très-humble et très-obéissant serviteur,

MARCILLAC.

A Paris, ce 23e mai 1643.

Suscription : A Monseigneur Monseigneur le Duc.

5. — AU DUC D'ENGHIEN.

MONSEIGNEUR,

Je serai extrêmement heureux si, parmi la joie que toute la terre fait paroître à Votre Altesse de ses victoires [1], Elle me fait l'honneur de considérer particulièrement celle que j'en ressens, et de croire que, comme

---

3. Dans l'original, *servi* (*servy*), sans accord.

LETTRE 5. — Copiée, comme la précédente, sur un autographe qui se trouve dans les archives de la maison de Condé, et qui appartient à Mgr le duc d'Aumale. Deux feuillets; deux cachets de cire rouge sur lacs de soie verte. Au dos, une cote d'une écriture ancienne porte : « M. le prince de Marcillac, 4e septembre 1643. »

1. Thionville avait capitulé le 8 août 1643, et le duc d'Enghien en avait pris possession le 10. Il « demeura trois semaines dans sa conquête, qu'il remit en état de défense, et il la laissa sous la garde d'un gouverneur, avec deux mille hommes de garnison, pour aller reprendre Sirk sur la Moselle, place de l'électorat de Trèves, dont les Espagnols s'étaient emparés en 1635. Il s'en rendit maître en trois jours (3 septembre). » (Bazin, *Histoire de France sous Louis XIII et sous le ministère du cardinal Mazarin*, tome III, p. 244.)

Votre Altesse n'a point de serviteur qui souhaite l'augmentation de sa gloire si passionnément que moi, il n'y en a point aussi qui se réjouisse davantage de voir de quelle sorte Votre Altesse l'établit par tout le monde, et qu'Elle fait des actions si proportionnées à sa naissance et à l'espérance qu'on a toujours eue de sa conduite. C'est un sentiment que je suis obligé d'avoir par tant de raisons, que je me persuade que Votre Altesse me fera l'honneur de croire que je le conserverai éternellement et que je serai toujours plus respectueusement que personne du monde,

  Monseigneur, de Votre Altesse
   Le très-humble et très-obéissant serviteur,

        MARCILLAC.

A Paris, ce 4ᵉ septembre [1643].

Suscription : A Monseigneur Monseigneur le Duc.

---

6. — A TULLIN [1].

TULLIN, si le lieu où cette biche a été tuée est dans la terre d'Anville[2], faites-en faire des informations et

---

LETTRE 6. — Copie d'un autographe de l'ancienne collection de Charavay aîné. V. Cousin cite en note un extrait de cette lettre dans l'*Appendice* de *Madame de Chevreuse*, p. 438, édition de 1862.

1. Un des serviteurs de la Rochefoucauld, qui fut interrogé à Tours par le président Vignier, lors de l'enquête relative à la fuite de Mme de Chevreuse. Voyez, au tome II, les *Mémoires*, p. 36 et note 2, et, ci-après, à l'*appendice* 1, p. 233-237, la *Relation du président Vignier*, où la Rochefoucauld, dans l'enquête faite par le président, appelle Thuillin (le nom est écrit ainsi dans cette pièce) « un sien valet de chambre. »

2. La terre d'Anville (Charente, à trente-deux kilomètres N. O. d'Angoulême) était entrée dans la famille de Vivonne par le ma-

1643 me les envoyez le plus tôt que vous pourrez, et, en cas qu'elle ait été tuée hors de la terre, voyez M. des Rivières[3] de ma part, et lui dites que, comme toutes les bêtes fauves de ces quartiers-là viennent de Tusson[4] ou d'Anville, que je le supplie de défendre à ses valets d'en tirer, et faites la même prière à tous les gentilshommes de mes amis. Pour ce qui est de la jument, faites en sorte de la vendre, si ce n'est qu'elle fût[5] de la taille et du poil des miennes. J'ai déjà écrit au fils de Malbastit[6]; mais s'il n'a point reçu ma lettre, faites-lui savoir que Mme de Chevreuse veut marier Mlle de Bessé[7]

riage de Renaut de Vivonne, mort en 1418, avec Marie de Matas, Mastas ou Matha, dame d'Anville, fille de Foulques de Matas, seigneur d'Anville; puis dans la maison de la Rochefoucauld par le mariage d'Andrée de Vivonne, dame de la Châteigneraye et d'Anville, avec François VI, notre auteur. Voyez la *Notice biographique*, p. xi et note 2.

3. Il y a une commune du nom de Rivières, à trois kilomètres de la Rochefoucauld, près de la forêt de Braconne.

4. Village de l'Angoumois (Charente), à seize kilomètres de Ruffec, à quarante N. E. d'Angoulême.

5. A moins qu'elle ne fût, qu'elle ne soit.

6. Sur Malbastit, gentilhomme du duc de la Rochefoucauld, et sur son fils, qui avait une liaison avec une des femmes de la maison de Mme de Chevreuse, Mlle de Bessé, dont le nom vient ci-après, voyez, dans *Madame de Chevreuse* (*Appendice*, p. 436, 437, 438 et note 1), l'*Extrait de l'information faite par le président Vignier de la sortie de Mme de Chevreuse hors de France*, où le nom est écrit *Malbasty*. — Le second *appendice* de ce tome III contient sept lettres à Malbastit : voyez p. 282, note 1.

7. Nous ne savons si la personne ici désignée appartenait à la famille de Henri de Bessé ou de Besset, sieur de la Chapelle-Milon, littérateur, contrôleur des bâtiments en 1683 (voyez notre tome I, p. 354 et note 3). Dans le département de la Charente, tout près de Tusson, à quatorze kilomètres de Ruffec, est une petite commune du nom de Bessé, au sujet de laquelle nous lisons dans l'*Histoire de l'Angoumois*, de Vigier de la Pile (1846, in-4°, p. cxxxix) : « Il y a une maison noble qui en porte le nom; elle est composée de deux fiefs différents, qui appartiennent,

à un gentilhomme, et que c'est une affaire qu'elle affectionne extrêmement ; c'est pourquoi avertissez Malbastit de ne s'y opposer point, pource qu'aussi bien cela ne serviroit qu'à aigrir Mme de Chevreuse encore plus contre lui. Dites-lui aussi que je lui conseille de renvoyer à Mlle [de] Bessé toutes les lettres qu'il a d'elle, afin de témoigner plus de respect à Mme de Chevreuse, et qu'il lui rend cette déférence dans une chose qui lui est extrêmement sensible ; enfin vous le pouvez assurer qu'on lui saura gré d'en user comme je vous mande, et, de plus, qu'il me fera plaisir. Envoyez-y un homme exprès, afin d'avoir promptement réponse, et envoyez-lui plutôt ma lettre en cas qu'il n'ait pas reçu celle que je lui ai écrite. Faites mes compliments à tous mes amis et m'en mandez des nouvelles et de l'état où est la terre d'Anville et la forêt.

MARCILLAC.

A Paris, ce 28me septembre 1643.

---

7. — AU CARDINAL MAZARIN. 1648

MONSEIGNEUR,

J'aurois plus tôt rendu mille très-humbles grâces à Votre Éminence de l'honneur qu'Elle m'a fait dans la

---

depuis près de deux siècles, à la maison de Danché. » Voyez aussi les *Chroniques fontenaisiennes* (notamment p. 310), par A. D. de la Fontenelle de Vaudoré, Fontenay-le-Comte, 1841, in-8°; le nom y est écrit *Bessay*.

LETTRE 7. — Vue sur l'autographe, qui faisait partie de la collection de M. Feuillet de Conches; sept pages in-folio; cachets conservés. Elle porte en tête, d'une autre main, cette mention :

lettre qu'il lui a plu d'écrire à mon père, si je n'avois cru que ce devoir lui seroit moins désagréable en l'accompagnant des assurances que je puis donner à Votre Éminence de l'entière obéissance où j'ai trouvé la province de Poitou. Il est vrai, Monseigneur, qu'elle n'a pas été d'abord égale partout, et que quelques habitants d'un lieu nommé Sainte-Hermine et d'un autre nommé Sainte-Geme[1], ayant été pour démolir deux bureaux de leur voisinage des Traites de Charente[2], j'ai cru les devoir punir plus sévèrement que les autres, et

« 1er septembre 1648, M. de Marcillac, » mention qui se trouve répétée ainsi, au dos de la lettre : « M. de Marcillac, 1er septembre 1648. » — On a vu, dans les *Mémoires* (au tome II, p. 104 et 105), et aussi dans l'*Apologie de M. le prince de Marcillac* (p. 459 et 460, à la suite des *Mémoires*), qu'au moment où la Fronde éclatait à Paris par l'arrestation de Broussel et de Blancmesnil, à la fin d'août 1648, notre auteur, qui n'était alors que prince de Marcillac, s'était rendu, sur l'ordre de la Reine, à son gouvernement de Poitou, afin d'y réprimer des désordres survenus à propos de perceptions fiscales. Cette lettre du 1er septembre, qui informe le Cardinal de l'apaisement de la rébellion, est précisément celle à laquelle Mazarin fit, le 9 du même mois, la réponse que nous avons donnée dans notre tome II (note 3 de la page 105). Voyez, dans l'*appendice* v, 1°, de la *Notice biographique*, p. CIII et CIV, l'indication de pièces relatives à la gestion de Marcillac en Poitou, et de l'ordre de mise en liberté des six habitants de Sainte-Hermine.

1. Sainte-Hermine et Sainte-Gemme-la-Plaine sont, l'un un chef-lieu de canton, l'autre une commune (canton de Luçon) de l'arrondissement de Fontenay-le-Comte, lequel confine aux anciennes provinces d'Aunis et de Saintonge.

2. On donnait autrefois le nom de *traites* aux droits prélevés sur l'importation et l'exportation des marchandises. Les *Traites* (on disait aussi le *Traité*) *de Charente* se levaient à l'entrée et à la sortie des provinces de Saintonge et d'Aunis, qui, au sud, confinaient au pays dont le prince de Marcillac était alors gouverneur; le principal bureau de perception se trouvait à Tonnay-sur-Charente. Notre auteur nommera plus loin *Traites foraines* les droits imposés aux denrées qui, au nord, entraient dans son gouvernement ou en sortaient.

c'est ce qui m'a obligé d'y envoyer dix compagnies du régiment d'Aubeterre[3], qui étoient à Lusson[4], de retenir prisonniers six habitants des plus considérables, et de faire rétablir, aux dépens de ces lieux-là, tous les désordres qui ont été commis dans les deux bureaux dont je viens de vous parler.

Pour ce qui est des autres lieux, d'où les commis des mêmes bureaux de la Traite de Charente se sont retirés d'eux-mêmes, et sur la crainte d'un pareil traitement, j'ai cru qu'il suffisoit de les y faire retourner, et de les mettre en la protection des habitants, et de les rendre responsables de leur sûreté. Je suis au désespoir, Monseigneur, qu'une chose aussi peu considérable que celle qui est arrivée vous ait pu faire douter de la fidélité d'une province qui certainement est aussi soumise qu'aucune autre du Royaume[5], et dont je puis répondre à Votre Éminence que la noblesse n'a eu aucune part à ce qui s'y est passé, et que la faute d'un très-petit nombre de gens ait produit toute l'importunité que cette affaire-là vous a causée.

J'espère, Monseigneur, qu'il n'y aura plus désormais aucune suite qui vous puisse déplaire, et je vois toutes choses si disposées à une obéissance entière, que j'ose supplier très-humblement Votre Éminence de se servir, en cette rencontre, de la même douceur qu'Elle a tou-

---

3. C'est-à-dire du régiment qui avait pour colonel le marquis d'Aubeterre, Pierre Bouchard d'Esparbez de Lussan.
4. Luçon, chef-lieu de canton du département de la Vendée, arrondissement de Fontenay-le-Comte.
5. On voit par le volume du Dépôt des affaires étrangères cité dans la note préliminaire de la *lettre* 1 (p. 13), qu'il n'en fut pas ainsi un peu plus tard, en 1650 ; on y lit notamment, dans une pièce intitulée *Nouvelles*, non paginée et sans date, mais qui se rapporte à l'année en question, que Sainte-Hermine, la localité nommée plus haut, joua encore un rôle considérable dans le mouvement.

jours pratiquée, et de consentir que je remette en liberté de pauvres gens qui sont les moins coupables et qui m'étoient venus trouver pour se justifier. Outre la compassion que je crois que Votre Éminence en aura, par l'assurance que je lui donne que leur faute est beaucoup moindre que celle du menu peuple, je la supplie très-humblement de considérer qu'étant les principaux des lieux où les désordres sont arrivés, ils seront plus obligés, par la grâce qu'ils recevront de Votre Éminence, de maintenir, à l'avenir, les autres habitants dans leur devoir. Enfin, Monseigneur, je prendrai très-grande part à cette grâce, et je puis assurer Votre Éminence que les commis même souhaitent qu'il vous plaise de me l'accorder, et sont persuadés que cette marque de votre bonté leur sera avantageuse.

Pour ce qui est arrivé aux bureaux des Traites foraines[6], les trois lieux où il y ait eu quelque chose de considérable, ç'a été à Touars, où M. de la Trimouille se charge de rétablir toutes choses, comme Votre Éminence le verra par la copie de deux lettres que j'ai reçues de lui[7]; le second est Bressuire[8], où les habitants

6. Voyez ci-dessus, la note 2.
7. Thouars, petite ville du Poitou, chef-lieu de canton de l'arrondissement de Bressuire (Deux-Sèvres); elle avait été érigée en duché-pairie pour les la Trémoïlle. Il s'agit ici de Henri de la Trémoïlle, duc de Thouars, né en 1598, mort à Thouars en 1674 : voyez le *Chartrier de Thouars*, publié, en 1877, par M. le duc de la Trémoïlle (p. 135 et suivantes). On ne pouvait pas faire grand fond sur sa fidélité, car on le voit, six mois après (mars 1649), offrir au parlement de Paris un corps de troupes, pourvu que la Compagnie l'autorise à « se saisir des deniers royaux, dans les recettes générales de Poitiers, de Niort et d'autres lieux, dont il étoit déjà assuré. » Voyez les *Mémoires de Retz*, tome II, p. 371 et note 6.
8. Bressuire ou Bersuire, comme on disait alors indifféremment, chef-lieu d'arrondissement des Deux-Sèvres, dans le bas Poitou, à peu de distance de Thouars, au sud-ouest.

font rétablir toutes choses aussi, et répondent de la sûreté des commis; et le troisième est Montagu[9], qui appartient à un gentilhomme de mes amis, nommé M. de Vieillevigne[10], qui m'a envoyé assurer que toutes choses seront rétablies, et que les habitants de la terre répondront aussi de la sûreté des commis qu'on y voudra envoyer.

Voilà, Monseigneur, ce que j'ai cru devoir faire pour obéir aux commandements de Votre Éminence, n'en ayant point eu de plus particulier. Je la supplie très-humblement de croire que je les suivrai toujours[11] avec plus de passion et de respect que personne, et que de tous ceux qui lui sont obligés il n'y en a point qui soit si véritablement que moi,

Votre très-humble et très-obéissant serviteur,
Monseigneur,
MARCILLAC.

A Fontenay[12], ce 1er septembre[13] [1648].

Je[14] ne dis point à Votre Éminence que je me serois rendu auprès d'Elle, si je m'étois cru plus utile à son

---

9. Montagu ou Montaigu, bourg du bas Poitou (Vendée), chef-lieu de canton de l'arrondissement de la Roche-sur-Yon, à l'ouest de Bressuire et de Thouars.

10. Il y a une commune et un château de Vieillevigne non loin des lieux dont il est ici parlé, dans le canton d'Aigrefeuille (Loire-Inférieure).

11. Le mot *toujours* est en interligne, dans le manuscrit.

12. Fontenay-le-Comte, chef-lieu du bas Poitou, faisait partie de la généralité de Poitiers, laquelle comprenait du reste toute la province de Poitou, sauf quelques lambeaux annexés à l'élection du Blanc (généralité de Bourges).

13. Dans l'original, 1er *septembre* est précédé du chiffre 31, biffé; les cinq mots de la date se trouvent placés transversalement à la marge de gauche.

14. Ce dernier alinéa forme, dans l'autographe, un post-scriptum, écrit à rebours, en haut de la dernière page.

1648 service à Paris qu'ici, et je ne crois pas lui devoir donner de nouvelles assurances de la passion que j'ai pour tout ce qui vous touche, puisque je me persuade que vous me[15] faites l'honneur de n'en douter pas.

Suscription : A Monseigneur Monseigneur le Cardinal.

8. — AU CARDINAL MAZARIN.

Monseigneur,

Si l'extrordinaire[1] passion que j'ai pour les intérêts de Votre Éminence ne me persuadoit que ceux de l'État ne vous empêcheront pas de me faire l'honneur de donner un moment aux miens, je ne serois pas assez indiscret pour vous en parler en une saison où vos importantes occupations reçoivent tous les jours quelque accroissement[2]. Mais puisqu'il n'y a rien que vos serviteurs ne puissent attendre de votre bonté, je vous dirai,

---

15. Ce mot *me* est lacéré; le premier jambage d'*m* est seul visible.
Lettre 8. — Revue sur un autographe qui faisait partie de la collection de M. Feuillet de Conches. Voyez les *Mémoires*, p. 104-107, la lettre de Mazarin mentionnée ci-dessus (p. 28, fin de la note préliminaire de la *lettre* 7), dans laquelle le Cardinal ne dit mot des promesses qu'il a faites à notre auteur, et les pages 457-468 de *l'Apologie de M. le prince de Marcillac*, écrite dans les premiers mois de 1649.
1. Voyez ci-dessus (p. 23), la note 4 de la *lettre* 3, et la note 2 de la *lettre* 4.
2. La lettre était écrite le lendemain de la reprise de la conférence de Saint-Germain, bien propre, en effet, à occuper le Cardinal, quoiqu'il en fût exclu. Voyez les *Mémoires de Mme de Motteville*, tome II, p. 218.

Monseigneur, que j'ai appris avec une extrême satisfaction la disposition où est la Reine d'accorder de nouveau quelque tabouret, ne pouvant pas douter, après les assurances dont il plut à Votre Éminence de m'honorer, quand je pris congé d'Elle, que je ne sois le premier à recevoir cette grâce de Sa Majesté[3]. En effet, Monseigneur, bien que je sois en état de justifier qu'il y a trois cents ans que les Rois n'ont point dédaigné de nous traiter de parents[4], bien que[5] les prétendants à qui cet honneur peut être commun avec nous n'aient pas comme nous celui de la duché, bien que la rencontre de ces deux avantages dans notre maison dût empêcher celles qui ont seulement l'un ou l'autre de tirer à conséquence ce qu'on auroit agréable de faire pour moi, et bien que je croie encore avoir témoigné à la Reine ma fidélité et mon zèle par des preuves aussi longues ou aussi certaines qu'elle en ait pu recevoir de qui que ce soit, et qu'Elle sache bien que je n'y ai pas moins hasardé ma vie que ma liberté[6], ce n'est aujourd'hui, Monseigneur, ni à ma condition ni à mes services que je prétends devoir l'accomplissement de la chose du monde qui me touche le plus, et je crains d'autant moins d'en être obligé à votre seule parole que je serai ravi qu'un si grand effet de votre protection serve à publier que je serois un ingrat et un lâche, si je man-

1648

---

3. Rapprochez d'un passage des *Mémoires* (p. 105) où la Rochefoucauld dit que le Cardinal lui promit positivement, lors de son départ de Paris pour aller pacifier les désordres du Poitou, qu'il aurait « les premières lettres de duc qu'on accorderoit, afin que *sa* femme eût.... le tabouret. »

4. Voyez la *Notice biographique*, p. III, note 1.

5. Après *que*, il y a dans l'original *ceux*, biffé

6. Allusion à l'emprisonnement de huit jours à la Bastille que subit, en l'année 1637, le prince de Marcillac : voyez les *Mémoires*, p. 37-39.

quois d'être, à toutes occasions et à toutes épreuves, Monseigneur, de Votre Éminence

Très-humble et très-obéissant serviteur,

Marcillac.

A Vertœil, ce 2ᵐᵉ octobre 1648.

9. — AU COMTE DE CHAVIGNY[1].

Monsieur,

C'est avec un des plus sensibles déplaisirs du monde que je suis contraint de partir de ce pays ici sans avoir l'honneur de vous voir comme je l'avois espéré; mais, étant sur le point de vous aller rendre mes devoirs, j'ai appris la distribution qu'on a faite de tous les tabourets, dont vous avez entendu parler[2], et comme je n'ai aucune part à cette grâce-là, quoiqu'on eût eu agréable de me la promettre positivement et par préférence à qui que ce soit[3], je suis obligé d'aller à Paris pour voir

---

Lettre 9. — Revue sur un autographe de la bibliothèque Cousin; elle a été publiée dans la 3ᵉ édition de *la Jeunesse de Mme de Longueville*, p. 471, mais non reproduite dans les éditions suivantes. En tête se trouve cette mention, d'une main ancienne : « Il se plaint qu'on ne lui a pas accordé le tabouret qu'on lui avoit promis. » Voyez la *lettre* précédente.

1. Sur le comte de Chavigny, voyez les *Mémoires*, p. 31, note 3. Il était en disgrâce depuis le 18 septembre de cette année, et avait été emprisonné à Vincennes, dont il était gouverneur, puis au Havre. Il fut mis en liberté à la fin du mois d'octobre, et reçut ordre d'aller au château de Chavigny, près de Chinon (Touraine); son exil ne fut levé qu'à la fin de l'année suivante. Voyez les *Mémoires de Mme de Motteville*, tome II, p. 189 et suivantes, p. 241, et tome III, p. 86.

2. Voyez ci-dessus, p. 32, la note préliminaire de la *lettre* 8.

3. Voyez p. 33, la note 3 de la *lettre* qui précède.

si on me refusera aussi librement dans cette conjoncture 1648 qu'on a fait après tant de promesses. Je ne vous dis point qu'en quelque lieu et en quelque état que je sois, rien n'empêchera jamais les sentiments de reconnoissance et d'estime que j'aurai toute ma vie pour vous, et je les dois conserver par trop de raisons pour y manquer jamais. Je me persuade que j'ai assez l'honneur d'être connu de vous pour croire que vous ne pouvez douter de cette vérité, et que je ne sois, plus véritablement que personne du monde,

Votre très-humble et très-obéissant serviteur,

MARCILLAC.

Poitiers, ce 7ᵐᵉ décembre [1648]⁴.

---

10. — LE DUC DE LA ROCHEFOUCAULD AU COMTE DE CHAVIGNY. 1650

MONSIEUR,

Je suis trop accoutumé à recevoir des preuves de

---

4. Entre cette *lettre* 9 et la *lettre* 10 se placent par leur date : 1° la dépêche (n° 9 de l'*appendice* I de ce volume, p. 249) adressée, le 17 janvier 1649, au duc François V, « sur ce que M. le prince de Marcillac, son fils, s'étoit jeté dedans Paris durant les mouvements et [pour] le convier de demeurer dans son devoir ; » 2° les deux dépêches au marquis des Roches-Baritault, lieutenant général en Poitou, dont l'une est indiquée, l'autre reproduite dans la note 3 de la dépêche au duc François V ; 3° deux lettres de Marcillac dont nous donnons le texte à l'*appendice* v (1° et 3°) de la *Notice biographique*, p. CIII et CV.

LETTRE 10. — Copiée par feu M. Gilbert sur un autographe qui appartenait à M. J. Boilly. En tête est écrit d'une autre main : « M. de la Rochefoucault. Verteuil, 15 février 1650. Il le remercie de la part qu'il prend à sa douleur. » Le duc venait de perdre son père, le 8 février : voyez les *Mémoires*, p. 177 et note 6.

l'honneur de votre amitié, pour être surpris de celles que vous avez la bonté de me donner. Je vous supplie très-humblement de croire qu'en quelque état que je puisse être, elles me seront toujours le plus véritable sujet de consolation que je puisse recevoir, et que, n'ayant rien de plus cher que la part que vous m'avez fait l'honneur de me promettre dans vos bonnes grâces, je ne puis rien souhaiter plus passionnément que sa continuation, et de la mériter en vous faisant paroître combien je suis,
 Monsieur,
  Votre très-humble et très-obéissant serviteur,
     La Rochefoucauld.

   A Vertœil, ce 15me février [1650].

Suscription : A Monsieur Monsieur de Chavigni.

---

11. — AU MARQUIS DE CHÂTEAUNEUF[1].

[Mars 1650.]

Monsieur,

Bien que ce soit une chose assez ordinaire à une personne en l'état où vous êtes de recevoir des compliments de ceux qui se trouvent en la posture où je suis,

---

Lettre 11. — D'après un autographe du British Museum, *Manuscrits Egerton*, II, fol. 28. Cette lettre, sans date, est classée à l'ordre alphabétique parmi des lettres de 1650 et de 1651. Elle se rapporte à la nomination de garde des sceaux en mars 1650.

1. Charles de l'Aubespine, marquis de Châteauneuf, garde des sceaux en 1630, puis, de nouveau, du 2 mars 1650 au 3 avril 1651, mort en 1653 : voyez les *Mémoires*, p. 19, note 2, et p. 73, note 5.

je me persuade néanmoins que j'ai assez l'honneur d'être connu de vous pour croire que c'est par la seule part que je prends à ce qui vous touche que je me réjouirai toujours de vos avantages et de votre satisfaction. Ce m'en seroit une très-particulière de vous pouvoir témoigner par mes services que je suis véritablement,

Monsieur,

Votre très-humble et très-obéissant serviteur,

La Rochefoucauld.

12. — A LENET[1].

Ce 16me novembre [1650].

Bien que je vous aie mandé par la voie de Paris que

Lettre 12. — Revue sur un autographe de la Bibliothèque nationale, *Manuscrits de Lenet*, tome III, fol. 108 et 109. Cette lettre, postérieure à la paix de Bordeaux, qui fut conclue à la fin de septembre 1650, a sans doute été écrite de Verteuil, où la Rochefoucauld s'était retiré, au commencement d'octobre, pour y poursuivre, par la voie pacifique des négociations, la campagne entreprise, depuis près d'un an, en vue de la délivrance des Princes. Voyez les *Mémoires*, p. 204-207, et p. 212 et note 1.

1. Sur Pierre Lenet, voyez les *Mémoires*, p. 194 et note 5, et la *Notice* en tête de ce volume, p. 4. La Rochefoucauld et ses secrétaires écrivent ce nom de diverses manières, presque toujours avec une apostrophe ou du moins avec un E majuscule; ils varient aussi la terminaison : c'est tantôt *l'Esnet* et tantôt *l'Esné*. On trouve même *Lainet* (*lettre* 26, p. 73, et *lettre* 30, p. 89). Chez ses autres correspondants nous rencontrons aussi pour son nom plusieurs orthographes. Nous trouvons sa propre signature écrite *Lene* (sic)[a], et l'on peut s'étonner que des personnes qui avaient de si intimes ou si fréquentes relations avec lui ne sussent pas mieux comment lui-même écrivait son nom.

[a] Elle est précédée, il est vrai, de *signe*, également sans accent, pour *signé*.

vos lettres m'ont été rendues, néanmoins, comme elle me paroît assez douteuse, je vous assurerai encore que j'ai reçu le traité de Mouron², que je crois qui sera très-avantageux, et je suis fort aise que le Couret ait conservé son régiment³. M. de Sillery⁴ est de retour de son voyage, il y a près⁵ d'un mois; mais, comme M. de Mazerolles⁶ et lui sont revenus en même temps, je ne doute pas que le premier ne vous ait déjà rendu compte de ce qui a rendu tant de promesses inutiles⁷.

2. Montrond-sur-Cher, château fort des Condé. Sur le traité de Montrond, qui est du 23 octobre 1650, voyez les *Mémoires de Lenet*ª, p. 430. Lenet dit (*ibidem*, p. 422) qu'il avait écrit à ses amis de lui faire savoir, à Châtillon-sur-Loing, leurs avis sur ce traité.

3. Pour le Couret, voyez encore *ibidem*, p. 431.

4. Il s'agit ici de Louis-Roger Brûlart, marquis de Sillery (voyez les *Mémoires*, p. 127, note 3), beau-frère de la Rochefoucauld, qui était parti pour l'Espagne au mois de mai précédent. C'était, dit Lenet, un homme « plein d'esprit et d'habileté, et de qui le nom étoit non-seulement connu en Espagne, mais il y étoit encore en bonne odeur par les négociations du Chancelier son grand-père, et par les emplois qu'avoit eus le sieur de Puisieux son père. » Voyez les *Mémoires de Lenet*, p. 295, et ci-après, à l'*appendice* I, p. 252-257, deux lettres écrites par Sillery à son beau-frère, pendant cette mission en Espagne.

5. Il y a, dans l'autographe, soit *près*, corrigé en *plus*, soit plutôt *plus*, corrigé en *près*. — On voit, par les *Mémoires de Lenet* (p. 421), que ce fut le 6 octobre, le jour même où la Rochefoucauld « prit congé de la princesse (*de Condé*) pour se retirer dans sa maison de Verteuil, » que l'on dépêcha « en Espagne un gentilhomme du marquis de Sillery, avec les passe-ports.... rapportés de la cour pour le retour de son maître, de Baas et de Mazerolles. »

6. Retz (tome II, p. 508 et 509) parle de Mazerolles, qui était, dit-il, « une manière de négociateur de Monsieur le Prince. »

7. Pour le détail des négociations conduites avec l'Espagne, au nom des Frondeurs, par Sillery, Baas et Mazerolles, voyez les *Mémoires de Lenet, passim.*

ª Nous avons dit ci-dessus (note 3 de la page 4) que les *Mémoires de Lenet*, cités, dans notre tome II, d'après l'édition Petitot, le sont, dans ce tome III, d'après celle de Michaud et Poujoulat.

Je vous puis assurer que celle que je vous ai faite de vous honorer toujours est très-véritable, et que personne du monde n'est plus entièrement à vous que moi.

1650

LA ROCHEFOUCAULD.

Je vous écris sans cérémonie pour vous obliger à en faire de même. Je suis au désespoir que Gourville[8] ne vous ait pas trouvé à Châtillon[9], afin de savoir particulièrement le succès[10] de votre voyage, dont j'ai une très-grande curiosité. Je ne vous puis rien mander de notre abbesse[11], car je n'en ai point eu de nouvelles. Le porteur de cette lettre passera par ici en s'en retournant; je vous conjure de me vouloir apprendre ce que vous saurez de toutes les choses où nous prenons

---

8. Jean Hérault de Gourville, qui était alors le secrétaire et l'homme d'affaires du duc, naquit à la Rochefoucauld, le 11 juillet 1625, et mourut le 16 juin 1703. Il avait d'abord été valet de chambre de l'abbé Louis de la Rochefoucauld, frère de notre auteur, qui fut (1646-1654) évêque de Lectoure; puis, en 1646, il était entré, en qualité de maître d'hôtel, chez le prince de Marcillac; c'est au retour de la campagne de cette même année (voyez les *Mémoires*, p. 97 et note 1) qu'il avait été promu aux fonctions de secrétaire. Consultez sur lui ses propres *Mémoires*, et un article de Sainte-Beuve, dans le tome V (p. 359-379) des *Causeries du lundi*.

9. Châtillon-sur-Loing. La duchesse de Châtillon y avait un château, où se trouvait alors, et presque à la veille d'y mourir (2 décembre), la princesse douairière de Condé. On lit dans les *Mémoires de Lenet* (p. 443) que celui-ci y était allé de Montrond, mais qu'il n'y était pas demeuré, ce qui explique que Gourville l'ait manqué. Cette ville et ce château furent un des lieux d'étape du prince de Condé, dans sa grande chevauchée d'Agen au camp de Lorris, en mars 1652.

10. *Le succès*, l'issue; dans l'autographe, *succeds*.

11. Il s'agit peut-être ici d'une des sœurs de la Rochefoucauld, probablement de l'aînée, Marie-Élisabeth, devenue abbesse de Saint-Sauveur d'Évreux en 1649; une autre, Catherine, fut abbesse de Charenton, puis du Paraclet; une troisième, Gabrielle-Marie, abbesse du Paraclet, puis de Notre-Dame de Soissons.

intérêt. Je vous supplie de trouver bon que j'assure ici Mme de Tourville[12] et Mme de Gouville[13] de mon très-humble service ; j'ai eu l'honneur de leur faire réponse depuis peu, par la voie de Paris.

13. — A LENET.

Ce 8me décembre [1650].

J'AI reçu avec une extrême joie la lettre qu'il vous a plu m'écrire, et vous ne doutez que je n'en aie toujours une très-particulière, en voyant que vous me conservez quelque part dans votre souvenir. Je vous dirai, pour sortir promptement du compliment, que j'ai été fort surpris de ce que vous me mandez, et que je ne comprends pas qu'on se veuille[1] opiniâtrer, malgré des gens à qui on doit tout, à demeurer avec eux sans leur consentement ; je ne puis croire qu'on persévère dans cette résolution-là, si on connoît qu'elle déplaise. Je vous

---

12. Lucie de la Rochefoucauld-Montendre, veuve, depuis 1647, de César de Costentin, comte de Tourville, dame d'honneur de la jeune princesse de Condé. Un de ses fils fut le célèbre amiral. Voyez à son sujet les *Mémoires de Lenet*, p. 220. Il y a une lettre d'elle à Saint-Agoulin dans le tome XVIII (fol. 71) des *Manuscrits de Lenet*.

13. Lucie de Costentin de Tourville, fille de la précédente, femme de Michel d'Argouges, marquis de Gouville, que Mademoiselle (tome II, p. 11) nomme, en 1652, « maréchal de bataille de l'armée de Monsieur le Prince. » Voyez encore les *Mémoires de Lenet*, p. 249 et *passim*.

LETTRE 13. — *Manuscrits de Lenet*, tome III, fol. 161 et 162, autographe ; au dos, la mention : « M. de la Rochefoucault ; » cachets de deuil, le duc ayant, comme nous l'avons dit, perdu son père le 8 février de la même année 1650 : voyez les *Mémoires*, p. 177 et note 6, et ci-dessus, p. 35, la *lettre* 10.

1. Dans l'original, *veille* ; neuf lignes plus loin, *peut*.

supplie de me mander ce qui en sera arrivé. M. de Sillery[2] vous écrit, et, si je ne rends pas ce devoir-là à Madame la Princesse[3], c'est seulement par respect, et pour être persuadé qu'il est inutile de lui renouveler les assurances de mon très-humble service, puisque je ne m'imagine pas que rien lui pût faire douter du zèle avec lequel j'essaierai toute ma vie de lui[4] en rendre. Je n'ai point eu encore de nouvelles de l'abbesse[5]. Je suis infiniment obligé à Mmes de Tourville et de Gouville[6] de l'honneur qu'elles me font de se souvenir de moi; je plains bien la dernière de la perte qu'elle a faite, et je ne doute pas aussi qu'elle n'en soit bien touchée. Adieu : je vous demande la continuation de vos bonnes grâces, et que vous me croyiez[7] plus à vous que personne du monde. LA ROCHEFOUCAULD.

Suscription : A Monsieur Monsieur l'Esné.

---

14. — A LA PRINCESSE DE CONDÉ[1].

MADAME,

Je crois que Votre Altesse me fait bien l'honneur de croire que j'ai reçu avec le respect que je dois les mar-

2. Voyez p. 38, la note 4 de la *lettre* 12.
3. Claire-Clémence de Maillé-Brezé, femme du grand Condé. Il y a quelques lettres d'elle dans le tome III des *Manuscrits de Lenet*.
4. *De lui* est en interligne, au-dessus d'un mot (*d'en?*) biffé.
5. Voyez *lettre* 12, p. 39 et note 11.
6. Voyez *ibidem*, p. 40 et notes 12 et 13.
7. Ce subjonctif est écrit *croiés*.
LETTRE 14. — *Manuscrits de Lenet*, tome III, fol. 173 et 174, autographe; au dos, la mention : « M. de la Rochefoucault; » ce nom est écrit après celui de *Bouillon*, biffé; cachets de deuil.
1. Voyez ci-dessus, *lettre* 13, note 3.

ques de confiance qu'Elle[2] a la bonté de me donner, et que j'ai toute la joie imaginable de ce qu'on a très-grand sujet d'espérer que la conduite de Votre Altesse contribuera beaucoup à la liberté de Monseigneur le Prince[3]. Je crois, Madame, qu'il est bien inutile de vous dire de quelle sorte je la souhaite, et de faire ici de nouvelles protestations de très-humbles services à Votre Altesse, puisque je m'imagine qu'Elle me fait bien l'honneur de croire que je suis, de la même sorte que je vous l'ai promis,

Madame, de Votre Altesse
       Très-humble et très-obéissant serviteur,
                               LA ROCHEFOUCAULD.

Ce 20ᵉ décembre [1650], à la Terne[4].

Suscription : A Madame Madame la Princesse.

2. Après *qu'Elle*, il y a, dans le manuscrit, *me fait*, biffé, et, à la ligne suivante, *pour* ou *par*, entre *imaginable* et *de ce*.

3. Les Princes, qui, un mois auparavant, avaient été transférés de Marcoussis au Havre (voyez les *Mémoires*, p. 204 et note 3), ne sortirent de prison qu'en février 1651. La princesse de Condé, en quittant Bordeaux, s'était, après un assez long séjour à Milly, retirée à Montrond : voyez *ibidem*, p. 207, et les *Mémoires de Lenet*, p. 437-493 *passim*.

4. La Terne est située à trente kilomètres N. O. de la Rochefoucauld (Charente), commune de Luxé, et à cinq kilomètres et demi environ de la forêt de Tusson, dont il est parlé dans la *lettre* 6 adressée à Tullin. On distingue la haute et la basse Terne. Voyez le *Bulletin de la Société archéologique et historique de la Charente* (3ᵉ série, tome IV, 1862, p. 326). D'après un autre ouvrage, la *Géographie de la Charente*, par M. Marvaud (p. 237), il y eut autrefois à la Terne un couvent de Bénédictins, et il y reste, sur un plateau qui domine la Charente, des fondations considérables de constructions romaines. Il est plusieurs fois question de « la maison de la Terne » à *l'appendice* II, p. 235 et 237.

15. — A LENET.

1650

Je n'ai point encore vu M. de Mazerolles[1]; je l'attends avec beaucoup d'impatience, pour savoir un peu plus particulièrement de vos nouvelles que je n'en ai appris[2] depuis longtemps. Je ne doute pas que celles que vous aurez apprises de M. de Turenne ne vous aient fort affligé, et il me semble que c'est un des plus grands malheurs qui pouvoit[3] arriver[4]. Le porteur de cette lettre vous dira tout ce que je vous en pourrois mander d'un lieu où il n'y en a point de considérable. Le voyage que vous avez fait à Châtillon[5] a été, ce me semble, très-nécessaire, et la maîtresse du lieu[6] en a aussi bien usé qu'il se peut. Je ne comprends point les desseins des Frondeurs sur M. le comte de Dunois[7]. Je vous supplie de ne point dire que vous en ayez reçu de moi; car j'en ai écrit mille[8] aujourd'hui, et, comme j'en

---

Lettre 15. — *Manuscrits de Lenet*, tome III, fol. 155, autographe; au dos : « M. de la Rochefoucault. Lettres du (*sic*) mois d'octobre et décembre 1650; » cachets de deuil.

1. Voyez ci-dessus, p. 38, *lettre* 12 et note 6.
2. Devant *appris*, il y a *receu*, biffé.
3. Il y a ainsi *pouvoit*, au singulier, dans l'original. Après *dira*, à la ligne suivante, *tout* est écrit deux fois et biffé la première.
4. Allusion au combat de Rethel, livré quelques jours auparavant (15 décembre 1650), et où Turenne avait été vaincu par le maréchal du Plessis-Praslin : voyez les *Mémoires*, p. 215 et 216.
5. C'est sans doute le second voyage de Lenet à Châtillon, son retour de Paris, après la mort de la princesse douairière de Condé : voyez ci-dessus, p. 39, *lettre* 12 et note 9.
6. Élisabeth (ou Isabelle)-Angélique de Montmorency-Bouteville, veuve, depuis 1649, de Gaspard de Coligny, duc de Châtillon : voyez ci-après, p. 55, et p. 184, note 12.
7. Jean-Louis-Charles d'Orléans, comte de Dunois, puis duc de Longueville et d'Estouteville, connu ensuite sous le nom d'abbé d'Orléans, était le fils aîné de Mme de Longueville. Il était né en 1646, et mourut en 1694.
8. Dans l'original, *milles*, orthographe constante du duc.

ai reçu beaucoup de Mouron[9], je n'aurois point d'excuse légitime pour me[10] dispenser d'y faire réponse, si on savoit que j'eusse pu écrire à quelqu'un. Je voudrois bien avoir l'honneur de vous voir; mais, comme ce n'est que pour le plaisir de vous entretenir, et qu'il n'y a rien de pressé, il faut se mortifier[11] là-dessus. Je vous donne le bonsoir, et suis entièrement à vous.

Ce 27e décembre [1650].

Suscription : Monsieur Monsieur l'Esné.

---

16. — AU MARQUIS DE SILLERY[1].

Je pars présentement pour faire le voyage dont nous parlâmes ici dernièrement; je ne sais quel en sera le

---

9. Voyez ci-dessus, p. 38, note 2 ; p. 42, note 3 ; et les *Mémoires*, p. 176, note 6. Nous apprenons par ceux *de Lenet* (p. 491 et 492) que celui-ci trouva à Montrond quatre lettres que Condé avait écrites de sa prison; parmi ces lettres, il y en avait une pour la Rochefoucauld, que nous donnons ci-après, dans l'*appendice* 1, p. 264.

10. *Me* corrige *m'en*. Deux lignes plus loin, *av*[*oir*] corrige *vo*[*us*].

11. Devant *se mortifier*, on lit, dans l'original, le mot *remettre*, biffé.

Lettre 16. — D'après la copie d'un autographe communiqué à M. Gilbert. La date de cette lettre n'est accompagnée d'aucune mention de lieu; mais elle a été probablement écrite de Verteuil, où la Rochefoucauld était installé, depuis le mois d'octobre 1650, au milieu des ruines de sa maison. Le voyage mystérieux dont il est parlé au début de la lettre et dans le post-scriptum est celui qu'il fit à Paris en janvier 1651. Voyez la *Notice biographique*, p. xlv et xlvi, et ce qui est dit dans les *Mémoires* (p. 219 et suivantes) des négociations que le duc conduisit alors du fond de la maison de la princesse Palatine, où il demeurait caché, et de ses entrevues secrètes avec le cardinal Mazarin.

1. Sur le marquis de Sillery, voyez p. 38, *lettre* 12, note 4.

succès, mais on me presse fort de le faire, sans m'avoir mandé néanmoins aucune autre particularité que la bonne disposition du Parlement; mais comme les choses peuvent venir au point que le Cardinal sera contraint de faire sortir les Princes, et que l'intérêt de Mme d'Aiguillon[2] peut être un obstacle à leur liberté par mille raisons que vous voyez mieux que moi, je crois qu'il seroit avantageux pour elle et pour tout le monde qu'elle ne crût point être irréconciliable avec Monsieur le Prince[3]. C'est pourquoi, si vous voyez jour à lui faire comprendre que les choses peuvent sortir par votre moyen de cette aigreur-là, je crois qu'il seroit bien à propos de le faire. Si elle veut aussi se radoucir pour Mme de Richelieu[4], je suis assuré qu'elle est disposée à relâcher de ses intérêts tout autant qu'on le peut désirer pour avoir la paix et l'amitié de Mme d'Aiguillon. Je vous mande tout ceci avec la hâte d'un homme qui est fort pressé; vous en userez comme il vous plaira, et me ferez l'honneur de croire que personne n'est plus entièrement à vous que moi.

Ce n'est point l'homme que vous fîtes venir ici qui m'a écrit, mais une personne à qui les mêmes gens qu'il devoit voir ont parlé.

Ce 14 janvier [1651].

Voyez[5] si vous avez quelque chose à m'ordonner au pays où je vas avec celui qui vous écrit ce que dessus. Personne du monde ne saura le lieu où je logerai que Perrenelles, à qui je le ferai savoir par mon valet nommé

---

2. Sur Mme d'Aiguillon, voyez les *Mémoires*, p. 25 et note 2; p. 75 et note 3.
3. Voyez les *Mémoires*, p. 161 et note 4; p. 162 et notes 1 et 5.
4. Anne Poussart, auparavant Mme de Pons : voyez *ibidem*.
5. Cet alinéa est en post-scriptum, et d'une autre main.

Pierre, par qui elle m'envoyera dire où elle voudra que je la voie. J'envoyerai ce valet Pierre parler à elle aussitôt que je jugerai que vous aurez pu lui faire savoir de vos nouvelles et des miennes.

Suscription : Pour Monsieur de Sillery.

---

17. — A LENET.

A Paris, ce 20me avril [1652].

J'AI reçu votre billet, et je vous jure que j'ai plus d'impatience de vous voir que vous n'en avez de venir ici ; notre séjour y est encore si incertain qu'on ne peut prendre aucunes mesures là-dessus ; nous y[1] faisons des merveilles[2] ; vous nous y seriez fort utile, et vous devez être satisfait des sentiments que l'on a pour vous. J'ai tous les sujets imaginables d'être content de la manière qu'on[3] vit avec moi, et il ne s'y peut rien ajouter. Je ne vous puis mander de nouvelles, car vous savez les pu-

---

LETTRE 17. — *Manuscrits de Lenet,* tome XXVI, fol. 159, autographe ; cachets conservés ; au dos : « M. de la Rochefoucault. » Cette lettre a été publiée pour la première fois par M. G. Servois, dans l'*Annuaire-Bulletin de la Société de l'Histoire de France,* 1863, 2de partie, p. 22.

1. *Y* a été ajouté en interligne dans l'original, et *ici* a été biffé, plus bas, après *merveilles.*

2. La Rochefoucauld, qui avait quelques jours auparavant traversé une moitié de la France, à la suite de Condé, et payé vaillamment de sa personne au combat de Bléneau, était encore, en écrivant cette lettre, tout à l'impression de l'accueil enthousiaste fait, le 11 avril 1652, par le peuple de Paris, à Monsieur le Prince et à ses compagnons d'armes : voyez les *Mémoires,* p. 374 et note 3.

3. Ce mot *on* désigne évidemment Monsieur le Prince. — La Rochefoucauld a écrit, à la suite, *veit,* pour *vit* ; et, trois lignes plus loin, *éclairci,* sans accord.

bliques, et les autres sont trop douteuses pour les mander; nous serons éclaircis sur bien des choses devant qu'il soit peu de temps, et les affaires se disposent fort bien pour nous. Adieu: croyez que je suis plus véritablement à vous que personne du monde.

Suscription : A Monsieur Monsieur l'Esné.

---

18. — A LENET.

Ce 30me avril [1652].

Bien qu'il soit inutile d'écrire par un homme comme M. l'abbé de Sillery[1], je ne puis m'empêcher d'ajouter à son instruction que vous n'avez jamais eu tant de sujet d'être satisfait de Son Altesse, et qu'Elle parle de vous comme je sais que vous le pouvez desirer. Je commence à n'espérer pas si tôt de vous voir ; car, les choses même s'accommodant, vous courez fortune de faire un plus grand voyage que celui-ci. Les irrésolutions sont plus cruelles que jamais, et certainement on ne vous peut encore rien mander d'assuré. Croyez que rien ne le peut jamais [être] davantage que la protestation que je vous fais d'être plus à vous que personne du monde.

Lettre 18. — *Manuscrits de Lenet*, tome XXVI, fol. 157 et 158, autographe; cachets conservés; au dos : « M. le duc de la Rochefoucault. » Comme la précédente, cette lettre a été publiée par M. G. Servois, dans l'*Annuaire-Bulletin de la Société de l'Histoire de France*, 1863, 2de partie, p. 23. Le duc était alors à Paris : voyez la date de la *lettre* 17, et la note 2 de la page 46.

1. Fabio Brûlart de Sillery, évêque de Soissons (1693-1714), membre de l'Académie française et de celle des inscriptions et belles-lettres : voyez le tome I, p. 407 et note 2. Il était fils d'une sœur de la Rochefoucauld et du marquis de Sillery à qui est adressée la *lettre* 16, ci-dessus, p. 44.

1652

Il² s'est passé des choses si extrordinaires de toutes façons depuis que je ne vous ai vu³, que je meurs d'envie de vous en entretenir.

Suscription : A Monsieur Monsieur l'Esnet.

19. — A LENET.

Je vous remets à la lettre que j'écris à ma femme¹, car je n'ai que ce seul moment pour vous dire que tout se dispose aujourd'hui à une furieuse guerre. Cela me donne quelque espérance de la paix², car vous savez que les choses de ce monde ne demeurent pas longtemps en même état. Je vous conjure de croire que je

---

2. La phrase qui suit est en post-scriptum dans l'original. Après *passé*, il y a *ici*, biffé. Pour *extrordinaires*, voyez la note 1 de la *lettre* 8. Les mots *de toutes façons* sont en interligne; entre *je* et *meurs*, il y a deux mots effacés, dont le premier paraît être *serois*.

3. Allusion aux négociations entamées à Saint-Germain, à la fin d'avril 1652, par le duc de Rohan, le comte de Chavigny et Goulas. Voyez les *Mémoires*, p. 378 et suivantes.

Lettre 19. — *Manuscrits de Lenet*, tome XXVI, fol. 148 et 149, autographe; au dos, la mention : « M. le duc de la Rochefoucault. » Publiée, comme les deux précédentes, par M. G. Servois, dans l'*Annuaire-Bulletin de la Société de l'Histoire de France*, 1863, 2ᵈᵉ partie, p. 23 et 24.

1. Un mot, probablement *pour*, effacé après *femme*. — La duchesse de la Rochefoucauld était alors à Bordeaux, comme Lenet. Voyez, au tome IV du recueil de manuscrits d'où la *lettre* 19 est tirée, une lettre de Marigny à Lenet (fol. 161 et 162). — La suscription d'une lettre du même Marigny (*ibidem*, tome XII, fol. 87) nous apprend que Lenet demeurait à Bordeaux « dans la maison du *Convoi* (voyez les *Mémoires*, p. 194, note 4), rue du Chapeau-Rouge. »

2. Et non *de la faire*, comme porte le texte du premier éditeur — Entre *de* et *la*, il y a un mot biffé.

n'en changerai jamais pour vous et que je vous serai toute ma vie ce que je vous ai promis d'être.

Ce 2me juin[3] [1652].

Suscription : A Monsieur Monsieur l'Esné.

---

20. — A LENET.

Ce 21me juin [1652].

Je ne vous remercierai point ici[1] des civilités que vous me mandez, ni des obligations que ma femme et moi vous avons, parce que cette régularité-là n'est pas trop en usage entre nous ; je vous assurerai seulement que je ne manquerai jamais à ce que je vous ai promis, et que je ne fais de fondement sur l'amitié de personne du monde plus entièrement que sur la vôtre. Je voudrois bien que nous pussions nous entretenir sur bien des chapitres, et cela seroit même assez nécessaire, car, comme vous savez, il se passe bien des choses ici et ailleurs. Au reste, on m'a dit que M. de Saint-Agoulin[2]

---

3. La date est à la marge dans l'original.

Lettre 20. — *Manuscrits de Lenet*, tome XXVI, fol. 141 et 142, autographe ; au dos : « M. le duc de la Rochefoucault. » Publiée, comme les trois précédentes, par M. G. Servois, dans l'*Annuaire-Bulletin de la Société de l'Histoire de France*, 1863, 2de partie, p. 24 et 25.

1. Nous croyons qu'il faut lire *ici* (*icy*) plutôt que *ni* (*ny*), leçon du texte précité.

2. Chauvigny ou Chavigny de Saint-Agoulin, lieutenant des gardes de Condé, un des principaux négociateurs de la Fronde avec l'Espagne. Voyez, dans les *Mémoires de Lenet* (p. 547 et 548), deux lettres de juin 1652, une de Condé à Lenet au sujet de ce voyage de Saint-Agoulin en Espagne, et (*ibidem*, p. 551 et 552) une autre de dom Louis de Haro à Lenet touchant l'arrivée du même Saint-Agoulin à la cour de Madrid. Il y a dans les *Manuscrits de Lenet* de nombreuses lettres de Saint-Agoulin.

est retourné en Espagne. Si cela est, je vous supplie de lui mander que, s'il lui est possible, sur l'argent qui me peut appartenir, de m'acheter quatre ou cinq petits chevaux de taille de coureurs, comme on m'a dit qu'étoient ceux qu'il a amenés pour lui[3], il me fera un très-grand plaisir. Je ne veux point de chevaux de grand prix, mais seulement pour servir à courre. Si il y avoit quelque belle haquenée, il m'obligeroit de me l'acheter, mais le tout, en cas que nous ayons de l'argent de ce côté-là. Même si M. de Bateville[4] s'en pouvoit accommoder, en cas que M. de Saint-Agoulin ne le puisse, et qu'il ait quelque beau et bon cheval à me donner sur sa parole, il pourroit se payer par ses mains et m'envoyer le cheval au prix qu'il voudroit[5]. Enfin je vous laisse cette importante négociation à ménager.

Nous sommes ici dans les mêmes incertitudes qui nous suivent en tous lieux, et personne ne peut parler certainement de la paix ni de la guerre[6]; nous en saurons peut-être quelque chose de plus assuré devant que ce courrier parte : si cela est, je vous le manderai. Adieu : je suis plus à vous que personne du monde.

Les[7] choses sont toujours de même, et j'enrage de

---

3. Les mots *pour lui* sont en interligne dans l'original.
4. Sur le baron de Vatteville ou Batteville, amiral d'Espagne, « gentilhomme de la comté de Bourgogne, dit Lenet (p. 293), homme d'esprit, d'expédients, plein d'invention et d'adresse, » voyez les *Mémoires*, p. 309, note 4. Il y a aussi des lettres de lui à Lenet dans les *Manuscrits* de ce dernier : voyez, entre autres, tome IX, fol. 26, et tome X, fol. 5 et 6.
5. Les mots *au prix qu'il voudroit* sont en interligne.
6. Quelques jours après devait avoir lieu le fameux combat du faubourg Saint-Antoine : voyez les *Mémoires*, p. 402-415.
7. Cette phrase et la suivante forment, dans l'original, un double post-scriptum : il y a un parafe après *monde* ; un après *surmonter* ; un troisième à la fin, après *nouvelle*.

voir qu'on périt par des longueurs et des irrésolutions 1652
qu'on ne peut surmonter.

Je n'écris point à M. de Marchin[8]; je vous supplie seulement de lui dire que j'ai vu M. le président de Grieus[9], et que je ferai tout ce qu'il me mande. Je lui écrirai dès qu'il y aura quelque nouvelle.

Suscription : A Monsieur Monsieur l'Esnet[10].

8. Sur Marchin ou Marsin, que Condé, en quittant la Guyenne, avait chargé de la direction de toutes les opérations militaires à Bordeaux, voyez les *Mémoires*, p. 296 et note 4, et ceux *de Lenet*, p. 294. Voici un passage curieux d'une lettre que Condé écrivait deux jours après, de Paris, à ce même comte de Marchin : « .... Il ne faut pas que vous croyiez que nous recevions de grandes assistances par deçà des gens que vous savez (*des Espagnols*); au contraire, ils nous.... laissent manquer de toutes choses, et, sans les emprunts que j'ai faits de tous mes amis (*entre autres de Lenet et de la Rochefoucauld*), je ne sais ce que tout seroit devenu. Il faut faire presser M. de Vateville de satisfaire à ce qu'il vous doit fournir de delà (*d'Espagne*), sans lui donner la moindre relâche du monde, étant une chose étrange que je sois réduit à soutenir à mes propres dépens tous les frais de plusieurs armées. » (*Manuscrits de Lenet*, tome VI, fol. 232; la signature seule est autographe.)

9. Nous trouvons ce nom (*de Grieux*), avec le titre de « président en la cour des Aides, » dans un rôle des taxes, de février 1649, publié par C. Moreau dans son *Choix de Mazarinades*, tome I, p. 210.

10. Entre cette lettre et la suivante, il s'en place une du 28 juillet 1652, adressée au même Lenet, écrite par Gourville et signée de son initiale, que nous donnons à l'*appendice* 1, p. 266.

21. — A LENET.

A Paris, ce 4 d'août 1652.

J'ai reçu votre lettre du 20, où vous nous faites espérer que la flotte des Indes[1] se répandra jusques à Bourdeaux. Je prie Dieu qu'il vous en fasse la grâce[2]. Je ne doute point que vous n'ayez été fort touché de toutes les nouvelles que vous apprîtes l'autre ordinaire[3]. Je ne pus jamais vous écrire, et je me dérobe le temps de celle-ci sur mon repos, car il est bien près du jour.

M. de la Rochefoucauld[4] a fort regretté M. de Nemours[5] et y a fort perdu; mais nous ne serons pas

---

Lettre 21. — *Manuscrits de Lenet*, tome VIII, fol. 36 et 37, de la main de Gourville, pour le duc de la Rochefoucauld empêché d'écrire par la blessure qu'il avait reçue, le 2 juillet, au combat du faubourg Saint-Antoine. Au dos, la mention : « M. de la Rochefoucault. » La clef des noms propres, que nous reproduisons en italique, est de la main de Lenet, en interligne.

1. C'est-à-dire l'argent d'Espagne, l'argent que la flotte des Indes occidentales apporte en Espagne. — Après *flotte*, au lieu des mots : *des Indes*, il y avait d'abord *d'Espagne*.

2. En quittant la Guyenne, Condé avait laissé à Bordeaux Pierre Lenet, chargé par lui de toutes les affaires civiles, financières et diplomatiques de la Fronde : voyez les *Mémoires de Lenet*, p. 540.

3. C'est-à-dire le combat du 2 juillet, et le terrible drame du 4 à l'Hôtel de Ville : voyez les *Mémoires*, p. 402-419.

4. Ce nom est d'ordinaire, dans ces lettres, écrit ainsi en abrégé : *M. d. L. R.* On y trouve aussi de fréquentes abréviations, non-seulement pour les noms de titres, comme *S. A.* et *S. A. R.*; *Mgr le P.* (le Prince); sept lignes plus bas, *M. le P. Tarante* (sic); *le C.* (le Cardinal); mais encore pour des noms communs et d'autres mots : ainsi, trois lignes plus haut, ord^{re} pour *ordinaire*; neuf lignes plus loin, com^{dront} pour *commanderont*, etc.

5. Charles-Amédée de Savoie-Nemours, né en avril 1624, tué en duel par le duc de Beaufort, son beau-frère, le 30 juillet 1652. Voyez les *Mémoires*, p. 419 et note 4, et les pièces publiées par V. Cousin dans *Madame de Longueville pendant la Fronde*, Appendice, p. 426 et 427, et p. 448 et suivantes.

abîmés pour cela, comme Pluton (*Jarzé*)⁶ et Adamas (*Viole*)⁷ l'ont pu espérer. Jamais Mgr le Prince n'a si bien traité M. de la Rochefoucauld en toutes façons. Il lui a offert à lui seul l'emploi de M. de Nemours; mais, l'état auquel il est le lui ayant fait refuser⁸, Son Altesse l'a donné à M. le prince [de] Tarente⁹ pour le commander, et quand M. de la Rochefoucauld ira, ils commanderont par tour. Son Altesse a prié Son Altesse Royale¹⁰ d'empêcher qu'on ne fît le procès à M. de Rieux, qui, en bonne justice, auroit eu le cou coupé¹¹. L'on dit fort que M. le prince d'Harcourt¹² est monté sur ses grands chevaux et qu'il est en

1652

6. Celui qui est nommé « le baron de Jarzé » dans les *Mémoires de Lenet* (p. 558), où nous voyons que Condé le dépêcha à Bordeaux au milieu de juillet 1652. Les *Manuscrits de Lenet* contiennent des lettres de lui.

7. Le druide Adamas, personnage de *l'Astrée* : voyez les *Lettres de Mme de Sévigné* (tome III, p. 142 et 143), où ce nom désigne Arnauld d'Andilly. Ailleurs Viole est appelé aussi *Pollux* : Gourville, dans sa lettre à Lenet, en date du 28 juillet 1652 (n° 17 de l'*appendice* 1), le nomme successivement (p. 267) *Adamas* et *Pollux*.

8. Voyez les *Mémoires*, p. 409, 410 et 421.

9. Sur Henri-Charles de la Trémoïlle, prince de Tarente, voyez les *Mémoires*, p. 294 et note 1.

10. Le duc d'Orléans.

11. Allusion à une querelle qui s'était élevée, le lendemain de la mort du duc de Nemours, entre Monsieur le Prince et François-Louis de Lorraine, comte de Rieux, puis d'Harcourt, troisième fils du duc d'Elbeuf. Souffleté par Condé, de Rieux riposta, comme dit le *Journal de Dubuisson-Aubenay*, en donnant « du poing à l'épaule par devant au prince. » Il fut mis à la Bastille, et n'en sortit qu'à la fin de septembre. Voyez, à ce sujet, les *Mémoires de Mademoiselle*, tome II, p. 138 et 139, et, dans le tome VII des *Manuscrits de Lenet*, fol. 156 et suivants, une lettre de Marigny, qui a été publiée par V. Cousin dans *Madame de Longueville pendant la Fronde*, *Appendice*, p. 448-452.

12. Charles de Lorraine, l'aîné des fils du duc d'Elbeuf, et qui lui succéda dans son titre. — Il y a, dans l'original, après le nom propre, un *il* superflu.

54   LETTRES.

1652 colère. Raillerie à part, je crains fort pour la personne de Son Altesse, et je ne puis pas m'imaginer que le Cardinal n'ait[13] quelque espérance de le faire assommer bientôt; car ce coquin voit les Espagnols à quinze lieues d'ici[14] et ne songe non plus à faire la paix que s'il n'y avoit point de guerre. La cour avoit envie d'aller[15] à Corbeil; mais ils ont tant attendu qu'ils ne peuvent plus. Ils doivent aller mardi à Mantes, qui est le seul lieu de Normandie[16] qui les voulut recevoir. Rouen s'en déclare hautement.

Le pauvre M. de Bouillon est fort mal; il fut hier à l'extrémité, mais il se porte un peu mieux[17]. M[M]. de Brienne et Servient[18] sont aussi fort mal. Le Cardinal a

13. Dans l'original, *naye*, et quinze lignes plus loin, *aye*.
14. Ils avaient pris position (29 juillet) auprès de Fismes (Marne), à sept lieues de Reims, sur la limite du département de l'Aisne. Sur cette marche des Espagnols en France, et sur l'artifice qu'employa Mazarin pour décider Fuensaldagne à rebrousser chemin, voyez les *Mémoires de Montglat*, tome II, p. 361 et 362.
15. On lit ici, dans le manuscrit, les mots *à Brie ou*, biffés. A la ligne suivante, *peuvent* est écrit deux fois. Trois lignes plus loin, nous trouvons la singulière orthographe *Rouhant*, pour *Rouen*.
16. Mantes était sur la limite de la Normandie, dans l'Ile de France. Montglat (tome II, p. 366) dit que la cour n'y arriva que le 25 septembre; c'est ce que confirme notre *lettre* 33 (p. 91-97), qui est datée de ce jour-là, et dont le premier alinéa se termine par ces mots : « la cour.... arrive aujourd'hui à Mantes. »
17. Sur le duc de Bouillon, qui mourut cinq jours après, d'une fièvre chaude, voyez le post-scriptum de la *lettre* suivante, p. 60; la note 29 de la *lettre* 24, p. 68; et les *Mémoires*, p. 427 et 428. Dans une lettre, portant la même date que celle-ci, écrite par Marigny à Lenet (tome VIII, fol. 25, au verso), on lit : « M. de Bouillon n'est pas encore mort, mais il ne vaut guère mieux; il a le brevet de surintendant. »
18. Henri-Auguste de Loménie, comte de Brienne, secrétaire d'État aux affaires étrangères, mort en 1666 : voyez notre tome II, p. 65, note 6. — Abel Servient[a], marquis de Sablé et de Bois-

[a] L'orthographe la plus commune est maintenant *Servien*, mais lui-même,

traité du gouvernement et de l'évêché de Metz[19]. Un homme qui croit en savoir quelque chose m'a assuré aujourd'hui qu'il s'en vouloit aller à Metz et obliger par là à faire la paix, croyant qu'il n'y aura plus de prétexte, étant dans son évêché et si loin. Il faut bien qu'il ait quelque ruse nouvelle qui le fait être si fier, car, entre nous, je ne vois pas que les rieux[20] soient de son côté. Bérénice (*Mme de Châtillon*[21]) est toujours fort bien avec Astropol (*Monsieur le Prince*). Ma foi je m'endors, adieu : aimez-moi, je vous en prie. M. de la Rochefoucauld se porte mieux; mais Mgr de Marcillac[22] a eu la fièvre aujourd'hui[23].

Suscription : A Monsieur Monsieur l'Esné, à Bourdeaux.

1652

Dauphin, mort en 1659; il est question de lui dans les *Mémoires*, p. 155 et note 2.

19. Le cardinal Mazarin fut titulaire de l'évêché de Metz de novembre 1653 à décembre 1658. — Devant *et de* est biffé *de* avec les deux premiers jambages d'un *m*; l'auteur avait probablement commencé à écrire *de Metz*.

20. L'original donne bien ainsi *rieux*, comme on prononçait, pour *rieurs*.

21. Voyez ci-dessus, p. 43, note 6.

22. Fils aîné de l'auteur : voyez la *Notice biographique*, p. xii et xiii.

23. Voyez la *lettre* suivante, p. 59.

en signant, et beaucoup de ses contemporains terminent le nom, comme il est écrit ici, par un *t*.

22. — A LENET.

A Paris, ce 7 d'août [1652].

M. Caillet[1] m'a donné ce matin votre lettre du 1ᵉʳ de ce mois. Je me réjouis de vos heureux succès pour les Jurats[2] : sérieusement, c'est une affaire fort importante et considérée comme cela. Les nouvelles que vous me mandez que je recevrai de M. Girard[3] ne seront pas désagréables ; je puis vous dire par avance que l'on vous est aussi obligé que l'on doit. L'on ne souffle pas le mot approchant de la paix, mais bien au contraire. J'ai reçu le soir une lettre de M. de Miossens[4], qui me mande que Bartet est de retour de l'armée de Lorraine et qu'il a fait un traité avec ce brave duc, et m'assure que les Espagnols ne s'avanceront pas[5]. Je crois que si

---

Lettre 22. — *Manuscrits de Lenet*, tome XXV, fol. 276-278, de la main de Gourville ; au dos : « M. de la Rochefoucault. »

1. Un des secrétaires du prince de Condé. Il y a des lettres de lui dans le recueil de Lenet. Quelques-unes ont été publiées dans la 3ᵉ partie des *Mémoires* de ce dernier.

2. Magistrats municipaux de Bordeaux, qui étaient alors en lutte contre la faction ultra-frondeuse de l'Ormée. Voyez les *Mémoires*, p. 349 et suivantes, et *Madame de Longueville pendant la Fronde*, p. 272.

3. Secrétaire du prince de Conty ; il était alors à Bordeaux.

4. César-Phébus d'Albret, comte de Miossens (*Miossans*, dans le manuscrit), sire de Pons, qui fut nommé bientôt après (1ᵉʳ juin 1653) maréchal de France, en récompense de sa fidélité à la Reine et à Mazarin pendant la Fronde ; il fut gouverneur de Guyenne en 1670, et mourut à Bordeaux en 1676, âgé de soixante-deux ans. Voyez, sur lui, les *Mémoires*, p. 66 et note 3, p. 95 et 96.

5. Bartet était agent du cardinal Mazarin et secrétaire du Cabinet. « M. de Lorraine, dit Mademoiselle dans ses *Mémoires* (tome II, p. 181), recevoit souvent des lettres de la cour. Bartet le vint trouver de la part de Monsieur le Cardinal. » Voyez aussi, au même tome (p. 372-374, et *Appendice*, p. 542 et 543), l'aventure fâcheuse qui lui arriva à propos des *canons* du duc de Candale. Il fut exilé à Corbeil en 1656 et mourut en 1707, à Neuville, près de

cela est, que[6] MM. les Espagnols sont de tout ce tripotage, et sont mal informés du fond de nos affaires, et nous croient plus[7] puissants que nous ne sommes, et considèrent nos arrêts plus qu'ils ne valent. Son Altesse Royale a été déclaré lieutenant général de l'État[8]; mais cette qualité ne se fait connoître que par la force, et nous ne l'avons pas sans eux[9]. Il y a eu véritablement des ordres du Parlement et [de] l'Hôtel de Ville pour lever sur les portes huit cent mille livres[10]; et si MM. les Espagnols comptent cela pour de l'argent comptant, ils

---

Lyon, chez le maréchal de Villeroy, à l'âge de plus de cent ans (*Mémoires de l'abbé de Choisy*, p. 441). Conrart, dans ses *Mémoires* (p. 260-270), nous a laissé une notice sur Bartet. Voyez aussi les *Mémoires de Saint-Simon*, à l'année 1707 (tome V de l'édition de 1873, p. 339 et 340).

6. Ce second *que* est ajouté en interligne dans le manuscrit.

7. Il y a ici *f*[*orts*], effacé; un peu après, par inadvertance, *considere*, au singulier.

8. Voyez les *Mémoires*, p. 416. C'est le 20 juillet que fut rendu l'arrêt du Parlement qui déclarait que le duc d'Orléans, le Roi étant « détenu prisonnier par le cardinal Mazarin, » était prié de prendre la qualité de « lieutenant général, » avec Condé pour généralissime sous ses ordres (*Suite du Journal du Parlement*, année 1652, p. 62).

9. Sans les Espagnols. Nous voyons, en effet, par les *Mémoires de Retz* (tome IV, p. 295 et 296), que les parlements des provinces, sauf celui de Bordeaux, ne firent point écho à celui de Paris. On y lit : « Monsieur ne fut pas mieux obéi sur ce qu'il écrivit de sa nouvelle dignité à tous les gouverneurs de provinces, et il m'avoua de bonne foi, quelque temps après, qu'un seul, à l'exception de M. de Sourdis, ne lui avoit fait réponse.... Son autorité n'étoit pas même établie, au moins en la manière qu'elle le devroit être, dans Paris; car, deux misérables ayant été condamnés à être pendus le 23, pour avoir mis le feu à l'Hôtel de Ville, les compagnies de bourgeois qui furent commandées pour tenir la main à l'exécution refusèrent d'obéir. »

10. Voyez le procès-verbal de la séance du corps municipal, dans les *Registres de l'Hôtel de Ville pendant la Fronde*, tome III, p. 124 et suivantes; la taxe à payer était de vingt-cinq écus pour les portes

se trompent; l'on aura bien de la peine à en tirer quelque petite chose; je dis petite, car à peine en osera[-t-]on demander. Le Cardinal est plus le maître de la cour que jamais. Tout le monde dit qu'il s'en veut aller; mais je parierai ma vie qu'il ne partira point, et il abuse de cela les François et les Espagnols, et veut toujours faire croire aux derniers qu'il est prêt de partir, pour peu qu'on le pousse; et, quand ils auront fait quelque traité comme il aura pu desirer, il leur fera valoir que c'est cela qui l'a retenu. Ce qu'ils ont de Messieurs du Parlement à la cour a aujourd'hui fait l'ouverture d'un parlement[11], et l'on dit qu'ils ne sont entrés qu'à con-

cochères, de dix écus[a] pour les portes carrées et boutiques de marchands, et de cinq écus pour les petites portes et boutiques d'artisans. On voit, en outre, par la *Suite du Journal du Parlement*, p. 70, que, le mercredi 24 juillet, il fut arrêté au Palais qu'afin de parachever le fonds des cinquante mille écus pour la tête du cardinal Mazarin (mise à prix à la fin de 1651), il serait procédé à la vente de ses statues.

11. Par déclaration de la veille, c'est-à-dire du 6 août 1652, le Roi avait transféré le parlement de Paris à Pontoise (*Suite du Journal du Parlement*, p. 87-95). Un certain nombre de membres seulement, à la tête desquels étaient les présidents Molé, de Novion et le Coigneux, juste « ce qu'il falloit de juges pour faire un arrêt, » écrit *Mademoiselle* (tome II, p. 181), obéirent à l'injonction; le reste de la Compagnie demeura dans Paris, si bien qu'on eut le spectacle de deux tronçons de parlement se foudroyant, comme dit *Retz* (tome IV, p. 303), « par des arrêts sanglants qu'ils donnoient les uns contre les autres, » une « guerre en papier, » dit Montglat (tome II, p. 359). Voyez, dans le *Choix de Mazarinades*, de C. Moreau (tome II, p. 438-443), une curieuse pièce de vers, du 7 août 1652, intitulée : *Satire du parlement de Pontoise*. — Les mots *de M[rs]*, et, à la ligne suivante, *parlement*, sont en interligne.

[a] MM. le Roux de Lincy et Douët d'Arcq ont omis dans leur texte ces mots : *pour les portes cochères, de dix écus* Voyez la *Suite du Journal du Parlement*, année 1652, p. 78.

LETTRES. 59

dition que le Cardinal sortira. Il leur [12] a peut-être bien 1652
promis, et se moquera d'eux. Enfin je suis persuadé
qu'il ne s'en ira point [13], et que si nous étions les maîtres des deux tiers du Royaume, il disputeroit le reste
plutôt que de quitter la partie. Il craint trop qu'il ne
paroisse au Roi que son éloignement met la paix dans
son royaume, et que l'on ne s'oppose à son retour.
M. le prince de Marcillac a eu deux jours de fièvre continue, et puis, après l'avoir quittée, il lui sort la plus
grande quantité de petite vérole du monde ; mais, Dieu
merci, les médecins ne voient aucune marque [14] de péril. L'œil gauche de M. de la Rochefoucauld ne s'avance
point.

Son Altesse Royale fit hier voir M. de Beaufort à
Mgr le Prince. Adieu, Monsieur : au nom de Dieu, continuez-moi, pour le reste de mes jours, la part que vous
m'avez fait l'honneur de m'accorder dans votre amitié, et
me faites celui de croire que personne n'est plus sincèrement ni plus véritablement que moi votre très-humble
et très-obéissant serviteur.

12. Dans l'original, *leurs*.
13. On lit dans la *Muze historique* de Loret, à la date du 18 août
1652, *Lettre tremblante*, p. 112 :

> « Chacun s'entretient à toute heure
> De l'éloignement ou demeure
> Dans le domicile royal
> Du sieur Jules le Cardinal ;
> Mais entre la gent politique
> C'est un point fort problématique :
> Les uns disent qu'il s'en ira,
> D'autres disent que non fera....
> Pour moi, je tiens, à tout hasard,
> Que ce doit être ou tôt ou tard.

14. *Marque* est en interligne, au-dessus d'un autre mot d'abord
surchargé, puis biffé.

1652

J'ai fait vos civilités au pauvre Langlade[15]. Son maître[16] a été abandonné. J'en ai reçu ce soir une lettre qui me le fait quasi hors de péril[17]. Quelques-uns disent qu'il n'y a pas trop bonne intelligence entre M. de Turenne et M. le maréchal de la Ferté[18].

Vous pouvez adresser mes lettres à Mlle de Lagny, au Cloître-Sainte-Opportune[19]; je les aurai plus tôt[20].

Suscription : A Monsieur Monsieur l'Esné, à Bourdeaux.

15. Cet alinéa est en post-scriptum, après un parafe. — Jacques de Langlade, baron de Saumières, né au château de Limeuil[a], secrétaire du duc de Bouillon, puis du cabinet de Mazarin, puis du cabinet du Roi. Nous savons par les *Mémoires de Gourville* (p. 460), qu'il acheta une maison en Poitou. Il mourut en 1680. Voyez au tome II des *Lettres de Mme de Sévigné*, p. 63, note 7.

16. Le duc de Bouillon.

17. Dans l'original, *cassy*, pour *quasi*. — Voyez la *lettre* précédente, p. 54, note 17.

18. Henri de la Ferté-Nabert ou Saint-Nectaire (Senneterre) était maréchal depuis janvier 1651; il commandait un des deux corps de l'armée royale opposée aux troupes de Condé : voyez les *Mémoires*, p. 401 et note 2. On trouvera à l'*appendice* 1 de ce volume, p. 243, une lettre du père de notre auteur au père de ce maréchal.

19. Dans l'original, *St-Auportune*. — La place actuelle de Sainte-Opportune, dans le premier arrondissement de Paris, voisine de la petite rue du même nom et de la rue des Lavandières-Sainte-Opportune, s'appelait encore en 1790 *Cloître de Sainte-Opportune*, nom qu'elle devait à l'église de Sainte-Opportune, démolie pendant la Révolution. Voyez le n° 19 de l'*appendice* 1, p. 271 et note 1.

20. Ces deux lignes sont ajoutées au bas de la première page du manuscrit. — Gourville rapporte, dans ses *Mémoires* (p. 270 et 271), que, lorsqu'il vint à Paris pour traiter de l'accommodement de la Rochefoucauld, il descendit chez cette demoiselle de Lagny, « dont le fils, dit-il, avoit été élevé auprès de moi, et à qui je donnois mes commissions pendant mon absence. »

[a] Voyez *le Périgord illustré*, par M. l'abbé Audierne, 1851, in-8°, p. 153.

23. — A LENET.

A Paris, ce 14 d'août [1652].

M. Caillet[1] m'a donné vos deux dernières lettres, que j'ai lues à M. de la Rochefoucauld, qui m'a commandé de vous faire cent mille remerciements et bien des amitiés. J'ai fait les vôtres à Mme de Châtillon. Vous saurez assez les nouvelles sur cet éloignement du Cardinal[2]; pour moi, je persiste, nonobstant tout cela, à croire qu'il s'en ira point[3] ne sachant par où penser à son retour, et qu'il a pu en être assuré[4] devant que de partir pour des choses qu'il considère cent mille fois moins; et je crois fermement qu'en voulant partir effectivement, il fera parler de quelque chose. Je suis assuré déjà qu'il feroit beaucoup et qu'il accorderoit volontiers les articles des[5] principaux amis; mais l'on a pris de nouvelles liaisons qui embarrassent. Mais, avec tout cela, je ne vois

---

Lettre 23. — *Manuscrits de Lenet*, tome XXV, fol. 271, de la main de Gourville; au dos : « M. de la Rochefoucault, ce 14 août. » La clef, en interligne, est de Lenet.

1. Voyez la *lettre* précédente, p. 56, note 1.
2. « Le parlement séant à Pontoise supplia.... le Roi (10 août) de rendre la paix à ses sujets en éloignant de ses conseils et du Royaume le cardinal Mazarin. Le ministre renouvela ses instances pour obtenir la permission de se retirer, et le Roi déclara enfin (12 août) qu'il consentait à le laisser partir....Le Cardinal.... s'achemina lentement (19 août) vers la frontière, pour aller attendre, dans sa retraite déjà connue de Bouillon, un dénouement qui ne semblait pas maintenant devoir tarder beaucoup. » (Bazin, *Histoire de France sous Louis XIII et sous le ministère du cardinal Mazarin*, tome IV, p. 276 et 277.) — Voyez la *lettre* suivante, p. 63 et note 5.
3. Il y a bien ainsi dans l'original : *qu'il s'en ira point*. La phrase est fort obscure; le commencement signifie sans doute : il ne s'en ira pas sans savoir « par où penser à son retour. »
4. *Assuré* est suivi des mots : *devant son retour*, biffés.
5. L'*s* de *des* a été ajoutée après coup; à la suite sont deux mots effacés. A la ligne suivante, il y a *embarasse* (sic), au singulier.

pas de grandes difficultés, si tout le monde vouloit être raisonnable; mais le mal est que Monsieur le Prince ne veut pas entendre parler de négociation [6]; mais, nonobstant cela, Perion (*Gourville*) et son camarade Junon (*Langlade*) [7] sont ensemble pour essayer de faire quelque chose sans que Monsieur le Prince ni M. de la Rochefoucauld en sachent rien. Ils sont pourtant bien conseillés par Astropol (*Son Altesse*), Diane (*Rochefoucauld*) et Bérénice (*Mme de Châtillon*); mais, au nom de Dieu, le secret; car jamais Monsieur le Prince ne le (*sic*) pardonneroit d'avoir parlé sans lui en rien dire.

Suscription : A Monsieur Monsieur Lesné, à Bourdeaux.

---

24. — A LENET.

A Paris, ce 21ᵉ août 1652.

MGR le duc de la Rochefoucauld est en aussi bonne disposition de sa santé et de ses yeux qu'on le peut

---

6. Voyez les *Mémoires de Mme de Motteville*, tome IV, p. 32.

7. Voyez ci-dessus, p. 60, note 15. — La Rochefoucauld est désigné, un peu plus bas et p. 85, par un nom féminin : *Diane;* et de même (p. 68) Condé, par celui de *Didon*, et (p. 267) par ceux d'*Astropol* et de *Rosanire :* voyez la note 9 de cette dernière page. Ces pseudonymes différents servaient à voiler mieux encore le vrai nom.

LETTRE 24. — *Manuscrits de Lenet*, tome VIII, fol. 224 et 225. La seconde moitié de la lettre (voyez la note 19) est de la main de Gourville; le commencement, d'une main qui nous est inconnue; au bas de la dernière page : « M. de la Rochefoucault. » Cette lettre paraît avoir été dictée par le duc, au moins pour les passages importants. La clef est toujours, en interligne, de Lenet.

souhaiter¹, et même il a sorti aujourd'hui, ce qu'il n'avoit point fait. Pour ce qui est de Mgr de Marcillac, il a été aussi bien traité de sa petite vérole que l'on a pu l'être²; il n'en sera aucunement marqué, et présentement à peine paroît-il s'il l'a eue.

1652

Sur l'avis qu'on avoit eu que M. de Persan³ avoit composé de se rendre dans la fin du mois à moins de secours, Son Altesse a fait partir mille chevaux sous la conduite de M. de Briolle⁴, qui vont avec toute la diligence possible; mais le Cardinal en a envoyé davantage à leurs trousses, de sorte qu'on appréhende pour ces Messieurs-là, à moins qu'ils ne se diligentent bien fort.

Enfin le Cardinal est parti lundi matin⁵ de Pontoise, d'où il a été à Lagny, et y a séjourné jusques à cejourd'hui qu'il va coucher à la Ferté-sous-Jouarre, et de là on croit qu'il prend sa route pour Bouillon ou Dinant⁶.

1. Nouvelle allusion à la blessure reçue par le duc au combat du faubourg Saint-Antoine.
2. Voyez la *lettre* 21, p. 55, et la *lettre* 22, p. 59. — Devant les mots *petite vérole*, on peut hésiter dans le manuscrit entre *sa* et *la*, et de même, quatorze lignes plus bas, devant *même*, entre *le* et *ce*.
3. Vaudeter, marquis de Persan, commandait à Montrond; il y était alors bloqué par le corps de Palluau. Voyez les *Mémoires*, p. 422 et 423; et ceux *de Retz*, tome III, p. 287 et note 7.
4. Le comte de Briord, qu'on nommait communément Briolle (Briole, Briolles), premier écuyer du duc d'Enghien fils du grand Condé, puis ambassadeur et conseiller d'État, mort en 1703 : voyez au tome II, vers la fin de la note 3 de la page 185. Mademoiselle (tome I, p. 205) l'appelle « un fort honnête homme et qui étoit de mes amis. » « C'étoit, dit Saint-Simon (tome IV, p. 36), un très-homme d'honneur et de valeur, qui avoit du sens, quelque esprit, et beaucoup d'amis. » Voyez aussi au tome III de *Mme de Sévigné*, p. 207, note 13; et au tome II de *Retz*, p. 217, note 5.
5. Le 19 août (voyez la note 2 de la *lettre* précédente).
6. Voyez les *Mémoires*, p. 430 et note 8; et ceux *de Retz*, tome IV, p. 303. — Bouillon, ancien chef-lieu du duché de ce nom, à quatre-

1652

La cour partit le même jour et alla coucher à Liancourt[7], d'où elle arriva hier à Compiègne, où elle demeure[8]. Leur armée est toujours séparée en divers quartiers : une partie est devers Gonesse[9]; l'autre encore autour de Pontoise, où est demeuré le prétendu parlement[10]. Notre armée est encore à Saint-Cloud, où, outre les mille chevaux envoyés à Montrond, il en reste encore au moins douze cents, et dix-huit cents fantassins.

Le Cardinal a fait accorder le bâton de maréchal de France à M. de Miossens[11], toujours fort malade, et à

vingts kilomètres N. O. de Luxembourg, fait aujourd'hui partie du Luxembourg belge. — Dinant, ville forte de Belgique, sur la Meuse, à vingt-trois kilomètres S. de Namur, appartenait aux Liégeois.

7. Le bourg de Liancourt, près de Clermont-en-Beauvaisis (Oise). Il y avait là une terre qui était un des plus beaux séjours de France, « une huitième merveille, » dit Loret, dans sa *Muze historique* (*Lettre ravissante*, du 25 août 1652, p. 114), en parlant précisément de ce séjour du Roi et de la Reine mère en ce lieu. Elle était entrée dans la famille du Plessis en 1463, par le mariage de Claudine de Popincourt avec Jean du Plessis, sieur de Perrigny, et elle passa dans celle de la Rochefoucauld, en 1659, lors du mariage de François VII, le fils de notre auteur, avec Jeanne-Charlotte du Plessis-Liancourt. Voyez sur cette terre, la Ire des *Réflexions diverses*, au tome I, p. 281 et 282; la Fontaine, *les Amours de Psyché et de Cupidon*, livre I (p. 77 de l'édition originale, 1669); le *Dictionnaire d'Expilly*; la *Vie de la duchesse de Liancourt*, par l'abbé J. J. Boileau, Paris, 1698, in-12, p. 19; et Sainte-Beuve, *Port-Royal*, tome V, p. 43 et 44.

8. Voyez les *Mémoires de Mme de Motteville*, tome IV, p. 33 et 34.

9. Bourg de Seine-et-Oise, qui avait la réputation de faire le meilleur pain des environs de Paris.

10. Voyez la *lettre* 22, p. 58 et note 11.

11. Voyez sur Miossens la *lettre* 22, p. 56, note 4. Montglat dit (tome II, p. 342 et 343) que Miossens « eut ses lettres de maréchal de France, à condition qu'il les tiendroit secrètes pour quelque temps, de peur que cet exemple ne donnât envie à d'autres de le menacer (*le Cardinal*) pour parvenir à des dignités. » Il ajoute, un peu plus loin (p. 365), qu'on en usa de même avec Palluau, qui fut récompensé de la prise de Montrond par le maréchalat,

MM. de la Vieuville, Roquelaure et de Créqui[12] le brevet de ducs et pairs. 1652

Il est encore incertain quel effet produira cet éloignement jusques à ce que ce soit hors du Royaume, et après on croit que Mgrs les Princes demanderont, conjointement avec le Parlement et Paris, que les choses soient rétablies en l'état où elles étoient avant la guerre; et puis il ne dépendra que de la cour de nous donner la paix, dont on doute fort. On s'est assemblé hier sur ce sujet[13]; M. de Nesmond[14] fit une fort longue harangue, tendante à remercier le Roi; mais il ne fut pas suivi, mais arrêté qu'il seroit attendu que le Cardinal fût hors du Royaume. On vient de dire que M. de la Boulaye[15] venoit d'arriver de Flandres et qu'il

---

mais sous condition « de n'en point parler jusqu'à ce que le Cardinal le lui eût permis, selon la mode du temps, dans lequel on ne faisoit des grâces qu'en secret. »

12. Charles, marquis, puis duc de la Vieuville (*de la Vieville*, dans l'original), dont il a été question dans les *Mémoires* (voyez notamment p. 292, note 6), et qui mourut en janvier 1653. — Gaston-Jean-Baptiste, marquis de Roquelaure (voyez au tome II l'*Apologie de M. le prince de Marcillac*, p. 449, note 3). — Charles de Créquy, IIIe du nom, lieutenant général (1651), puis duc et pair (1653), ambassadeur à Rome (1662), mort en 1687, âgé de soixante-treize ans. C'est le frère du célèbre maréchal de Créquy.

13. Voyez les *Mémoires de Retz*, tome IV, p. 302.

14. Sur Nesmond, président au Parlement, voyez les *Mémoires*, p. 253, note 5, et ceux *de Conrart*, p. 271-277.

15. Sur la Boulaye, voyez les *Mémoires*, p. 153 et notes 4 et 5. On lit dans les *Mémoires de Poictou*, 1697 (fol. 118 v° et 119, *fonds Colbert* V^e, n° 278, *Manuscrits* de la Bibliothèque nationale) : « Le marquis de la Boulaye, chef du nom d'Eschalard..., a bien trente mille livres de rentes en fonds de terre en Poitou. Il est catholique et un des plus intéressés et échauffés au dessèchement des marais de Poitou. Il a épousé la fille du feu sieur duc de Bouillon la Mark, qui a été seule cause qu'il a pris le méchant parti pendant les premiers troubles. De ce mariage il a deux fils : l'aîné, adopté par ledit feu sieur de Bouillon, qui lui a fait porter le nom de

1652 portoit parole à Mgrs les Princes de la part du duc de Lorraine [16] pour leur offrir mille chevaux et sept mille hommes de pied. Je ne crois pas qu'on s'y voulût fier. Le président de Bailleul [17] mourut avant-hier en cette ville, où on ne continue point à demander de l'argent, jusques à ce qu'on voie quelle posture prendront les affaires [18].

Je [19] vous ai toujours fait écrire les nouvelles. Je reçois fort bien toutes vos lettres, que Mgr de la Rochefoucauld voit toutes soigneusement. Il vous prie de continuer [20] à nous mander des nouvelles de vos cours [21]. Il me semble que d'aujourd'hui les choses prennent assez le train de faire la paix, c'est-à-dire de désarmer. L'on s'assemble demain au Parlement, pour, je pense, résoudre d'envoyer à la cour demander que l'on ne de-

comte de la Mark, a épousé une Saveuse, de laquelle il a eu de grands biens; mais ils sont présentement séparés. Le second est appelé chevalier de la Boulaye. »

16. Charles III (ou IV), qui avait été dépossédé de son duché par Louis XIII (*Mémoires*, p. 394, note 4), et dont il a déjà été question dans la *lettre* 22, p. 56.

17. Nicolas le Bailleul, président à mortier, qui avait été successivement ambassadeur, prévôt des marchands, et surintendant des finances. Voyez au tome III des *Mémoires de Retz* (p. 85 et note 4) et au tome V (p. 20 et note 6), où il faut, dans les deux notes, changer la date de la mort : 1653, en 1652.

18. On ne payait les taxes que fort à contre-cœur. « Le trafic cessoit parmi les marchands, dit Montglat (tome II, p. 365); les terres de la campagne étoient pillées, et le bourgeois n'osoit sortir, les fêtes, pour aller voir sa petite maison des champs, sans courir fortune d'être dépouillé. »

19. Ce qui suit est de la main de Gourville.

20. Avant *continuer*, deux mots biffés, dont le premier, ce semble, est *lui*.

21. Le mot est satirique; c'est qu'il y avait en effet une double cour à Bordeaux, celle de Mme de Longueville, et celle du prince de Conty, dont était Lenet. Voyez p. 75, la fin de la note 8 de la *lettre* 26, et p. 97, la note 2 de la *lettre* 34.

mande, après l'éloignement, autre chose, si ce n'est que les choses soient remises au même état qu'elles étoient et la déclaration contre le Cardinal[22]. Je ne crois pas que la cour accorde ce dernier. Il faudra voir avec le temps ce que l'on devra accepter[23]; pour moi, je suis tout à fait d'avis que nous devons souhaiter une paix, et qu'il n'y en a point qui ne soit avantageuse[24]. Le Cardinal sera toujours hors du Royaume, il voudra revenir, et il faudra toujours parler à Monsieur le Prince. Pour ne vous en pas mentir, je me suis fort tourmenté qu'il seroit aussi bon d'être assuré dès à cette heure[25] de ces affaires que d'attendre davantage. Présentement toutes les négociations sont à bas, mais je ne vois pas que les uns ni les autres se puissent passer[26] sans renouer. L'Albret[27] est un obstacle assez grand; l'on le

---

22. Retz mentionne ainsi (tome IV, p. 303 et 304) cette séance du 22 août : « Monsieur et Monsieur le Prince firent déclaration au Parlement, à la chambre des Comptes et à la cour des Aides que, vu l'éloignement du cardinal Mazarin, ils étoient prêts de poser les armes, pourvu qu'il plût à Sa Majesté de donner une amnistie, etc. »

23. Devant *accepter*, il y a *accorder*, biffé.

24. « Tout le monde veut la paix, » écrivait dès le mois de juin le président Viole à Lenet (*Manuscrits de Lenet*, tome VI, fol. 171), et il ajoutait (*ibidem*, fol. 189) : « Chacun accuse son compagnon de faire des négociations secrètes. »

25. Il y a *asteure* dans le manuscrit. On trouve dans les écrits de ce temps et surtout de l'époque antérieure, notamment chez Blaise de Monluc, chez Henri IV, etc., de fréquents exemples de l'orthographe *asteure*, *asture*, par laquelle cette locution contractée, encore en usage aujourd'hui parmi le peuple, devient un adverbe composé, d'origine méconnue.

26. *Se passer* avait jadis, entre autres sens, celui de *se contenter*. De là ce tour que nous rencontrons ici : « puissent se contenter sans renouer, s'abstenir de renouer, puissent ne pas renouer. »

27. Le duché d'Albret, qu'on avait promis au duc de Bouillon « pour faire une partie de la récompense de Sedan, » dit la Rochefoucauld, dans ses *Mémoires*, p. 386 ; voyez aussi *ibidem*, p. 291 et

1652 veut pour[28] M. de Bouillon, comme il avoit été promis au père[29]. Ce qui regarde Didon (*Condé*) est toujours compris dans tout[30] ; car l'on a toujours travaillé sur le premier pied, et cela fut accordé d'abord. Pluton (*Jarzé*)[31] est parti il y a deux jours, pour aller prendre, s'il le peut, Agramate (*le Cardinal*). Il ne le manquera pas par la force de la garnison ; mais ce que je vois de difficile, c'est qu'il est allé prendre des troupes du duc de Lorraine, c'est-à-dire de celles qui sont avec lui ; je ne crois pas qu'il y ait[32] dans cette place deux cents hommes. Jamais Florestant (*Rochefoucauld*) n'a été si bien avec Astropol (*Son Altesse*) ; je pense qu'il ne se peut rien de mieux. Je vous donne le bonsoir, et vous assure, Monsieur, que vous n'avez pas un serviteur plus acquis que moi, ni qui vous honore avec tant de passion[33].

note 5. La promesse fut en effet tenue en 1652. Nous lisons, à cette année, dans *l'Art de vérifier les dates* (édition de 1818, in-8°, tome IX, p. 276) : Louis XIV donna « le duché d'Albret et ses dépendances au duc de Bouillon, en échange des principautés de Sedan et de Raucourt. »

28. En interligne *feu*, biffé ; à la suite le manuscrit porte *Mrs*.

29. Frédéric-Maurice de la Tour d'Auvergne, mort peu de jours auparavant, le 9 août. Voyez p. 54, *lettre* 21, note 17. Son fils, Godefroy-Maurice, duc de Bouillon et d'Albret, épousa, en 1662, Marie-Anne Mancini, une des nièces de Mazarin.

30. C'est-à-dire dans tous les projets d'accommodement.

31. Voyez p. 53, *lettre* 21, note 6.

32. Dans le manuscrit, *aye*.

33. Dans une lettre, également du 21 août, adressée par le chansonnier et libelliste Marigny à Lenet (tome VIII, fol. 146-148), on lit le curieux passage que voici : « M. de Beaufort traita M. de Broussel, prévôt des marchands, les nouveaux échevins.... On y but fort à la santé du Roi et de toute la maison royale ; on y chanta ; enfin on s'y divertit fort agréablement. Après cela, j'allai voir Son Altesse Royale (*Monsieur*), qui me fit l'honneur de me penser faire bouillir la cervelle au soleil, et il fallut rire sur le départ du *Vilain* et chanter ; et, afin que vous en ayez votre part,

25. — A LENET.

A Paris, ce 25 d'août [1652].

Je ne sais pas si M. Caillet[1] a une lettre pour moi, mais je ne l'ai point encore reçue. L'on avoit envoyé demander un passe-port à la cour[2] pour MM. d'Estampes[3] et Goulas[4], et M. le comte de Fiesque[5], qui devoient

voici ce que je fis sur l'air que l'on chante en votre Guyenne, *Phillis, ta légèreté*, etc...:

« Fronde au croc, si le *Vilain*
S'en va tout de bon demain;
Mais, s'il va plonger
De peur du danger,
Et qu'il revienne sur l'onde,
Par ma foi, sans beaucoup songer,
Je reprendrai ma fronde. »

Marigny ajoute que le soir, à souper, dans le cabinet de Monsieur le Prince, il joignit au précédent couplet le suivant :

« Pèlerin, beau pèlerin,
Remettez-vous en chemin.
Il faut que Gaston
Et notre Bourbon
Demeurent tous deux les maîtres,
Et pour vous, pauvre pantalon,
Que vous tiriez vos guêtres. »

Lettre 25. — *Manuscrits de Lenet*, tome VIII, fol. 172; écrite par Gourville, vraisemblablement au nom du duc, bien qu'elle ne porte pas au dos la mention ordinaire.

1. Voyez p. 56, la note 1 de la *lettre 22*. — A la ligne suivante, devant *reçue*, un mot biffé, probablement *eue*.

2. A Compiègne, où la cour était alors : voyez la *lettre précédente*, p. 64 et note 8.

3. Jacques d'Estampes, marquis de la Ferté-Imbaut, nommé maréchal de France en 1651, mort en 1658, à l'âge de soixante-dix-huit ans.

4. Léonard Goulas, secrétaire des commandements et du cabinet du duc d'Orléans, et qu'il ne faut pas confondre avec son cousin germain, Nicolas Goulas, gentilhomme ordinaire du même prince et auteur de *Mémoires* dont la Société de l'Histoire de France vient de publier les deux premiers volumes.

5. Charles-Léon, comte de Fiesque, fils d'Anne le Veneur, com-

1652

aller, chargés de mémoires instructifs et arrêtés au Conseil, pour convenir avec la cour de l'amnistie, du rétablissement des choses au même état qu'elles étoient, et [de] l'éloignement des troupes. La cour a refusé le passeport[6], qui[7], à mon sens, est une chose ridicule, quelque dessein qu'ils aient, je dis même quand ils ne voudroient point la paix, car au moins le font-ils voir à tout le monde, et, par une conférence, ils pouvoient rompre sur des intérêts particuliers, ce [8] qui auroit bien embarrassé Monsieur le Prince. Cependant le Cardinal ne laisse pas de s'en aller ; il y a des nouvelles qu'il a passé à Reims. Tout cela ne fera que chipotage (le mot n'est peut-être pas bon, mais il n'importe [9]), jusques à ce que Monsieur le Prince et le Cardinal soient d'accord. Tout le monde le voit bien, et presque tous le souhaitent. Il n'y a présentement rien, mais je suis assez persuadé que le Cardinal renouera quelque chose, et qu'il se hâtera plus, se voyant hors de la cour, ne sachant pas

tesse de Fiesque (qui fut gouvernante de Mademoiselle de Montpensier), et frère aîné du chevalier de Fiesque, dont il a été question dans les *Mémoires* (p. 98). Il avait épousé Gillonne d'Harcourt, dame d'honneur et *aide de camp* de Mademoiselle, dont il est parlé ci-après (*lettre* 39, p. 108 et note 6). C'est le *Pisistrate* du *Grand Cyrus*, « l'idéal de l'important et du frondeur, brillant et bizarre mélange du galant et du politique, » dit de lui V. Cousin, dans *la Société française au dix-septième siècle*, tome I, p. 215. On peut voir sur le comte de Fiesque les *Mémoires de Retz* (notamment tome I, p. 222 et note 3), ceux *de Mademoiselle, de Mme de Motteville*, et les *Lettres de Guez de Balzac* (édition de M. Tamizey de Larroque, Paris, 1873, in-4°).

6. Voyez la *Suite du Journal du Parlement*, 29 août 1652, p. 130 et 131 ; et les *Mémoires de Retz*, tome IV, p. 304.

7. *Qui*, au sens de *ce qui*. Le pronom *ils* qui suit désigne la cour : voyez ci-après, la note 15.

8. *Ce* a été ajouté en interligne.

9. Gourville aurait-il eu un tel scrupule de style ? N'y reconnaît-on pas la dictée de la Rochefoucauld ?

de moment en moment ce qui s'y passe, et ne voyant pas trop le chemin de son retour débarrassé[10]. Il a laissé Ondedei[11] auprès de la Reine, et M. le Tellier après, et puis M. Servient[12]. Voilà l'ordre de la cour pour sa confidence. Je ne dis rien du premier; il est assez persuadé que le second est plus à M. de Châteauneuf[13] qu'à lui, et je pense qu'il n'a pas tout le tort, et l'autre l'a trompé vingt fois. Enfin je m'imagine qu'il sera bien inquiété et qu'il aura bien peur qu'on ne prenne des mesures avec ceux qu'il a laissés[14], pour empêcher son retour. Je conclus donc qu'il s'ennuiera de cette vie exilée et qu'il traitera dans quinze jours, ou qu'il reviendra à la cour. Son Altesse Royale doit encore écrire demain au Roi pour le supplier de vouloir donner la paix à son royaume, protestant toujours qu'on ne demande rien que le rétablissement. L'on les[15] veut mettre dans leur tort absolument; tout le monde est plus enragé contre eux que jamais, et s'ils traitent comme cela, je crois que Paris s'efforcera de donner de l'argent[16], voyant de plus en plus leur mauvaise intention. Je m'aperçois que ma lettre est plus pleine de raisonnements

---

10. Rapprochez d'un passage de la *lettre* 23, ci-dessus, p. 61.

11. Joseph Zongo Ondedei, « Italien de nulle probité, » dit le P. Rapin dans ses *Mémoires* (tome I, p. 212), créature et agent du cardinal Mazarin, dont il était le maître de chambre. Il fut fait évêque de Fréjus en 1654, et mourut en 1674. Il est souvent question d'Ondedei dans les *Mémoires de Retz*, qui ne témoigne pas pour lui plus d'estime que le P. Rapin.

12. Sur Michel le Tellier, secrétaire d'État, puis chancelier, voyez les *Mémoires*, p. 54 et note 2; et sur Abel Servient, ci-dessus, p. 54, note 18.

13. Voyez ci-dessus, p. 36, la note 1 de la lettre adressée par la Rochefoucauld à Châteauneuf.

14. Dans le manuscrit, *laissé*, sans accord.

15. *Les*, c'est-à-dire la cour, Mazarin et ses amis et partisans.

16. Voyez p. 57, *lettre* 22, note 10; et p. 66, *lettre* 24, note 18.

que de nouvelles. Adieu, Monsieur : je la finis en vous assurant que personne ne vous honore si parfaitement que moi. Dans deux ou trois jours, nous saurons si Monrond est secouru ou manqué à secourir. M. de Briolle [17] a passé la Loire avec cinq cents chevaux, et doit trouver les troupes de MM. de Valençay [18], de Lévis [19] et autres. Il a été suivi par environ mille chevaux de la cour un jour après.

Tout le monde se porte mieux, et Mgrs de la Rochefoucauld et de Marcillac sortent tous deux [20].

26. — AU PRINCE DE CONTY [1].

A Paris, ce 27 août 1652.

La réception des lettres que Votre Altesse m'a fait l'honneur de m'écrire me justifiera auprès d'Elle. Celles

---

17. Sur Briolle (Briord), voyez ci-dessus, p. 63, *lettre* 24, note 4.
18. Dominique d'Estampes, marquis de Valençay. Il est compris, au tome V des *Souvenirs du règne de Louis XIV*, de M. le comte de Cosnac (p. 437), dans une liste des lieutenants généraux de l'armée de Monsieur le Prince en 1652. — Sur le siége de Montrond, voyez le même ouvrage, tome IV, p. 24-110, et, sur le secours tenté par Briord, Lévis, Valençay, etc., p. 86-92.
19. Dans l'original, *Lesvy*. Voyez les *Mémoires*, p. 356, note 7.
20. Ces deux dernières lignes sont écrites à rebours au haut de la troisième et de la seconde page de la lettre; les noms propres, comme à l'ordinaire, sont en abrégé : « de la R. et de M. »

Lettre 26. — *Manuscrits de Lenet*, tome VIII, fol. 194-196, de la main du président Viole; au dos, la mention : « M. de la Rochefoucault ; » cachets conservés. — Les suites de points qu'on trouvera aux pages 73 et 77 ne marquent pas des retranchements faits par nous, mais sont dans l'original.

1. On voit dans les *Mémoires* (p. 355) que le prince de Conty avait été revêtu par son frère, quand celui-ci quitta la Guyenne, de la plénitude honorifique et nominale du commandement, sous

du 29 juillet, du 5[2] et 13 d'août m'ont été rendues hier seulement, qui étoit le 26 du mois, de manière que je n'ai pu exécuter ce qu'Elle m'ordonne que ce matin, et encore ce n'a pas été en tout, car je n'avois pas encore lu celle qui parle de M. du Daugnion[3], l'humeur duquel je trouve fort extravagante[4] et son procédé insolent et insupportable. J'en parlerai de la sorte à Mgr votre frère, qui ne m'en a pas ouvert la bouche, quoiqu'il en ait été informé par M. Lainet.... A l'égard de celle du 13, par laquelle vous me mandez de lui dire que vous jugez à propos de choisir MM. Dafis[5] et d'Espagnet[6] pour être

la direction effective du comte de Marchin, pour les affaires militaires, et de Lenet, pour les affaires civiles, financières et diplomatiques : voyez p. 52, *lettre* 21, *note* 2. Le président Pierre Viole était, lui aussi, resté d'abord à Bordeaux auprès de Mme de Longueville ; mais Lenet, dit V. Cousin (*Madame de Longueville pendant la Fronde*, p. 251), « fort souvent contrarié par le hardi président, le fit rappeler par Condé, sous le prétexte qu'il lui serait plus utile à Paris par son crédit sur le Parlement et par son influence sur les Frondeurs. »

2. Après 5, il y a *d'aoust*, effacé.

3. Au sujet du comte du Dognon ou du *Daugnion* (c'est ainsi qu'il signe : *Manuscrits de Lenet*, tome VIII, fol. 32), voyez au tome II, p. 296 et note 1 ; et, dans les *Mémoires de Lenet* (p. 558), ce que Condé a écrit à l'occasion de ses exigences. Retiré à Brouage, il gardait, dans le parti de Condé, une attitude fort équivoque ; il fit sa soumission l'année suivante, moyennant cinq cent trente mille livres d'argent comptant, un brevet de duc et pair et le bâton de maréchal (*Mémoires de Lenet*, p. 606).

4. Au lieu d'*extravagante*, il y a dans le manuscrit, *extravante*.

5. Président au parlement de Bordeaux, hostile à la faction de *l'Ormée*. On peut voir sur le président Daffis ou d'Affis, ainsi que sur les conseillers au parlement de Bordeaux dont les noms vont suivre, les *Archives historiques du département de la Gironde* (Bordeaux, in-4°, tomes II, III, IV, etc., 1860 et années suivantes). Au sujet de la faction de *l'Ormée*, à Bordeaux, voyez les *Mémoires*, p. 349, note 6, et p. 350, notes 3, 4 et 5.

6. Conseiller au parlement de Bordeaux. Il était, dit Lenet, qui fait le portrait de ce personnage dans ses *Mémoires* (p. 300), « d'une fermeté stoïque et d'une vertu incorruptible.... Il étoit

du Conseil, il m'a dit en avoir écrit à M. Lainet et qu'il avoit promis à M. de Mirat⁷ de le nommer, que néanmoins il s'en remet à Votre Altesse pour choisir ceux qu'Elle desirera. Quant à celle du 29 du passé, j'agis avec tant de retenue ès choses qui regardent votre domestique, que, bien que j'aie ouï parler souvent de cette affaire et des plaintes que faisoient MM. Courtin⁸, j'ai cru néanmoins ne m'en devoir mêler, estimant que cette sorte de différends entre officiers d'une même maison

toujours des vigoureux avis dans sa compagnie, et des premiers à les exécuter. »

7. Autre conseiller au parlement de Bordeaux, dont il est question dans les *Mémoires de Mme de Motteville* (tome III, p. 209), « l'arc-boutant de notre Fronde, » dit Lenet (p. 402). Dans une lettre un peu antérieure à celle-ci (9 juin), publiée dans la 3ᵉ partie des *Mémoires de Lenet* (p. 548), le prince de Condé l'appelle son « bien aimé M. de Mirat, » et en parle comme étant « celui de tous les Messieurs (*de tous les membres du parlement de Bordeaux*) en qui *il a le plus de confiance,* » et à qui il veut donner part dans ses « plus secrètes pensées. »

8. Courtin père et fils. — Antoine Courtin, le père, seigneur des Mures (*Choix de Mazarinades*, tome I, p. 216), était maitre des requêtes au parlement de Paris, et chef du conseil du prince de Conty. Retz, qui l'appelle *le petit Courtin*, à cause de sa taille fort exiguë, parle de lui, dans ses *Mémoires* (tome II, p. 172), en une circonstance curieuse, où il s'agit précisément de la Rochefoucauld. Le fils, Honoré, a joué un rôle plus considérable. Né à Riom en 1622, il fut conseiller au parlement de Normandie en 1640, conseiller d'État, diplomate, et accompagna, en 1646, Mme de Longueville à Munster. Ministre plénipotentiaire à Stockholm, après Arnauld de Pomponne, il s'attacha à la reine Christine, qui le fit noble suédois et secrétaire de ses commandements. Après avoir été ambassadeur extraordinaire du roi de Suède, Charles-Gustave, il fut nommé résident général de France près des États et princes du Nord, et envoyé, à plusieurs reprises, comme ambassadeur, en Angleterre, « où, par Mme de Portsmouth, dit *Saint-Simon* (tome IV, p. 37), il faisoit faire au roi Charles II tout ce qu'il vouloit. » C'était un homme d'esprit et de tact, très-goûté personnellement de Louis XIV. Il mourut en 1685. — Nous avons d'Antoine Courtin des ouvrages de

LETTRES. 75

se doivent assoupir et terminer d'eux-mêmes, sans que des étrangers en prennent connoissance ; mais, puisque Votre Altesse me le commande, je verrai MM. Courtin et leur dirai mon sentiment, qui sera toujours d'avoir toute sorte de déférence pour Votre Altesse, et de vivre bien avec ceux qu'Elle honore de ses bonnes grâces, desquelles j'ai des marques si glorieuses que je ne puis en parler sans [9] témoigner à Votre Altesse le ressentiment que j'en ai, qui sera éternel.

Je reçus hier, avec les lettres de Madame votre sœur [10], un mémoire touchant les affaires de 36 (*Provence*) [11] que j'ai communiqué à 12 (*Monsieur le Prince*), qui a compris très-bien l'importance de l'affaire, laquelle il faut soutenir, et, pour cet effet, il consent qu'on y envoie telle des personnes nommées dans le mémoire qu'il plaira à 13 (*Votre Altesse*), et si 13 (*Votre Altesse*) même juge être [12] d'une nécessité absolue d'y aller, qu'il y consent, voulant préférer les intérêts de 13 (*Votre*

1652

morale, un *Traité sur la jalousie* (1674, in-12), un *Traité sur la paresse* (1674, in-12), etc. Ce dernier a été enrichi, dans la 4ᵉ édition, d'une intéressante Vie de l'auteur par l'abbé Goujet, 1743, in-12. — Les « plaintes » de MM. Courtin étaient dirigées contre Sarasin, le secrétaire des commandements du prince de Conty. Elles sont vivement exprimées dans une lettre du fils, de cette même année 1652, dont il est parlé ci-après, dans la dernière note du nᵒ 17 de l'*appendice* 1, p. 268. Sarasin et Marigny étaient les principaux personnages de la petite cour du frère de Condé à Bordeaux. Voyez, au sujet de la querelle à laquelle il est fait ici allusion, *Madame de Longueville pendant la Fronde*, p. 297 et 298.

9. Après *sans*, il y a *en*, biffé. — 10. Mme de Longueville.

11. Le duc d'Angoulême (voyez p. 77) avait soulevé la Provence en faveur de Condé, son cousin germain (*Mémoires*, p. 244 et note 2). En 1653, le duc de Mercœur, devenu (1651) neveu de Mazarin et nommé gouverneur de Provence, contraignit le duc d'Angoulême à lui céder la place et à recevoir l'amnistie (*Mémoires de Montglat*, tome II, p. 391 et 392).

12. *Être* (*estre*) est ajouté en interligne.

76 LETTRES.

1652 *Altesse*) aux siens propres; mais il croit aussi que 13 (*Votre Altesse*) ne prendra point cette résolution qu'il ne voie clair dans cette affaire et qu'il ne[13] quittera pas 33 (*la Guyenne*), *en une saison où sa présence y est si nécessaire*, qu'il ne voie une utilité évidente *de son voyage*. Il semble que c'est le sentiment même de ceux

13. A partir d'ici, toute la partie de la lettre qui est imprimée en italique est écrite en chiffre. Notre italique reproduit la traduction qui a été, la lettre reçue, insérée entre les lignes dans l'original. Le chiffre consiste en la substitution de chiffres arabes aux caractères alphabétiques, substitution qui se fait d'après un système dont voici les règles principales, telles qu'elles se déduisent de la version interlinéaire. Il y a deux alphabets s'enchevêtrant l'un dans l'autre : l'un, composé de chiffres sans accents, est formé de la suite des nombres, de 5 à 24, représentant les lettres *a* à *v*; l'autre, composé de nombres accentués, commençant à 3 et finissant à 82, transcrit, non les lettres isolées, mais les syllabes, rangées dans l'ordre suivant : *ba, be, bi, bo, bu, ca, ce, ci*, etc. La reproduction du commencement du chiffre, avec la traduction superposée, suffira pour faire comprendre ce système. Les points que nous mettons après chaque mot écrit en chiffre sont dans l'original, mais non les blancs par lesquels, pour la clarté, nous séparons les nombres dans l'intérieur des mots.

ne	qi	te	ra	pa	s	(la Guyenne)
4ỳ.	6ò	74	6ȝ.	5ȝ	21.	(33).

da	n	s*	u	ne	sa	i	so	n
1ȝ	16	21.	23	4ỳ.	6ȝ	13	7ì	16.

o	u	sa	p	re	se	n	ce....
17	23.	6ȝ.	18	64	6ỳ	16	9ỳ....

Le chiffre était quelque peu compliqué par le double sens de certains nombres qui, en même temps qu'ils figuraient dans l'un ou l'autre alphabet, traduisaient aussi des noms propres. Ainsi 13 sans accent remplaçait la lettre *i* et désignait en même temps *Conty*; 47 remplaçait la syllabe *mu*, et 47 signifiait M. *d'Angoulême*, etc.

* Dans l'original on a mis, pour abréger, *en* (qui serait 9 16), au lieu de *dans*.

qui demandent 13 (*Votre Altesse*), puisqu'ils ¹⁴ se contentent présentement *d'argent;* et bien que *la somme soit assez médiocre,* il est vrai néanmoins qu'il est impossible *à Monsieur le Prince de la fournir, étant dans la dernière nécessité,* et 25 (*M. Viole*) *est* témoin que, pour achever l'affaire de 47 (*M. d'Angoulême*), *il a épuisé* 25 (*M. Viole*), de sorte qu'il faut que 13 (*Votre Altesse*) *prenne cette somme du premier argent d'Espagne,* après lequel nous soupirons ici, étant notre seule ressource.... 13 (*Votre Altesse*) en est le maître, et je ne doute point que 31 ¹⁵ (*Votre Altesse*) ne facilite la chose.

Suscription : A Monseigneur Monseigneur le prince de Conti, à Bordeaux.

---

27. — A LENET.

A Paris, ce 28 d'août 1652.

J'AI reçu votre lettre du 21 ; je donnerai à Langlade¹ ce qui est pour lui. Tout se dispose plus à la guerre que jamais. Je me servirai d'une autre main pour vous dire le reste².

Le Cardinal étoit encore le 25ᵉ du courant à Château-Thierry. Il a bien fait son possible pour s'abou-

---

14. Deux mots biffés devant *puisqu'ils.*
15. Il y a bien ici 31, sans doute par inadvertance, à moins que les deux chiffres ne désignent *Conty* dans quelque ordre qu'ils soient placés.

LETTRE 27. — *Manuscrits de Lenet,* tome VIII, fol. 212; les premières lignes sont de la main de Gourville; au dos : « Rochefoucault, 28 août. »

1. Sur Langlade, voyez p. 60, *lettre* 22, note 15.
2. Ce qui suit n'est plus, en effet, de la main de Gourville.

cher avec le duc de Lorraine; mais il[3] a été assez généreux pour ne le pas faire. Bartet[4] y a fait plusieurs voyages, mais il en est revenu fort mal satisfait. Saint-Romain[5] a été trouver ledit duc de Lorraine; il en a été reçu merveilleusement, et, après l'avoir vu passer la rivière de Marne[6] avec les troupes de Son Altesse et conduit jusques à Vertus[7], il s'en va à Bruxelles, d'où doit revenir M. de la Roque[8], de sorte qu'il y a

3. Le mot *il* désigne évidemment ici le duc de Lorraine. Montglat dit (tome II, p. 361) que Mazarin envoya faire au duc « des propositions pour l'empêcher de passer outre, lui offrant de lui restituer une partie de son pays, » mais que le Lorrain n'écouta rien.

4. Sur Bartet, voyez p. 56, *lettre* 22, note 5.

5. Melchior de Harod de Senevas, marquis de Saint-Romain, conseiller d'État, abbé de Préau et de Corbigni, mort, un peu plus qu'octogénaire, en 1694, se montra fort attaché, durant la Fronde, au prince de Condé, pour le compte duquel il faisait des pamphlets contre le Cardinal. Saint-Simon, dans une note ajoutée par lui à une de ses additions à Dangeau (15 juillet 1694), l'appelle « amphibie de beaucoup de mérite,... conseiller d'État d'épée sans être d'épée, avec des abbayes sans être d'Eglise. » « Homme d'esprit et de capacité, » dit Mademoiselle (tome III, p. 53) ; « odieux » à Mazarin, dit Retz (tome III, p. 401), « et par l'attachement qu'il avoit à M. de Chavigny, et par celui qu'il avoit eu, à Munster, à M. d'Avaux. » Ce Saint-Romain fut ensuite résident de France en Allemagne et en Suisse, et chargé d'une négociation en Portugal. C. Moreau, dans la *Bibliographie des Mazarinades* (tome I, p. 390 et 391), cite un « Extrait de l'instruction envoyée par le prince de Condé au sieur de Saint-Romain, étant de présent en Champagne; *Compiègne*, Julien Courant, 1652. » C'est un ordre à cet agent politique de se rendre à Bruxelles, comme le dit, trois lignes plus bas, cette lettre-ci, et d'apprendre à l'archiduc Léopold et au comte de Fuensaldagne que, malgré la déclaration pacifique faite par les Princes, sur la nouvelle de l'éloignement de Mazarin, ils n'en sont pas moins décidés à continuer la guerre.

6. Il la passa au Tou, dit Montglat (tome II, p. 363).

7. Petite ville de Champagne (département de la Marne, arrondissement de Châlons).

8. Est-ce le même que de Roches ou des Roches, qui, dans les

toutes les apparences du monde que Son Altesse fera un traité avec lui. L'armée mazarine est devers Meaux, de six mille hommes au plus, avec quoi ils prétendent empêcher le duc de Lorraine[9].

On n'a point eu de nouvelles assurées que Monrond eût été secouru, mais bien que nos troupes en étoient fort proche, et devoient tenter le secours[10].

Le Parlement s'assembla avant-hier, et Mgrs les Princes s'y étant trouvés, Son Altesse Royale fit le discours du refus de la cour de ses députés, ensemble de la lettre qu'il avoit écrite du depuis au Roi[11]. La Compagnie

---

Mémoires de Lenet (p. 475), est appelé « lieutenant, » dans ceux *de Retz* (tome III, p. 202) et *de Richelieu* (tome X, p. 283, où le nom est la Roche) « capitaine des gardes de Monsieur le Prince, » successivement du père et du fils? Nous trouvons son nom écrit de cinq façons diverses : voyez la note 3 de la page citée de Retz.

9. Sur cette seconde marche du duc de Lorraine, voyez les *Mémoires*, p. 422 et note 3.

10. Après avoir tenu Montrond bloqué durant tout l'hiver, le comte de Palluau, l'été venu, avait ouvert la tranchée, pris tous les dehors de la place, et réduit les assiégés à parlementer dès le 15 août et à promettre de capituler le 1er septembre, s'il ne leur venait pas de secours. On a vu ci-dessus (*lettre* 24, p. 63 et 64, et *lettre* 25, p. 72) que Condé avait envoyé Briord vers Montrond, avec une troupe de cavalerie; mais celui-ci trouva les lignes de Palluau si solides et si bien gardées qu'il fut contraint de se retirer. Voyez ci-après, *lettre* 29, p. 83; une lettre de Condé dans les *Mémoires de Lenet*, p. 563; et le livre de M. de Cosnac, à l'endroit cité plus haut, p. 72, note 18.

11. La réponse à cette lettre, dit Retz (tome IV, p. 305), « étoit en substance : qu'il s'étonnoit que M. le duc d'Orléans n'eût pas fait réflexion qu'après l'éloignement de M. le cardinal Mazarin, il n'avoit autre chose à faire, suivant sa parole et sa déclaration, qu'à poser les armes, renoncer à toutes associations et traités, et faire retirer les étrangers : après quoi, ceux qui viendroient de sa part seroient très-bien reçus. » On trouvera le texte de cette réponse du Roi dans la *Suite du Journal du Parlement, depuis Pâques* 1652 *jusques en janvier* 1653, p. 136-140.

le pria de continuer ses soins pour le bien de l'État et conservation de l'autorité royale, comme Elle[12] avoit commencé.

Les paysans de Saint-Cloud et villages voisins étant allés prier Son Altesse d'avoir égard à leurs vendanges, et, pour cet effet, retirer son armée de ces lieux, Elle la fait décamper[13] et fait marcher du côté de la porte Saint-Antoine[14].

Madame[15] a été un peu malade ces jours passés; mais elle est beaucoup mieux présentement. La cour est toujours à Compiègne[16].

28. — A LENET.

A Paris, ce 4 septembre 1652.

Je m'étois imaginé que vous étiez si occupé à recevoir de l'argent que vous n'aviez pas un moment pour donner à vos amis; mais, par ce que vous me mandez, je

---

12. *Elle*, c'est-à-dire « Son Altesse Royale; » les genres sont très-négligemment mêlés dans ce passage.
13. C'est le vendredi 30 août que l'armée décampa : voyez un passage du *Journal de Dubuisson-Aubenay* cité par M. Chéruel au tome II, p. 149, note 1, des *Mémoires de Mademoiselle*.
14. La Rochefoucauld dit, dans ses *Mémoires* (p. 423), que les troupes de Condé, « en ruinant les environs de Paris, augmentèrent la haine qu'on lui portoit. »
15. Marguerite de Lorraine, femme de Gaston duc d'Orléans.
16. Dans une lettre, portant la même date, Marigny écrit à Lenet : « Je ne manquerai pas de faire vos compliments à l'hôtel de la Rochefoucauld, où l'on se porte bien. M. de Marcillac (voyez ci-dessus, *lettre* 24, p. 63, lignes 2-5) ne sera point marqué de sa petite vérole. »

Lettre 28. — *Manuscrits de Lenet*, tome IX, fol. 34 et 35, de la main du président Viole; au dos, la mention : « M. de la Rochefoucault; » cachets conservés. — Nous avons deux lettres (28 et 29)

vois que votre occupation ne sera pas longue, contre les bruits qui courent ici, qu'il y a des millions[1]. Je suis bien fâché du méchant procédé de *l'Ormée*, mais je voudrois bien que vous prissiez la peine de m'écrire les noms de ceux qui y[2] sont mêlés et particulièrement de ceux du Parlement. Je vous dirai cependant que Son Altesse est toujours à l'armée, au même poste de Suci[3], Limé[4], et autres villages; car Elle tient un grand pays, à la portée du canon des ennemis. Le duc de Lorraine vient d'arriver[5], et Son Altesse a mandé qu'il venoit à Paris dans la meilleure disposition du monde, et qu'on achevât un traité avec lui, qui dépend néanmoins plus de Son Altesse que de personne, puisqu'Elle tient ses places. On ne manque pas, du côté de la cour, de lui offrir toutes choses pour le séparer d'avec Son Altesse[6] ; on y veut aussi engager Son Altesse Royale[7], qui paroît ferme et fort attaché à Monsieur le Prince. Enfin tout

du 4 septembre. En y regardant de nouveau, la date de la première nous paraît un peu douteuse : il y a, devant *septembre*, soit un 4, soit deux chiffres liés, qui pourraient être un 2 suivi d'un autre incertain (21?).

1. Comparez ci-dessus, *lettre* 20, p. 51, note 8; et p. 52, le commencement de la *lettre* 21.
2. Il y a entre *y* et *sont* un mot biffé, illisible.
3. Sucy-en-Brie (Seine-et-Oise), arrondissement de Corbeil, à trente-deux kilomètres de Versailles.
4. Ce mot est assez peu lisible dans l'original; c'est sans doute Limé ou plutôt Limeil-Brevannes, village près de Villeneuve-Saint-Georges, dans le même arrondissement de Corbeil, à trente et un kilomètres de Versailles. On lit à la même date, dans les *Mémoires de Mademoiselle* (tome II, p. 160) : « Notre armée étoit campée pour lors à Limé et aux villages des environs. »
5. Sur cette seconde arrivée du duc de Lorraine, voyez encore les *Mémoires de Mademoiselle*, tome II, p. 158 et suivantes, et ci-dessus, *lettre* 27, p. 79 et note 9.
6. Voyez les *Mémoires de Mademoiselle*, tome II, p. 162.
7. Le duc d'Orléans.

1652 dépend de M. de Lorraine, et, s'il vient à nous manquer, il faut que Monsieur le Prince mène ses troupes ou en Guyenne ou à Stenay, car on ne les souffrira plus aux portes de Paris, qui veut absolument la paix et ne se soucie pas de qui il la reçoive[8]. Jugez par là combien tous les moments sont précieux et importants et en quel état nous sommes, puisque nous dépendons du caprice de [9] M. de Lorraine. Au reste, je vous remercie de l'office que vous m'avez rendu auprès [de] M. de Guise[10], auquel j'ai écrit. Il m'a fait faire compliment par un gentilhomme, qui est venu au logis sans m'y trouver. Faites mes compliments, s'il vous plaît, à Madame la Princesse[11], et assurez-la que jamais personne n'a eu plus de respect pour Elle que moi, qui suis tout à vous.

Suscription : A Monsieur Monsieur Lainet, conseiller[12] du Roi en ses conseils d'État et privé, à Bordeaux.

8. Voyez les *Mémoires*, p. 430 et note 4.
9. D'abord, ce semble, *d'un*, qui a été changé en *de*.
10. Sur Henri II de Lorraine, cinquième duc de Guise, voyez les *Mémoires*, p. 91 et note 1, p. 428 et note 11, et p. 429 et notes 2 et 9. Il y a dans les *Manuscrits de Lenet* (tome IX, fol. 13) une lettre, du 16 juillet, adressée par Condé à Lenet, au sujet de l'embarquement du duc de Guise, pour revenir d'Espagne en France. Cette lettre a été publiée dans la 3e partie des *Mémoires de Lenet*, p. 568.
11. La princesse de Condé, qui était à Bordeaux, où elle venait d'être malade : voyez les *Mémoires de Mademoiselle*, tome II, p. 154 et 163; et, dans les *Mémoires de Lenet* (p. 556, p. 567 et 568), des lettres où Condé lui parle avec sollicitude de cette maladie.
12. En abrégé : *con^{er}*.

29. — A LENET.

A Paris, ce 4ᵉ septembre 1652.

Il fut arrêté hier au Parlement que l'on écriroit à M. le président de Mesmes[1], qui est en cour, et qui n'a point entré à celui de Pontoise[2], afin de remercier le Roi par lui de l'éloignement du cardinal Mazarin, et supplier Sa Majesté d'envoyer une amnistie générale pour être vérifiée au parlement de Paris et autres de France, selon la coutume[3]. Ces choses ont fort remis les peuples de cette ville de voir qu'on se soumettoit de cette façon.

Le secours qu'on avoit envoyé[4] pour Monrond n'ayant pas trouvé tout ce que l'on avoit fait espérer pour faciliter ledit secours, a tenté pourtant de le faire ; mais, n'y ayant point été trouvé d'apparence[5], ces troupes sont revenues et arrivées aujourd'hui à leur camp au faubourg Saint-Marceau, où tout s'est apaisé touchant le différend et le combat entre les soldats et les bourgeois[6], et M. de Valon a été réconcilié auprès[7] de Son

---

Lettre 29. — *Manuscrits de Lenet*, tome IX, fol. 36-38; les deux premiers paragraphes sont de la main de Gourville; au dos : « M. de la Rochefoucault. » — Sur les mouvements des troupes de Turenne et de Condé, au commencement de septembre, voyez l'ouvrage cité de M. de Cosnac, tome IV, p. 19 et suivantes.

1. Jean-Antoine de Mesmes, seigneur d'Irval, comte d'Avaux, frère du président Henry de Mesmes, mort en décembre 1650, et auquel il avait succédé (1651), dans la charge de président à mortier ; il mourut en 1673, âgé de soixante-quinze ans.

2. Voyez p. 58, *lettre* 22, note 11.

3. Voyez les *Mémoires du cardinal de Retz*, tome IV, p. 306.

4. *Envoyé*, en interligne, dans l'original.

5. Voyez ci-dessus, *lettre* 24, p. 63 et note 3, et p. 64 ; *lettre* 27, p. 79 et note 10 ; et ci-après, *lettre* 32, p. 90 et note 3.

6. Voyez les *Mémoires de Mademoiselle*, tome II, p. 149 et 150.

7. Devant *auprès*, il y a *entre*, biffé.

Altesse[8]. M. de Verderonne[9] est allé trouver M. de Lorraine de la part de Son Altesse Royale, afin de le faire avancer[10]. Ledit duc de Lorraine, sur les instantes sollicitations de la cour, leur a envoyé dire que si on vouloit donner un passe-port et sauf-conduit pour les troupes qu'il s'est engagé à M. de Fuensaldaigne[11] de conduire à Messeigneurs les Princes, il s'en retourneroit avec les siennes. Depuis, on dit qu'il y a trêve entre lui et M. de Turenne pour huit jours, et que le maréchal de Turenne est revenu en deçà de Lagny. Le pauvre M. de Bercenay est mort ce matin, soixante et sixième jour de sa blessure[12].

A minuit nous revenons de chez Monsieur le Prince, qui vient de recevoir un courrier qui lui confirme la trêve du duc de Lorraine, qu'il a faite, pendant lequel temps

---

8. Sur la querelle de Valon, maréchal de camp dans l'armée du duc d'Orléans, avec Monsieur le Prince, voyez encore les *Mémoires de Mademoiselle*, tome II, p. 150-154.

9. Claude de Laubespine, baron de Verderonne, gentilhomme du duc d'Orléans, puis président en la chambre des Comptes. Dans les *Mémoires de Retz* (tome III, p. 101 et 102), où il est appelé : « homme de bon esprit, » nous le voyons député, en septembre 1650, vers l'archiduc Léopold, en Flandre. Il passe pour l'auteur d'une *mazarinade* intitulée : *Agréable récit de ce qui s'est passé aux dernières barricades de Paris, descrites en vers burlesques*, et qui a été insérée dans le *Choix* de C. Moreau, tome I, p. 1-27.

10. Voyez les *Mémoires de Mademoiselle*, tome II, p. 185.

11. Sur Alphonse Perez de Vivero, comte de Fuensaldagne, gouverneur des Pays-Bas espagnols, voyez les *Mémoires de Retz*, tome II, p. 63, note 5. D'après une lettre de Marigny à Lenet (tome VIII des *Manuscrits de Lenet*, fol. 24 et suivants), Fuensaldagne, pour obliger le duc de Lorraine à marcher, avait été contraint « de faire mettre ses troupes en bataille » et de le menacer d'employer la force ouverte.

12. C'était le capitaine des gardes du duc de la Rochefoucauld. Voyez les *Mémoires* (p. 411 et note 9), où l'on a imprimé, par erreur, *au bout de soixante-dix jourt*. Devant *blessure* est biffé un *m*; on avait voulu sans doute écrire *maladie*.

de trêve il passera pour venir joindre ce qu'a ici Monsieur le Prince. Je ne sais pas encore ce qu'il fera ensuite; pour moi, je crois qu'il sera aisé à Monsieur le Prince de traiter avec lui, car présentement il est tout à fait de l'intérêt d'Espagne de fortifier ce parti. Ils n'ont plus sujet de craindre que cela fasse sortir le Cardinal. Cette affaire a toute la mine de s'engager de façon que la sortie du Mazarin n'aura servi qu'à éterniser la guerre en France; et je suis trompé, ou il y a des gens qui ne tendent qu'à cela. Ceux qui ont blâmé la négociation sont contents, car je ne pense pas qu'il y en ait[13] aucune: je ne vous en mens point, j'en voudrois bien une qui nous donnât la paix. Je ne daigne pas vous assurer que Diane (*la Rochefoucauld*) fera son devoir; je pense que vous en êtes bien persuadé; mais vous le devez être, plus que de toute chose, que personne ne vous honore si parfaitement que moi.

J'ai encore le paquet de Langlade[14]; il est allé trouver le Cardinal il y a sept ou huit jours. L'on vient de me donner, dans ce moment, votre lettre du 29; je n'ai pas le temps de la lire. Vous jugerez bien que, quoique nous ne demandions qu'une amnistie, nous sommes bien assurés qu'on ne l'accordera pas, à cause du parlement de Pontoise, qui l'a déjà vérifiée[15]. Avec tout cela, la conduite de la cour est si bonne, que si Monsieur le Prince faisoit un traité avec le duc de Lorraine, comme il le pourroit, l'on pousseroit la cour, et quoi qu'ils voulussent[16], après que nous serions maîtres de la campagne, Monsieur le Prince ne feroit la paix que quand il vou-

13. Dans l'original, *aye*.
14. Voyez *lettre* 22, p. 60 et note 15.
15. *Vérifié*, sans accord, dans le manuscrit. — La vérification fut faite le 26 août : voyez les *Mémoires de Retz*, tome IV, p. 306.
16. Dans l'original, *venieussent*.

86 LETTRES.

1652 droit, et, éloignant les troupes de Paris et ne lui demandant rien, je répondrois sur ma vie qu'ils[17] ne changeroient pas de parti, et je craindrois même qu'on n'attaquât la Reine en sa personne, tant tout le monde est enragé contre elle de voir que l'on ne demande qu'une amnistie et qu'elle la refuse. Paris a été endiablé ces jours passés; mais tout cela les a tout à fait remis avec Mgrs les Princes. Je vous supplie de vouloir bien vous charger de faire part de vos nouvelles à Mlle de Fermelis[18], et, quand je lui en écrirai, elle en fera de même[19].

17. *Ils*, et, cinq lignes plus bas, *les*, par syllepse, les gens de Paris, les Parisiens: voyez p. 70 et 71, *lettre* 25, notes 7 et 15.

18. Grande frondeuse, nommée dans les *Mazarinades*: voyez le *Choix* de C. Moreau, tome II, p. 204 et p. 218.

19. Rapprochez de cette lettre de la Rochefoucauld ce curieux passage d'une autre lettre, en date du 1er septembre 1652, adressée par Marigny à Lenet (tome IX, fol. 5 v°): « Vous êtes bien heureux de ce que vos affaires vont bien en Guyenne; je trouve les nôtres fort mal ici. Les compagnies souveraines sont lasses de la guerre, les bourgeois enragés contre les soldats, qui, sans mentir, font de grands désordres, et la patience des Parisiens est admirable. Hier, ce peu que nous avons de troupes venant se camper vers le faubourg de Saint-Marceau, quelques soldats étant entrés dans des jardins pour y piller des fruits et des citrouilles, les bourgeois du faubourg sonnèrent le tocsin, les chargèrent, et en tuèrent trente ou quarante. Dès le matin, ils avoient tué le timbalier du comte d'Olac, et donné sur une partie de son bagage. Le désespoir du peuple n'est pas moins à craindre que sa légèreté. Hier, Son Altesse Royale alla au Palais avec Monsieur le Prince, et porta la réponse que le Roi lui a[a] envoyée sur la seconde instance qu'Elle avoit faite pour des passe-ports. Jamais la cour ne fut plus fière; car, après avoir renvoyé à Monsieur le Prince sa lettre sans la lire, comme la lettre[b] d'un criminel, le Roi traite dans sa réponse M. le duc d'Orléans d'*huomo da poco*, de simple et d'idiot, et Monsieur le Prince de scélérat. Enfin, *guerra, guerra!* Cependant, je ne vois pas comme nous la ferons, si le duc de Lorraine n'agit de bonne

^a Après *a*, il y a *faite*, biffé.
^b *La lettre*, en interligne; un peu après, *réponse* surcharge le mot *lettre*.

30. — A LENET.

A Paris, ce 8 septembre 1652.

Il ne faut pas vous étonner si je ne reçois pas vos lettres si tôt que les autres, bien que vous les adressiez à M. Caillet[1], parce que, ne me rencontrant pas à la réception du paquet, et ledit Sr Caillet chargé d'autant d'affaires qu'il est, il ne me les envoie pas aussitôt. Il n'est pas présentement à Paris, ayant suivi Son Altesse, qui est à son armée[2], et cela est cause que je n'ai pas encore reçu celle que je crois que vous m'écriviez par le dernier ordinaire. On me mande que M. de Guise est arrivé avec une somme considérable[3]; mais je suis assuré qu'elle ne l'est pas au point que vous le desirez et moi aussi, et que ces nouveaux amis ne sont pas si exacts à tenir leur parole, que je ne doute bien fort qu'ils satisfassent, et fournissent tout ce qu'ils doivent. J'espère en apprendre quelque chose par les vôtres. Je vous dirai cependant que Monsieur le Prince est assez satisfait, quant à présent, de M. de Lorraine, qui lui a offert de faire tout ce qu'il desireroit, et qu'il étoit venu pour le servir; je ne sais pas si cette bonne volonté durera. Ils sont tous deux à l'armée, qui n'est séparée de celle des

---

foi. » Voyez encore une lettre de l'abbé Viole à Lenet, en date du 4 septembre 1652, même tome, fol. 32 et 33.

Lettre 30. — *Manuscrits de Lenet*, tome IX, fol. 62 et 63, de la main du président Viole; au dos : « M. de la Rochefoucault. Ordinaire de nuit. » Cachets conservés. En 1652, le 9, jour sans doute du départ de la lettre, était le second lundi de septembre.

1. Voyez ci-dessus, p. 56, *lettre* 22, note 1.

2. Condé était parti le 6 à minuit. Il y a dans les *Mémoires de Lenet*, p. 569, une lettre de lui, datée du camp de Grosbois (à dix-neuf kilomètres de Corbeil), le 8 septembre même.

3. Voyez ci-dessus, p. 82, *lettre* 28, note 10; ci-après, p. 90, *lettre* 32, note 9; et les *Mémoires de Lenet*, p. 569.

ennemis que par la rivière d'Oise, et à l'heure que je vous écris, on voit de chez moi une grande fumée au Port-Langlois, vis-à-vis de Charenton, et de la cavalerie, proche la porte Saint-Bernard[4], qui passe par le faubourg Saint-Marceau. Je sais bien que le dessein de Son Altesse est de faire passer une partie de ses troupes, pour attaquer M. de Turenne par derrière, ne le pouvant faire autrement, parce qu'on ne peut l'attaquer par devant que par un défilé qui seroit hasardeux[5]. Si son dessein change devant ce soir, je corrigerai mon plaidoyer. J'y ai envoyé ce matin M. Joli[6] pour en avoir de véritables nouvelles; s'il revient, je vous écrirai la vérité. Tout le monde veut la paix, et, pourvu qu'on l'ait, on ne se soucie pas lequel des deux partis ait l'avantage. Le Parlement, par-dessus tous, est si las de la guerre et des désordres, que, s'il n'étoit un peu soutenu, il n'y a point presque de parti qu'il ne prît[7] pour y parvenir. Adieu, mon cher; continuez, s'il vous plaît, de m'aimer, et me croyez à vous sans réserve[8].

4. Le Port-l'Anglois, ou à-l'Anglois, comme Retz l'appelle (*Mémoires*, tome II, p. 317), était situé sur la rive gauche de la Seine, à l'est du village d'Ivry, en amont de Paris. — La porte Saint-Bernard, adossée à la Tournelle, au bout du pont de ce nom, était la première de l'enceinte méridionale de Philippe-Auguste. Elle fut reconstruite en 1606, puis abattue en 1670, et remplacée par une autre, qui fut, à son tour, démolie vers 1787.

5. Voyez les *Mémoires de Mademoiselle*, tome II, p. 160. — On lit dans le *Journal de Dubuisson-Aubenay* (10 et 11 septembre) : « Le maréchal de Turenne tient Villeneuve-Saint-Georges ; il est campé à la hauteur au-dessus, qui s'appelle *Mont-Griffon*, lieu rocheteux, où il y a vignoble. » Ajoutons que les dispositions du chef de l'armée royale étaient si bien prises que Condé et le Lorrain, plus forts de moitié, n'osèrent l'assaillir et ne purent l'affamer.

6. Gui Joli, l'auteur des *Mémoires* : voyez notre tome II, p. 151 et note 5; et les *Mémoires de Retz*, tome V, p. 141, note *a*.

7. Viole a écrit *prisse*, pour *prît*.

8. Voyez aussi, dans les *Manuscrits de Lenet* (tome IX, fol. 66-69),

Suscription: A Monsieur Monsieur Lainet, conseiller du Roi en ses conseils d'État et privé, à Bordeaux.

---

31. — [A LENET.]

Ce 11me septembre [1652].

LA même faim qui chasse le loup du bois oblige un aveugle de vous écrire pour vous conjurer bien sérieusement de juger de l'état de mes affaires par ce qui a commencé de vous en paroître il y a deux ans; vous savez assez ce que cela signifie, et ce que j'attends de l'amitié que vous m'avez promise[1].

---

32. — A LENET.

A Paris, ce 11 septembre [1652].

ENCORE qu'il n'y ait quasi point de nouvelles à vous mander, je ne laisse pas de vous écrire. Le duc de Lorraine est venu aujourd'hui ici pour y coucher[1], et Son

---

deux lettres portant également la date du 8 septembre 1652, l'une de Viole, et l'autre de Marigny.

LETTRE 31. — *Manuscrits de Lenet*, tome IX, fol. 86, autographe. Ce billet, qui ne porte pas d'adresse, était probablement inclus dans la *lettre* suivante; il est plié de même; l'écriture manque un peu de fermeté; on voit que c'est celle d'un malade. Au dos : « Dernier ordinaire. » Voyez la *lettre* précédente, p. 87.

1. Voyez, au sujet des affaires et embarras d'argent du duc de la Rochefoucauld, la *Notice biographique*, p. XLIV et LVIII-LX; et ci-après, p. 129, la note 3 de la *lettre* 52.

LETTRE 32. — *Manuscrits de Lenet*, tome IX, fol. 84, de la main de Courville; au dos : « M. de la Rochefoucault. »

1. Voyez les curieux détails que donne Mademoiselle dans ses

90   LETTRES.

Altesse Royale va demain à l'armée². Vous voyez bien par tout cela qu'il n'y a pas grande apparence de bataille. Cependant M. de Turenne dit fort que, si M. de Palluau[3] le joint, comme l'on ne l'en sauroit presque empêcher, ni [4] M. de Montbas[5] avec quelque corps de cavalerie, qu'après cela il sortira de ses retranchements[6] pour les[7] abandonner tout à fait. Si l'on ne traite dans trois jours avec le duc de Lorraine, je crois qu'il s'en ira. Ils prétendent à la cour qu'il ne traitera point de deçà, et que ce sera avec eux ; pour moi, je suis assez persuadé que ce sera avec tous les deux[8]. Je pense que, quand vous m'avez écrit votre dernière lettre, vous étiez fort occupé à faire battre vos monnoies, car jusque-là vous m'aviez toujours parlé de l'arrivée de M. de Guise avec la finance[9], dont vous vous promet-

---

Mémoires (tome II, p. 160-163), à l'occasion de ce séjour du duc de Lorraine à Paris.

2. Voyez encore les *Mémoires de Mademoiselle*, tome II, p. 164.

3. Le comte de Palluau (dans le manuscrit, *Paluaud*) venait de prendre Montrond (*Mémoires*, p. 422 et 423), et un détachement du corps qu'il commandait était allé rejoindre le gros de l'armée royale : voyez ci-dessus, p. 83, *lettre* 29 et note 5; et M. de Cosnac, tome IV, p. 94.

4. *Ni* est au-dessus de *et*, biffé.

5. Montbas occupait le poste de Corbeil. Voyez une lettre citée dans *Madame de Longueville pendant la Fronde*, *Appendice*, p. 430.

6. « Les armées, dit Mademoiselle (tome II, p. 160), s'étoient retranchées pour être hors de l'insulte. »

7. Devant *abandonner*, il y a *alle*[*r*], effacé.

8. Le P. Berthod rapporte (p. 360) que le menu peuple avait cru d'abord que l'arrivée des troupes du duc de Lorraine remettrait Monsieur le Prince « sur le haut du pavé; » mais ce n'était pas l'opinion des « honnêtes gens, » qui « savoient que ce duc faisoit gloire de ne rien tenir de ce qu'il promettoit. » Voyez aussi les *Mémoires de Conrart*, p. 72.

9. Voyez ci-dessus, p. 87, *lettre* 30 et note 3. — Le P. Berthod dit (p. 322) que « Monsieur le Prince, dans ce temps-là, reçut cent mille écus du roi d'Espagne et vingt mille des Frondeurs. »

tiez de nous faire sentir, et d'une manière assez obligeante, de la façon que vous en avez parlé à M. de Serizay[10]. Je vous prie, faites merveilles cette fois, car il arrivera bien des choses entre ici et une autre voiture[11]. Je vous assure toujours qu'on est bien persuadé ici que vous ferez tout de votre mieux, et moi je vous supplie de l'être que personne ne vous est plus véritablement acquis que moi.

Suscription: Monsieur Monsieur l'Esné, à Bourdeaux.

33. — A LENET.

A Paris, le 25e septembre 1652.

On a reçu à la cour fort indifféremment le retour de M. Joyeuse[1] avec leurs[2] offres acceptées par Messieurs les Princes. Ils ont envoyé deux courriers consécutifs à Monsieur le Cardinal pour lui en donner avis et prendre sa résolution; et cependant on a ordonné audit Joyeuse de suivre la cour, qui est partie, il y a trois jours, de Compiègne et arrive aujourd'hui à Mantes[3].

10. Sur Serisay, voyez ci-dessus, p. 13, la note 1 de la *lettre* 1, qui lui est adressée.

11. Un autre envoi : voyez le *Lexique de Mme de Sévigné*, au mot VOITURE.

LETTRE 33. — *Manuscrits de Lenet*, tome IX, fol. 173-175, de la main de Gourville; au dos : « Rochefoucault, 25 septembre. » Elle a été publiée dans la 3e partie des *Mémoires de Lenet*, p. 576 et 577.

1. Robert de Joyeuse, seigneur de Saint-Lambert, lieutenant de Roi au gouvernement de Champagne, mort en 1660 : voyez les *Mémoires de Retz*, tome IV, p. 383-387.

2. *Leurs* se rapporte à la cour, au sens collectif : voyez p. 70 et 71, *lettre* 25, notes 7 et 15.

3. Voyez ci-dessus, p. 54, *lettre* 21, note 16.

Monsieur le Cardinal travaille tant qu'il peut à faire des levées qui pourront être prêtes dans un mois, auquel temps il se propose de revenir. Il partit, le 15ᵉ du courant, de Sedan, et, après avoir demeuré⁴ un jour à Bouillon, il revint le 17ᵉ à Sedan, où il est encore⁵. M. de Grandpré⁶ lève aussi des troupes pour lui.

Il y a plus de deux mois que les mazarins tramoient ici une menée, qu'ils entreprirent hier d'exécuter. Ils avoient fait signer une requête à plusieurs personnes pour prier le Roi de revenir à Paris ; et, avec cela, on a fait courir force billets pour s'assembler au Palais-Royal, afin de députer vers le Roi pour⁷ le prier de revenir à Paris. Il se trouva hier matin au Palais-Royal force monde, et le sieur Prevost, conseiller à la Grande Chambre⁸, chef de cette menée, fit monter son secrétaire dans une chaire où on a coutume de prêcher, au milieu de la cour du Palais-Royal, et il lui fit lire une ordonnance du Roi par laquelle il permet aux bourgeois de Paris de s'assembler⁹, de mettre main basse

---

4. *Demeuré* a été substitué, en interligne, à *couché* ; et, à la fin de l'alinéa, *lui* à *ledit Cardinal*.

5. Voyez au tome IV de M. de Cosnac, p. 118 et 119, la lettre où le Roi ordonne au Cardinal de revenir à Sedan.

6. Charles-François de Joyeuse, comte de Grandpré, gouverneur de Mouzon et de Beaumont en Argonne, mort en 1680. La terre et comté-pairie de Grandpré (Ardennes), acquise au quinzième siècle par la famille de Borselle, était entrée ensuite, par un mariage, dans celle de Joyeuse. — M. de Cosnac (*ibidem*, p. 126 et 127) donne une lettre du Roi au maréchal de l'Hôpital, du 18 septembre, « pour faire joindre le plus de noblesse qu'il pourra aux troupes conduites par le sieur comte de Grandpré. »

7. *Pour* est écrit au-dessus de *afin* (*affin*) *de*, biffé.

8. Charles Prevost ou le Prevost de Saint-Germain, chanoine de Notre-Dame : voyez la *Bibliographie des Mazarinades*, tome III, p. 14 et 133.

9. Cette ordonnance ou arrêt (du parlement de Pontoise) est citée dans la *Bibliographie des Mazarinades*, n° 334, tome I, p. 114.

LETTRES.   93

sur tous ceux qui s'opposeroient à la paix; et ensuite
ledit Prevost monta lui-même en chaire, et, après avoir
décrié Monseigneur le Prince, cria : « Vive le Roi ! »
et qu'on mît du papier au chapeau pour témoignage de
fidélité à son service. Et il est à remarquer que quasi
tous ces gens assemblés, voyants qu'on ne parloit point
là d'assemblée pour députer vers le Roi, se retirèrent;
et ensuite ceux qui étoient attitrés pour l'affaire vinrent
courir par la rue Saint-Honoré, criant : « Vive le Roi !
du papier ! » Les bourgeois en ont fort bien usé en ce
rencontre, car, après avoir pris les armes, ils ont écarté[10]
tous ces séditieux, et même en ont fort maltraité quelques-uns. Du depuis, qui que ce soit n'a osé paroître
avec du papier, et il a fallu avoir de la paille[11].

Son Altesse Royale envoya M. le maréchal d'Estampes à l'Hôtel de Ville, pour faire plainte de cette affaire.
On lui témoigna beaucoup de joie de ce que cette sédi-

---

10. On peut hésiter entre *escarté* (*écarté*) et *escorté*; *a* paraît toutefois plus probable qu'*o*. La leçon *escorté* s'expliquerait bien aussi :
« ils les ont suivis, poursuivis, en les injuriant et les maltraitant. »

11. « Provost, dit Retz (tome IV, p. 379 et 380),... autant fou
qu'un homme le peut être, au moins de tous ceux à qui l'on laisse
la clef de leur chambre, se mit dans l'esprit de faire une assemblée,
au Palais-Royal, des véritables serviteurs du Roi : c'étoit le titre.
Elle fut composée de quatre cents ou cinq cents bourgeois, dont il
n'y en avoit pas soixante qui eussent des manteaux noirs. M. Provost
dit qu'il avoit reçu une lettre de cachet du Roi, qui lui commandoit de faire main basse sur tous ceux qui auroient de la paille au
chapeau et qui n'y mettroient pas du papier. Il l'eut effectivement,
cette lettre. Voilà le commencement de la plus ridicule levée de
bouclier (*sic*) qui se soit faite depuis la procession de la Ligue.
Le progrès fut que toute cette compagnie fut huée, comme l'on
hue les masques, en sortant du Palais-Royal, le 24 de septembre,
et que, le 26, M. le maréchal d'Estampes (voyez ci-dessus, p. 69 et
note 3), qui y fut envoyé par Monsieur, les dissipa par deux ou
trois paroles. » Voyez aussi *Montglat* (tome II, p. 366-368); *Lenet*,
p. 575 et 577; et ci-après, p. 98, la note 4 de la *lettre* 34.

tion n'avoit pas eu plus de cours, et qu'ils y[12] mettroient ordre pour l'avenir; et on doit demain s'assembler au Parlement pour faire le procès au sieur Prevost et à son secrétaire.

Les corps des marchands de cette ville ayant été demander des passe-ports à Son Altesse Royale pour[13] aller trouver le Roi, Elle les a accordés, et leur a témoigné être bien aise qu'ils fissent la paix[14].

M. de Brousselles, prévôt des marchands, et deux échevins nouveaux[15] s'étoient démis avant-hier de leurs charges, mais ils y sont rentrés aujourd'hui.

L'avis qu'on avoit eu du siége de Calais s'est trouvé faux; et, bien au contraire, on se fait fort à la cour que les Anglois rendront l'armée navale[16]; mais il n'y a pas grande apparence qu'ils le fassent, puisque lesdits Anglois demandent le remboursement des pertes qu'ils ont faites, et, outre cela, qu'on leur mette entre les mains quelques milords qui sont en France.

12. Cet *y* est omis dans la 1re édition; il est, faute de place, imparfaitement tracé, dans le manuscrit, à la fin de la ligne.
13. Après *pour*, il y a *elle*, biffé; à la ligne suivante, *leurs* (sic).
14. Ce furent, dit *Montglat* (tome II, p. 368-370), le Vieux, conseiller de Paris, et Piètre, procureur de la ville, qui allèrent une première fois vers la cour, au nom des six corps des marchands. Le Roi leur répondit en demandant la démission de Broussel. Quelques jours après eut lieu une députation de soixante-six personnes, qui fut fort bien reçue de Sa Majesté (le 30 septembre) et revint enchantée à Paris. Voyez les *Mémoires de Retz*, tome IV, p. 374-376.
15. Sans doute ceux qui avaient remplacé Guillois et Philippes (*Montglat*, tome II, p. 369).
16. Au mois de septembre 1652, le duc César de Vendôme, grand amiral, était sorti de Brest avec une escadrille pour aller par mer secourir la place de Dunkerque, alors assiégée par une armée espagnole et défendue par le comte d'Estrades. Cromwell, qui, au même moment, expédiait des régiments irlandais à Bordeaux, sous prétexte d'y soutenir le parti de Condé, envoya, sous le commandement de l'amiral Blake, une flotte qui barra le che-

Les Espagnols, après la prise de Dunkerque[17], laissent rafraîchir leur infanterie, et envoient trois mille chevaux à Son Altesse, qui est venue aujourd'hui en cette ville pour conférer avec Son Altesse Royale. Son armée et celle de M. de Lorraine sont toujours campées au même poste, et Son Altesse est assurée de réduire, dans peu de jours, M. de Turenne de sortir de son éminence[18]; et il ne le peut faire à la barbe des troupes de Monsieur le Prince sans être battu[19].

min aux vaisseaux français et même en prit un grand nombre, au mépris du droit des gens et sans qu'il y eût eu aucune déclaration d'hostilité. « Cet obstacle imprévu, dit Montglat (tome II, p. 381 et 382), contraignit le duc de Vendôme de se retirer à Brest, et l'Estrade de rendre Dunkerque aux Espagnols, n'espérant plus de secours. » — Voyez deux lettres, l'une de Marigny, l'autre de Condé, insérées dans les *Mémoires de Lenet*, p. 574 et 575.

17. Dunkerque (au manuscrit, *Dunquerque*) fut rendu non le 16, comme l'ont dit Montglat, Bazin, etc., mais le 18 septembre, comme d'Estrades nous l'apprend lui-même dans une relation autographe publiée, en 1872, par M. Tamizey de Larroque, au tome III (p. 55) de la *Collection méridionale*, sous ce titre : *Relation inédite de la défense de Dunkerque (1651-1652) par le maréchal d'Estrades*. Le comte d'Estrades se retira dans Calais.

18. Voyez p. 88, la note 5 de la *lettre* 30.

19. Les maréchaux de l'armée royale étaient postés « derrière le bois de Villeneuve-Saint-Georges, sur le bord des rivières de Seine et d'Yère, dit Montglat (tome II, p. 363), en sorte que ces bois et ces rivières leur servoient de retranchement. » Condé, avec les ducs de Lorraine et de Wurtemberg, s'était établi près de Boissy, « dans la plaine qui est entre ce village, le bois de Villeneuve-Saint-Georges et la rivière de Seine, ce bois séparant les deux camps, qui étoient si proche l'un de l'autre, qu'on se tiroit des coups de canon par-dessus le bois; mais on ne se pouvoit faire d'autre mal, parce que, pour aller de l'un à l'autre, il falloit défiler dans le bois, qui est haut et bas; et celui qui l'eût entrepris eût été assurément battu. » (*Ibidem*, p. 363 et 364.) Les deux armées conservèrent trois semaines environ ces positions respectives. Dans la nuit du 4 au 5 octobre, Turenne, profitant de la maladie de Condé, resté à Paris depuis le 25 septembre, décampa sans être inquiété.

1652

Cinq cents hommes[20] de pied, qui venoient de Picardie, ont joint M. de Turenne, après avoir passé en ces quartiers, et, par un bonheur incroyable pour eux, on n'en eut point[21] avis.

Toutes les nouvelles qui viennent de la cour assurent qu'on a envoyé ordre aux troupes qui sont en Guyenne d'aller au secours de Barcelone, qui est réduit aux dernières extrémités[22]. Cazal est toujours investi[23], et M. de Montpezat s'est démis du gouvernement de la place entre les mains du Roi[24], qui l'a donné à M. de Vassé[25], et M. de Quincé[26] va commander en Italie.

M. le comte de Rieux est sorti avant-hier de la Bastille[27].

20. Dans la 1re édition, « Les hommes », au lieu de « Cinq cents hommes » ; il y a 500 en chiffres au manuscrit.

21. *Eu[t] point*, en interligne ; devant *avis*, un autre *eu[t]*, biffé.

22. La ville de Barcelone, assiégée par les Espagnols depuis le mois d'août 1651, était défendue, depuis avril 1652, par le maréchal de la Mothe-Houdancourt, vice-roi de Catalogne. Après plusieurs vaines tentatives de secours, la place fut obligée de se rendre à Don Juan d'Autriche, le 13 octobre ; elle avait résisté plus d'un an. Voyez les *Mémoires de Montglat*, tome II, p. 300-303, et p. 386-389.

23. Casal était investi par le marquis de Caracène, gouverneur de Milan, et fut forcé de se rendre quelques jours après Barcelone (le 21 octobre). « La joie de cette conquête, dit Montglat (tome II, p. 386), fut grande dans tous les États des Espagnols, comme aussi la douleur dans la cour de France, laquelle perdoit, cette année, de tous côtés. »

24. Jean-François Trémolet, baron, puis (1665) marquis de Montpezat, mort lieutenant général en 1677. Montglat (tome II, p. 385) dit dans quelles circonstances il quitta le commandement de la place de Casal. Il retourna, l'année suivante, en Italie, comme lieutenant général, sous les ordres du maréchal de Grancey.

25. Henri-François d'Équilli ou d'Ecquevilly, marquis de Vassé, mestre de camp du régiment de Bourgogne : voyez les *Mémoires de Mademoiselle*, tome II, p. 60.

26. Sur le comte de Quincey, voyez *Montglat*, tome II, p. 422.

27. Voyez ci-dessus, p. 53, *lettre* 21 et note 11 ; les *Mémoires de Mademoiselle*, tome II, p. 139 ; et ceux *de Lenet*, p. 572, 573, 575.

L'union est si parfaite entre Monsieur le Prince et M. de Lorraine qu'il ne se peut pas davantage, et ce dernier témoigne tout à fait faire toutes choses avec beaucoup de franchise.

1652

---

34. — A LENET.

Ce 28me septembre [1652].

JE commencerai ma lettre par vous rendre mille grâces de vos soins et du secours que vous m'avez envoyé dans ce temps du monde où j'en avois le plus de besoin[1]. Je vous dirai ensuite que j'ai appris votre démêlé, dans lequel je vous offre tout ce qui dépend de moi[2]. Je crois que toutes les négociations vont finir et que nous serons plus dans la guerre que jamais. Si je vous pouvois entretenir, je vous dirois bien des choses que je ne puis mander. Il y avoit eu quelque apparence de sédition aujourd'hui et hier[3] pour faire faire la paix;

LETTRE 34. — *Manuscrits de Lenet*, tome IX, fol. 184 et 185, autographe; au dos : « M. le duc de la Rochefoucault. » Elle a été publiée dans la 3e partie des *Mémoires de Lenet*, p. 578.

1. Voyez ci-dessus, p. 89, la *lettre* 31.
2. Allusion aux cabales et aux brouilles survenues à Bordeaux entre la petite cour du prince de Conty, à laquelle Lenet était gagné, et Mme de Longueville. Voyez, dans la 3e partie des *Mémoires de Lenet* (p. 577 et 578), une lettre adressée à ce dernier par Marigny, qui avait, depuis peu, quitté Bordeaux et en avait rapporté de vives rancunes contre la sœur de Condé. Cousin, dans le chapitre VI de son livre sur *Madame de Longueville pendant la Fronde* (p. 297 et suivantes), a résumé, d'une façon très-nette, le caractère et les incidents de ces factions et de ces « partialités, » comme les appelle la Rochefoucauld dans ses *Mémoires* (p. 329 et p. 423).
3. Ces mots *aujourd'hui et hier* sont en interligne dans l'original. Les premiers éditeurs commencent ainsi la phrase : « Il y avoit de la sédition »; dans la précédente, ils construisent : « Si je pouvois vous entretenir »; dans la suivante, ils changent *pourroit* en *pouvoit*.

mais cela n'a pas eu de suite⁴. Je crois que cela pourroit recommencer et embarrasser Monsieur⁵. Adieu, je ne puis écrire davantage; je vous conjure de faire mes compliments à M. de Marchin.

Suscription : Monsieur Monsieur l'Esné.

35. — A LENET.

A Paris, ce 13 octobre 1652.

ENCORE que je n'aie point reçu de vos nouvelles par les deux derniers courriers, je n'en veux pas laisser passer un seul sans vous écrire, et particulièrement en un temps comme celui-ci, où l'on fait courre de si beaux bruits à Bourdeaux¹. Je vous engage mon honneur que

4. Dès le 24 septembre, les partisans de la cour avaient fait afficher, à la porte du Palais-Royal et dans divers autres endroits de la Ville, un placard intitulé : *Le Manifeste des bons serviteurs du Roi étant dans Paris et leur généreuse résolution pour la tranquillité de la Ville.* Le P. Berthod en donne le texte, p. 330-333. En même temps eut lieu la manifestation dont il est question dans la *lettre* précédente, et à la suite de laquelle le menu peuple pilla « une charrette des troupes du duc de Lorraine, chargée de vin, qu'on menoit au camp des Princes. » Consultez encore, sur ce mouvement, et d'autres, plus graves, qui arrivèrent ce jour-là et les jours suivants jusqu'au 28, le P. Berthod (p. 333-346), qui ajoute : « Tout le monde s'attendoit de voir grande rumeur le samedi 28, et que les gens des Princes prendroient les armes pour aller garder le Palais-Royal, la Bastille et l'Arsenal...; mais tout demeura calme ; personne ne bougea. »

5. Sur l'attitude de Monsieur pendant ces mouvements, voyez les *Mémoires de Mademoiselle*, tome II, p. 179.

LETTRE 35. — *Manuscrits de Lenet*, tome X, fol. 68 et 69, de la main de Gourville ; cachets conservés. Le contenu semble indiquer qu'elle a été écrite sous la dictée du duc, bien que son nom ne soit pas au dos. La suivante, de même date, dont nous n'avons que le commencement, est de sa main.

1. Le bruit courait à Bordeaux que la Rochefoucauld agissait

Monseigneur le Prince n'a pas eu la pensée de se plaindre de M. de la Rochefoucauld en aucune façon ; mais pour dans la² lettre de l'abbé Foucquet³, M. de la Rochefoucauld n'y étoit nommé en pas un endroit, et je ne doute pas que l'on ne vous l'ait mandé. Cependant, à ce qu'on mande⁴ à Bourdeaux, il n'a rien moins que trahi. Assurez-vous de ce que je vous dis sur tout cela, car je ne vous mens de rien. Je ne doute point que, puisque l'on a si bien commencé, qu'on ne continue à faire de belles histoires : c'est pourquoi je veux vous dire toutes choses mot à mot. Il y a deux jours que M. de la Rochefoucauld dit à Monsieur le Prince : « Si j'étois en autre état que je suis, je ne vous demanderois pas ce que vous desirez que je fasse, car je saurois bien ce que j'aurois à faire ; mais, encore que je coure grande risque⁵ de ma vue, je ne laisserai pas de vous suivre, si vous plaît ; ou, si vous l'avez agréable, j'irai à Damvilliers⁶ pour cinq ou six mois, qui est le

pour la paix, avec l'abbé Foucquet, en dehors du prince de Condé, et jouait ainsi double jeu. Le tome X des *Manuscrits de Lenet* contient (fol. 39 et 40) une lettre de Gourville, du 6 octobre, où on lit que M. de la Rochefoucauld « n'a jamais été mieux traité de Monsieur le Prince qu'il l'est, et je ne crois pas qu'il lui ait jamais donné [plus *ou* autant] de marques de confiance qu'il a fait ce soir. Je vous marque cela, à cause que je sais bien que l'on a mandé le contraire en vos quartiers. » Voyez *lettre* 36, p. 101, et *lettre* 37, p. 104.

2. *Pour dans la* remplace, en interligne, *sur cette*, biffé.

3. Voyez encore *lettre* 37, p. 104 ; et les *Mémoires*, p. 425 et 426. Une lettre de Gourville à Lenet, du 29 septembre, insérée dans les *Mémoires* de celui-ci (p. 579), parle de la lettre de Foucquet, qui « fait grand bruit. » Sur ses intrigues à ce moment, voyez *ibidem*, p. 575, 578.

4. *A ce qu'on mande*, en interligne.

5. Il y a bien ainsi *grande risque*, au féminin : voyez, dans le *Dictionnaire de M. Littré*, la *Remarque* qui suit l'article RISQUE. — A la suite, devant *vue* (écrit *veuhe*), il y a, ce semble, *vie*, effacé.

6. Voyez les *Mémoires*, p. 137, note 6.

1652

temps que je crois pouvoir me mettre en campagne. » Monsieur le Prince lui dit en riant et en le caressant : « Tout cela sont de beaux compliments, mais je serai bien aise que vous demeuriez ici et que vous agissiez auprès de Son Altesse Royale, que je prierai de vous parler de toutes mes affaires, et, en cas que la cour vous veuille bailler un passe-port pour passer l'hiver chez vous comme un malade, promettant de ne rien entreprendre ce temps-là, vous le prendrez, et au printemps vous viendrez servir alternativement avec M. le Prince [de] Tarente[7]. » Monsieur le Prince dit cent choses très-obligeantes dans tout cela, et affecta d'en parler à quatre ou cinq personnes le jour même et le lendemain ; et, louant le procédé de M. de la Rochefoucauld, il a dit à Son Altesse Royale qu'il le prioit de concerter tout ce qui le regarderoit avec M. de Rohan[8], de Viole[9] et de la Rochefoucauld, et à tous ses amis autant, de sorte que tout le monde va agir, et je crois que l'on donnera encore bien de la peine à la cour. Son Altesse Royale a encore ce matin donné de nouvelles paroles à Monsieur le Prince; toutes ses troupes suivent et, je pense, ont ordre de n'obéir pas même à Son Altesse Royale s'il leur mande de revenir[10]. Si Son Altesse Royale s'accommode, comme il ne peut guère s'en empêcher si la cour donne l'amnistie, M. de la Rochefoucauld le priera qu'il mette dans son traité qu'on accordera la permission à M. de la Rochefoucauld d'aller chez lui pour six mois et un passe-port pour, au bout du temps, s'en pouvoir retourner trouver Monseigneur le Prince[11]. Je ne

---

7. Voyez ci-dessus, *lettre* 21, p. 53, lignes 6-8.
8. Henri de Rohan-Chabot : voyez les *Mémoires*, p. 165 et note 5.
9. Voyez *ibidem*, p. 218, note 1 ; et ci-dessus, *lettre* 26, p. 72.
10. C'est ce qui arriva : voyez ci-après, p. 109, *lettre* 39, note 9.
11. Cela est redit presque dans les mêmes termes, ci-après, p. 104.

désespère pas que la cour ne songe à elle[12] quand elle verra qu'elle n'aura pas meilleur marché de Paris, et que le Cardinal ne sauroit venir d'une façon ni d'autre sans Monseigneur le Prince. L'on me mande que vous n'avez plus guère de fièvre, dont je me réjouis.

Suscription : Monsieur Monsieur l'Esné.

36. — A LENET.

Ce 13me octobre [1652].

JE ne sais si le bruit qui court à Bordeaux de mon accommodement[1] vous aura persuadé que je l'aie fait, mais, à tout hasard, je m'imagine que vous n'en croirez rien. Je n'ai pourtant pu suivre Son Altesse, qui est partie aujourd'hui[2], et je suis demeuré ici par son ordre, pour y aider à maintenir les[3] affaires, et aussi parce que je ne puis être encore de longtemps en état de monter à cheval. Monsieur a témoigné à Monsieur le Prince de vouloir demeurer plus que jamais uni avec lui, et il me

---

12. C'est-à-dire, ne fasse ses réflexions, ne songe à ce qui lui importe, à son véritable intérêt, et ne se décide à faire ces concessions. Comparez *Mme de Sévigné*, tome II, p. 193.

LETTRE 36. — *Manuscrits de Lenet*, tome X, fol. 93, autographe. — La date est douteuse ; on liroit plutôt 23 que 13. Nous avons déjà une autre lettre pour chacun de ces deux jours. La date du 23 a de plus contre elle qu'elle ne peut se concilier avec la nouvelle du départ de Condé : voyez la note 2.

1. Voyez la *lettre* précédente, p. 98 et note 1.
2. Voyez les *Mémoires*, p. 431 et note 6, et, dans le tome X des *Manuscrits de Lenet* (fol. 64 et 65), une lettre du président Viole à Lenet, en date aussi du 13 octobre, où se trouve annoncé le départ de Condé « pour se rendre à son armée, qui marche vers la rivière d'Oise. » Dans les *Mémoires de Lenet* est une lettre de Condé, datée de Paris, du 15 ; mais à 15 il faut substituer 13.
3. *Choses* est biffé après *les*.

semble que tout se prépare à la guerre avec plus d'aigreur qu'on n'en a eu jusques ici. J'ai fait ce que vous m'avez mandé touchant votre secours ; mais on ne veut rien détacher présentement. Je vous recommande [4]....

---

37. — A LENET.

A Paris, le 16e octobre 1652.

Je suis tout à fait inquiété de votre mal : voilà trois courriers qui se sont passés sans que j'aie eu de vos lettres. Je vous supplie d'ordonner à quelqu'un de me mander comment vous vous portez. Monseigneur le Prince est encore auprès de Senlis[1], et M. de Turenne proche de Creil[2], et ayant là le passage de la rivière libre. Tout le monde croit que l'accommodement de Son Altesse Royale est fort avancé, et, sans me vanter, je crois savoir qu'il est fait, encore qu'il eût donné, il y a trois jours, les plus belles paroles du monde à Monseigneur le Prince[3]. M. de Rohan[4] est remis dans son gouverne-

---

4. Le reste de la lettre manque.

Lettre 37. — *Manuscrits de Lenet*, tome X, fol. 78 et 79, de la main de Gourville, avec la mention : « M. de la Rochefoucault ; » cachets conservés. Cette lettre a été publiée, sauf quelques passages omis, dans la 3e partie des *Mémoires de Lenet*, p. 580.

1. Nous avons vu (*lettre* précédente) que Condé avait quitté Paris trois jours auparavant, le 13 octobre.

2. Sur la rive gauche de l'Oise, à onze kilomètres de Senlis.

3. Voyez la *lettre* précédente, du 13 octobre. On lit dans la *Suite du Journal du Parlement* (p. 213), à cette même date du 16 octobre, que l'opinion de beaucoup de membres était « que M. le duc d'Orléans étoit d'accord avec la cour, qu'on lui devoit envoyer des passe-ports, et que ce qui se faisoit n'étoit que pour sauver les apparences à l'égard de Monsieur le Prince. »

4. Voyez ci-dessus, p. 100, *lettre* 35 et note 8.

LETTRES. 103

ment⁵; l'on rend toutes ses places à M. le duc d'Orléans; l'on m'a dit que M. de Beaufort devoit avoir cent
mille francs. Les deux parlements se doivent⁶ réunir à
Saint-Germain, le Roi tenant son lit de justice, et là vérifier l'amnistie; on la portera à Paris pour être vérifiée,
étants tous assemblés. Monsieur d'Orléans s'en doit aller
à Blois, mais cela n'est point écrit dans le traité. C'est
M. d'Aligre⁷ qui a fait cette affaire-là pour la cour avec
M. Goulas⁸. Le premier pourroit bien avoir part à la surintendance, si on l'ôte à M. de la Vieuville⁹. M. le duc d'Orléans demande par son traité que l'on rende à M. le
président de Maisons la capitainerie de Saint-Germain,
qu'on lui avoit ôtée¹⁰, ces jours passés¹¹, pour donner à

1652

5. Son gouvernement d'Anjou. Nous lisons dans les *Mémoires*
(p. 325 et 326) que le duc de Rohan avait fait soulever la ville
d'Angers contre la cour, et qu'ensuite, ne pouvant ou ne voulant
en pousser la défense, il avait, presque sans coup férir, remis la
place entre les mains du Roi, et avait eu « permission de se retirer à Paris auprès de M. le duc d'Orléans. » On peut voir les
articles de sa capitulation dans les *Mémoires de Lenet*, p. 545 et
546; et un bon résumé de ces événements dans l'article ANGERS du
Dictionnaire historique, géographique et biographique de Maine-et-Loire,
par M. Célestin Port, tome I, 1874, p. 41.

6. Après *doivent*, il y a *tenir à*, biffé. A la ligne suivante, la
1ʳᵉ édition a cette leçon singulière : « son bon lit de justice »; et
quatorze lignes plus loin, *son* pour *un*, devant *passe-port*.

7. Étienne d'Aligre, né en 1592, conseiller d'honneur au parlement
de Paris en 1651, garde des sceaux et chancelier en 1672 et 1674, mort
en 1677. Il avait repris la négociation des mains de l'abbé Foucquet
(voyez ci-dessus, p. 99, *lettre* 35; et les *Mémoires du P. Berthod*, p. 368).

8. Voyez la *lettre* 25, p. 69, note 4.

9. Voyez les *Mémoires*, p. 292 et note 6.

10. *Oté* (*osté*) sans accord, en interligne, remplace *donné*.

11. René de Longueil, marquis de Maisons, premier président à
la cour des Aides, puis président à mortier au parlement de Paris,
avait été nommé surintendant des finances et ministre d'État en
mai 1650, puis remplacé dans la surintendance, au mois de septembre de l'année suivante, par le marquis de la Vieuville (dans le
manuscrit, *Vieuille*). Il mourut en 1677. Voyez, sur certaines démar-

1652

M. de Beaumont : ce qu'il obtiendra. Mgr de la Rochefoucauld demeurera ici auprès de lui, tant qu'il y pourra subsister, et priera Monsieur d'Orléans qu'étant demeuré ici auprès de lui de la part de Monseigneur le Prince, il lui fasse la grâce de demander un passe-port pour pouvoir être six mois chez lui ou à Paris, pour se faire traiter de ses yeux [12], après lequel temps on lui baillera un passe-port pour aller trouver Monditseigneur le Prince [13]; je pense qu'il en faudra bien passer une bonne partie à Paris. Les médecins ont découvert depuis peu qu'il perdoit son œil gauche insensiblement; ils lui proposent mille remèdes fâcheux, et ils ont commencé aujourd'hui à les faire; mais cela est si importun qu'il n'en fait pas la moitié.

La cour ne viendra point à Saint-Germain tant que Monseigneur le Prince sera aux environs d'ici. Ne faites aucun fondement sur les faux bruits qui ont couru que Mgr de la Rochefoucauld étoit mal avec Monseigneur le Prince à cause de la lettre de l'abbé Foucquet [14]; je vous en envoirai, pour plaisir, la copie, et vous verrez qu'il n'est parlé de lui ni près ni loin [15]. Je vous réponds que Monseigneur le Prince n'a point eu plus de confiance en Mgr de la Rochefoucauld que dans ces derniers temps, et particulièrement lorsqu'il s'est en allé.

Toute la famille se porte bien et vous est plus acquise qu'à personne du monde, et votre très-humble et très-obéissant serviteur aussi.

ches qu'il avait déjà faites pour recouvrer la surintendance et la capitainerie de Saint-Germain, les *Mémoires du P. Berthod*, p. 329.

12. Après *yeux*, est biffé *pendant le*.
13. Voyez ci-dessus, p. 100 et note 11.
14. Voyez *lettre* 35, p. 98 et 99 et notes 1 et 3.
15. Comme nous l'avons dit au tome II (p. 426, note 1), le texte de cette lettre de l'abbé Foucquet à Mazarin se trouve dans les *Mémoires de Mademoiselle*, tome I, p. 173-177.

LETTRES.   105

Je vous prie, mandez-moi, si j'avois un billet de Monseigneur le Prince pour quelque argent qu'il me doit en mon petit particulier, adressant à vous[16], si vous me le pourriez faire payer sur vos convois ou sur quelque autre chose.

1652

Il y a longtemps que M. de la Rochefoucauld m'avoit commandé de vous écrire en faveur d'un garçon qui a servi dix ans feu Mgr le chevalier de la Rochefoucauld[17], qui lui a fait entendre que vous lui pourriez faire trouver quelque petite charge où il trouveroit sa subsistance; il met dans son mémoire tailleur de sel[18], visiteur de vaisseaux, écrivain du bureau, ou quelque autre petite charge : vous feriez très-grand plaisir à M. de la Rochefoucauld.

Tout le monde dit que le Roi va venir dans Paris; mais j'ai peine à le croire. Je ne crois pas que le Cardinal consente qu'il se vienne enfourner ici. Le bruit court que Monsieur le garde de[s] sceaux[19] a la charge de M. de Chavigny[20], de trésorier de l'Ordre, et son fils[21] le gouvernement de Vincennes[22].

16. Voyez, pour cette façon de parler, les *Lexiques de Malherbe, de Racine*, etc.

17. Charles-Hilaire, chevalier de Malte, frère puîné de notre auteur, mort en 1651 : voyez les *Mémoires*, p. 308 et note 2.

18. Sans doute un petit emploi de la gabelle; *tailleur*, du verbe *tailler*, au sens d'imposer, lever les impôts : voyez le *Dictionnaire de M. Littré*, à l'article TAILLER, 16°. — Pour les divers emplois du mot *bureau*, voyez le *Dictionnaire.... des institutions*, de M. Chéruel.

19. Mathieu Molé, né en 1584, mort en 1656, premier président du parlement de Paris (1641), avait été nommé garde des sceaux en avril 1651, puis destitué au bout de quelques jours et réintégré au mois de septembre suivant.

20. Le comte de Chavigny venait de mourir, le 11 octobre 1652 : voyez, au sujet de sa mort, notre tome II, p. 425 et note 2; les *Mémoires de Conrart*, p. 215-225; et ceux *de Saint-Simon*, tome I, p. 177 et 178.

21. Jean-Édouard Molé, seigneur de Champlâtreux, alors maître des requêtes au parlement de Paris, président à mortier en 1657, mort en 1682.

22. Dans une lettre postérieure, à Lenet, en date du 21 octobre

1652 — *Suscription :* A Monsieur Monsieur l'Esné, à Bordeaux.

38. — A LENET.

A Paris, le 23ᵉ octobre 1652.

Votre mal m'a tout à fait donné de l'inquiétude, et vous me feriez la plus grande injustice du monde, si vous croyez[1] qu'il y eût quelqu'un qui prît plus de part que moi à tout ce qui vous touche. Je n'ai pas laissé passer un seul courrier sans vous écrire; et, tout de bon, vous devez être satisfait de moi, et la bonne amie aussi; mais, puisque vous ne pouvez pas m'écrire, elle pourroit bien daigner me mander si mes lettres se reçoivent. Demain nous[2] protesterons de ne plus rien faire contre le service du Roi. Je vous avoue que je me trouve bien embarrassé, car je vous assure que je ne saurai plus que faire quand je ne ferai plus de mal. Au nom de Dieu, faites-moi mander l'état de votre santé[3].

1652, que rien n'indique avoir été écrite expressément au nom de la Rochefoucauld, on lit (même tome, fol. 87, verso) : « Monsieur d'Orléans a aussi chargé M. d'Aligre, négociateur pour la cour, de demander un passe-port pour Mgr de la Rochefoucauld, pour se faire traiter d'un œil qu'il va perdre, et avec peine l'assure-t-on qu'il conservera l'autre. C'est à condition qu'au bout du temps qu'on lui voudra donner, il pourra aller trouver Monseigneur le Prince; et si on ne le lui veut pas accorder, et qu'on le veuille obliger à prendre l'amnistie, il ira trouver Monseigneur le Prince, dût-il être aveugle le lendemain. Néanmoins, M. d'Aligre a fait espérer le passe-port. »

Lettre 38. — *Manuscrits de Lenet*, tome X, fol. 61, de la main de Gourville, mais fort probablement dictée par la Rochefoucauld; au dos : « Lettre de nouvelles, de 1652. »

1. Il y a ainsi *croyez*, pour *croyiez*, dans l'original.
2. Après *nous*, est biffé *proteston[s]*.
3. Dans une autre lettre de Gourville à Lenet, portant la même

39. — A LENET.

1652

A Paris, le 27ᵉ octobre 1652.

M. Damville[1] étant allé à Limours jeudi[2] vers Son Altesse Royale, il revint hier au soir avec M. Goulas, et rapportèrent que Monsieur d'Orléans avoit accepté l'amnistie[3]. Aujourd'hui ledit duc Damville est retourné avec M. le Tellier, pour renouer un traité qu'on croit se

date du 23 octobre (tome X, fol. 100 et 101), sans la mention, au dos, du nom de la Rochefoucauld, on lit ce qui suit : « .... Le Roi tint son lit de justice (*le mardi*), et là fut lue l'amnistie. On fit commandement à Mgrs de Beaufort, de la Rochefoucauld, et Rohan, et autres particulièrement nommés, de sortir de Paris dans le jour. Mgr de la Rochefoucauld fit représenter à la Reine l'état auquel il est, par M. de Turenne; que, s'il sortoit de Paris, il perdroit un œil, et hasarderoit même les deux, et que si la Reine lui faisoit la grâce de le laisser à Paris pour se faire traiter, qu'aussitôt qu'il pourroit, il s'en iroit passer l'hiver chez lui pour achever de se guérir, et qu'il n'en partiroit point sans en donner avis à la cour, à M. de Turenne ou à M. de Montausier, et qu'il leur demanderoit un passe-port pour aller trouver Monseigneur le Prince. La Reine dit qu'elle le vouloit bien, qu'il lui faisoit pitié. Comme les choses parurent aller de mieux en mieux, on vouloit une déclaration de ne plus aller dans le parti de Monseigneur le Prince; Mgr de la Rochefoucauld s'est encore expliqué, et a dit qu'il donneroit une déclaration qu'il n'entreprendroit rien contre le service du Roi, directement ni indirectement, tant qu'il seroit ici ou chez lui, sur sa parole, et jusques à ce qu'il l'eût retirée; mais que si on lui en demandoit d'autre, on pouvoit bien, sans autre formalité, le mettre dans la Bastille, où il se feroit traiter, ne pouvant en façon du monde prendre la campagne. Je crois qu'on lui accordera de la façon qu'il le demande.... »

Lettre 39. — *Manuscrits de Lenet*, tome X, fol. 114, de la main d'un copiste; au dos : « M. de la Rochefoucault, » et cette mention : « M. Lenet n'a point reçu d'autres nouvelles que celle-ci qu'il envoye à M. de Marchin. »

1. Voyez ci-dessus, *lettre* 25, p. 72, note 19.
2. Le jeudi 24; le 27 étoit un dimanche.
3. « M. le duc d'Orléans fut le premier qui prit l'amnistie, » dit Montglat, tome II, p. 376.

devoir facilement conclure, et que Son Altesse Royale ira à Blois⁴. On ne parle point encore de ce que les particuliers qui sont dans ses intérêts doivent faire, et on croit que M. de Beaufort n'acceptera pas l'amnistie⁵.

Mademoiselle sortit mercredi de cette ville, et alla à Saint-Denis, d'où étant partie, on a su qu'elle avoit passé proche Château-Thierry, de sorte qu'on la croit présentement dans l'armée de Monseigneur le Prince⁶. Elle est partie avec fort peu de train et d'équipage, et elle n'a de femmes avec elle que Mme de Frontenac; Mme la comtesse de Fiesque n'a pas pu la suivre, étant tombée ici malade; le Roi lui a envoyé quatre gardes, qui demeurent en son logis⁷.

4. Le duc d'Orléans avait quitté Paris pour Limours le 22 octobre. On lit dans la lettre du 23 octobre, citée dans la note 3 de la *lettre* précédente : « Le Conseil.... envoya le duc Damville dire à Son Altesse Royale, sur les trois ou quatre heures, de sortir dans le jour (*le* 21).... Monsieur d'Orléans écrivit au Roi qu'il sortiroit le lendemain au matin.... Le soir, à l'entrée de la nuit, le Roi arriva ici, et alla loger au Louvre. Il ne parut point de joie dans les esprits, comme on a accoutumé d'en voir lorsqu'il y arrive quelque nouveauté.... Le mardi matin, à six heures, Son Altesse Royale s'en alla à Montrouge et de là à Limours avec MM. de Beaufort, de Rohan, et quatre ou cinq cents chevaux de suite. »

5. Il alla en exil, et ne rentra en grâce qu'en 1658 : voyez les *Mémoires de Mme de Motteville*, tome IV, p. 108 et 109.

6. Le voyage est raconté dans les *Mémoires de Mademoiselle*, tome II, p. 207 et suivantes. Elle se retira dans son château de Saint-Fargeau (Yonne). Il y a dans le Recueil de Maurepas, tome XXIII (Fr. 12 638), fol. 197, une « *chanson* sur l'exil de Mademoiselle, et de Mmes la comtesse de Fiesque, de Frontenac, de Montbazon et Chastillon. » — Sur Anne de la Grange, comtesse de Frontenac (*lettre* 86, p. 183, note 6), et Gillonne d'Harcourt, comtesse de Fiesque (*lettre* 25, p. 70, note 5), nommées ci-après, voyez les *Mémoires de Mademoiselle*, passim.

7. Le P. Berthod dit dans ses *Mémoires* (p. 371) : « Il n'y eut que Mme de Fiesque, qui s'étoit blessée, deux jours devant, d'une fausse couche, qui demeura jusques à ce qu'elle fût en état de s'en

LETTRES.   109

On ne sauroit dire déterminément où est l'armée de Monseigneur le Prince[8], et il y a toutes les apparences du monde qu'elle avance en deçà, puisque M. de Turenne fait marcher la sienne vers les lieux par où Monseigneur le Prince devroit passer[9].

On parle que la cour se dispose de rappeler M. Bitaut et deux autres des interdits du Parlement, le jour de 'amnistie, et elle demeure fort fière pour les autres[10]. On a envoyé ordre, depuis deux jours, au Cardinal de

pouvoir aller; et cependant on lui donna des gardes, et on la fit visiter par M. Valot, premier médecin du Roi. »

8. Monsieur le Prince était alors à Sissone (département de l'Aisne, à vingt kilomètres de Laon), comme le prouve une lettre en date du 26, adressée par lui à Mademoiselle, et qui se trouve dans les *Mémoires* de celle-ci, tome II, p. 219.

9. On voit, dans les *Mémoires de Mademoiselle* (tome II, p. 233), que Condé, aussitôt qu'il eut rejoint les troupes de Flandre, « prit, en passant chemin, Château-Portien, Rethel et force autres petits châteaux. » On lit, d'autre part, dans une lettre en date du 3 novembre (*Manuscrits de Lenet*, tome X, fol. 158 et 159) : « M. de Turenne est proche de Château-Thierry, qui monte entre les deux rivières d'Oise et Marne. Son armée est augmentée de quatre mille hommes, compris environ deux mille que lui a envoyés M. de Longueville. » Quant au duc d'Orléans, suivant son traité avec la cour, il avait envoyé Gédouin, enseigne de ses gendarmes, pour retirer les troupes qu'il avait à l'armée de Condé; mais ces troupes refusèrent de lui obéir avant d'avoir donné l'assaut à Sainte-Menehould, que Monsieur le Prince assiégeait alors. Elles ne se retirèrent qu'après la capitulation de la place (*Mémoires de Mademoiselle*, tome II, p. 233 et 234).

10. François Bitaut, conseiller au parlement de Paris : voyez les *Mémoires*, p. 204. Son nom revient plusieurs fois dans les *Mémoires de Retz*. — On lit dans ceux *du P. Berthod* (p. 371 et 372) : « Sa Majesté, avant de partir de Saint-Germain, écrivit aux particuliers du Parlement qui étoient demeurés à Paris une lettre par laquelle Sa Majesté leur mandoit que, voulant faire son entrée dans Paris le 21, et le 22 tenir son lit de justice au Louvre, il leur ordonnoit de s'y trouver à sept heures au matin en robes rouges, pour y entendre ses volontés. De ceux-là furent exceptés les sieurs Broussel,

venir en ces quartiers[11]. Le peuple augmente de jour à autre de murmurer sur tout ce qui se fait ici et de ce qu'il voit que la présence du Roi n'apporte pas toutes les commodités qu'il espéroit. Ces choses, jointes avec le retour du Cardinal et les rentiers[12], apporteront indubitablement quelque nouveauté.

La cour, ayant vu la résolution en laquelle est Mgr de la Rochefoucauld de ne rien faire contre ce qu'il doit à Monseigneur le Prince, n'a rien exigé de lui, et il est en résolution d'en demeurer là jusques à ce qu'on lui fasse quelque autre ouverture, et qu'on veuille bien se contenter de ses offres.

Le courrier est parti pour aller querir Monsieur le Cardinal. Je crois qu'il sera entré pour venir ici dans trois ou quatre jours. Je ne sais pas s'il viendra droit à Paris. Si vous ne me faites mander l'état de votre santé, je ne vous le pardonnerai pas[13].

Viole, de Thou, Portail, Bitaut, Foucquet de Croissy, Coulon, Machaut Fleury, Martineau et Ginon, insignes frondeurs. »

11. Mazarin ne revint à Paris que le 3 février de l'année suivante (*Mémoires de Mme de Motteville*, tome IV, p. 38).

12. Dès l'année précédente, le Roi avait fait intercepter les deniers des recettes, et Paris ne pouvait plus fournir au payement des rentes de l'Hôtel de Ville.

13. Dans une lettre, portant la même date du 27 octobre (tome X, fol. 116), adressée par Marigny à Lenet, on lit : « M. le duc de Rohan a envoyé déclarer au greffe de la cour, par un procureur, qu'il entendoit jouir de l'amnistie, et qu'à cet effet il renonçoit à tous traités faits avec les Princes. M. de la Rochefoucauld a permission de demeurer ici à cause de son indisposition ; il s'est formé une taie sur son œil, et si, dans quatre mois, lorsque la cataracte sera mûre, l'opération ne réussit, il faudra qu'il compte sur un œil. » Une autre lettre (fol. 132), en date du 30 octobre 1652, de la main de Gourville, finit ainsi : « La cour ne détermine rien à Mgr[a] de la Rochefoucauld, et il y a apparence qu'elle fera comme cela jusques au retour du Cardinal. » Dans une autre encore, déjà

[a] *Mgr* a été corrigé, d'une autre encre, en *Mr*.

Suscription : A Monsieur Monsieur Lenet, à Bourdeaux.

citée, du 3 novembre, on lit (fol. 159) : « Il a été déjà arrêté trois fois dans le Conseil que l'on proposeroit à Mgr de la Rochefoucauld de prendre l'amnistie, et il y a quelque temps que la Reine dit qu'il lui faisoit pitié [a], mais qu'on ne se pouvoit pas empêcher de lui faire prendre l'amnistie. M. le Tellier et tous les autres disent qu'il faut bien qu'il l'accepte. On a fait dire à M. de Mortemart et à Mme de Brienne d'essayer de le lui faire faire. Monseigneur répond toujours de même, et que, le Roi lui ayant permis de demeurer ici sur sa parole, il ne feroit rien contre son service tant qu'il y seroit, mais que rien au monde ne lui peut faire [faire] un pas contre ce qu'il doit; que si on lui veut faire la grâce de [b] le laisser ici ou chez lui, pour quatre ou cinq mois, pour se faire traiter, il avertiroit de son départ; que si on veut qu'il aille trouver Monseigneur le Prince, ou à Damvilliers, il le fera plutôt que d'accepter l'amnistie, dût-il perdre les deux yeux et même la vie. Selon toutes les apparences du monde, on ne résoudra rien de cela jusques à l'arrivée de Monsieur le Cardinal. L'on m'a dit aujourd'hui qu'il entreroit à Paris, incognito, environ vendredi ou samedi. » Plus loin encore (fol. 164), à la date du 6 novembre, également de la main de Gourville : « On a fait aujourd'hui publier ici une ordonnance par laquelle on enjoint à M. de la Rochefoucauld et à tous les autres du même parti de sortir [de] Paris dans vingt-quatre heures, et je vous dirai, bien plus, qu'on a parlé de se saisir de sa personne, de sorte que vous voyez bien par là qu'il faut qu'il sorte d'ici, et il y a grande apparence qu'il le fera. » Enfin (fol. 182), dans une lettre du 10 novembre, toujours de la même main : « Nonobstant la parole que la Reine avoit donnée à M. de Turenne pour que M. de la Rochefoucauld demeurât ici pour se faire traiter, il a eu néanmoins avis qu'on le vouloit faire arrêter, ce qui l'obligea mercredi de coucher hors de chez lui, et, le lendemain, on obtint qu'il iroit à une lieue de Paris pour huit ou dix jours, sur le rapport que M. Valot, médecin du Roi, et les autres oculistes firent qu'il perdroit les yeux, s'il se mettoit présentement en campagne, sortant d'une grande fluxion, et lui ayant été, depuis fort peu, appliqué des ventouses derrière les oreilles. Il sortit hier de Paris et alla à Bagneux.... J'ai baillé votre lettre à Diane (*la Rochefoucauld*).... » Les lettres du 3 et du 10 novembre dont nous venons de donner des extraits, sont insérées dans la 3ᵉ partie des *Mémoires*

---

[a] Voyez ci-dessus, p. 107, note 3 de la *lettre* 38.
[b] Après *de*, est biffé *demeurer*.

40. — AU COMTE DE MARCHIN.

[1652.]

.... mes gardes, et d'avoir soin de ma bonne renommée à Bordeaux. J'ai quasi envie de les prier[1], une fois pour toutes, de se mettre l'esprit en repos sur mon sujet et de les assurer que quand je ne ferois pas mon devoir par principe d'honneur, je le ferai toujours assurément pour ne leur donner pas le plaisir de m'y voir manquer. Adieu.

Je suis entièrement à vous. Je vous supplie de faire voir ma lettre à M. Lenet[2].

LA ROCHEFOUCAULD.

Suscription : A Monsieur Monsieur le comte de Marchin.

---

de Lenet (p. 580 et 581), comme étant de la Rochefoucauld; mais elles ne portent aucune mention indiquant qu'elles aient été écrites par Gourville expressément au nom du duc, et d'ailleurs les détails qu'elles contiennent se trouvent reproduits dans une lettre autographe (n° 41), que nous donnons ci-après.

LETTRE 40. — *Manuscrits de Lenet*, tome XXIV, fol. 282, autographe; au dos : « M. de la Rochefoucault; » cachets conservés. Il ne reste que ce fragment de la lettre, qui a été écrite évidemment à la fin de 1652, puisqu'il y est fait allusion aux mauvais bruits qu'on semait à Bordeaux sur le compte du duc; elle est au reste expliquée par la suivante.

1. *Les prier*, en interligne, au-dessus de *leur déclarer*, biffé.
2. Cette fin : « Je suis entièrement, etc., » est ajoutée au haut de la page, à contre-sens du reste de l'écriture.

LETTRES.

41. — A LENET.

1652

Ce 11me novembre [1652], à Baigneux[1].

Je ne vous puis dire présentement autre chose sur la justice que j'apprends tous les jours qu'on me rend à Bordeaux[2], si ce n'est qu'ayant sujet d'en croire M. Sarazin[3] l'auteur, je vous assure qu'une paire d'étrivières m'en feront un jour raison, et je veux que vous m'en fassiez[4] reproche, si je ne lui tiens parole. On me chassa hier de Paris[5], et je ne sais pour[6] combien de temps j'aurai sûreté ici. L'état où je suis est assez embarrassant :

Lettre 41. — *Manuscrits de Lenet*, tome X, fol. 184 et 185, autographe; rien au dos. Elle a été reproduite dans la 3e partie des *Mémoires de Lenet*, p. 582, où la date est suivie des mots : « à Beaugency, » au lieu de : « à Baigneux. »

1. Bagneux, commune du département de la Seine, à huit kilomètres de Paris et à deux de Sceaux. Voyez ci-dessus les dernières lignes de note de la page 111; et ci-après, *lettre* 42, p. 116.

2. Voyez les *lettres* 35, 36 et 40.

3. Voyez l'*appendice* 1, p. 268 et note 11. — Jean-François Sarasin, né en 1604, à Hermanville, près de Caen, disciple de Voiture, ami de Mlle de Scudéry, secrétaire des commandements du prince de Conty. Voyez la notice que lui a consacrée M. C. Hippeau dans ses *Écrivains normands au XVIIe siècle*, 1857, in-12, p. 153. — Marigny et lui étaient les principaux personnages de la petite cour du frère de Condé à Bordeaux; mais, à la suite d'une querelle, les deux lettrés se brouillèrent. Mme de Longueville prit parti contre Marigny, qui quitta la place, et ne négligea rien, une fois de retour à Paris, pour exciter contre Sarasin et sa protectrice les rancunes de la Rochefoucauld : voyez *Madame de Longueville pendant la Fronde*, p. 297 et 298. Ce fut Sarasin qui, en 1653, vint négocier à Paris le mariage du prince de Conty avec une des nièces de Mazarin. Il mourut à Pézenas, le 5 décembre 1654. Sur lui et sur ses œuvres littéraires, voyez encore V. Cousin, *la Société française au dix-septième siècle*, tome II, p. 192-196, et *Appendice*, p. 365-395. Retz dit dans ses *Mémoires* (tome II, p. 499) que c'est lui qui donna Sarasin pour secrétaire au prince de Conty.

4. Dans l'original, *facies*; neuf lignes plus bas, *fauces*.

5. Voyez p. 111, *lettre* 39, fin de la note 13.

6. Dans la 1re édition, *point*, au lieu de *pour*.

je cours fortune d'être mis à la Bastille, si je demeure à Paris, et d'être aveugle, si j'en pars. Avec tout cela, je ferai mon devoir jusqu'au bout, mais je voudrois bien qu'on exécutât de bonne foi, au lieu où vous êtes, les choses dont on est convenu tant de fois; car enfin cela ennuie, et, pendant qu'on prend tant de peine à dire des choses fausses de moi, je pourrois bien en dire ici de véritables, et je suis assuré qu'on me croira encore plutôt sur le chapitre des autres qu'on ne croira les autres sur le mien. Adieu : je voudrois bien que tout ceci fût fini, et qu'on ne se persuadât pas si aisément que le salut de l'État dépend que je sois brouillé avec Monsieur le Prince, car je ne vois pas qu'il lui fût utile, après ce[7] que j'ai fait et ce que je fais encore, qu'il eût moins de bonté pour moi, ou[8] que j'eusse moins d'attachement à son service. Mais, comme je vous réponds que cela ne se réglera pas à Bordeaux, exhortez seulement le monde à attendre les événements avec plus de patience, s'il se peut. Je ne vous mande point de nouvelles, car je n'en sais point. Je vous conjure que cette lettre serve pour M. de Marchin et pour vous[9], et de lui faire mille compliments de ma part, et de me croire, tous deux, entièrement à vous[10].

7. Devant *ce*, deux lettres effacées : *to[ut]*.
8. Devant *ou*, il y a *et*, biffé.
9. On a déjà vu plus haut, notamment p. 51, *lettre* 20, la Rochefoucauld charger Lenet de communiquer les nouvelles au comte de Marchin.
10. Le dernier membre de phrase : « et de me croire, etc., » a été ajouté après coup, suivi du parafe ordinaire ; l'*et* initial surcharge un premier parafe.

42. — A LENET.

A Paris, le 17ᵉ novembre 1652.

Je n'ai point reçu de lettres de vous par ce courrier, et, quoique je sois bien embarrassé, je ne laisse pas que de vous écrire ce mot pour vous dire que M. de la Rochefoucauld ayant fait tout son possible pour qu'on lui tînt la parole qu'on avoit donnée pour lui à M. de Turenne, M. le Tellier et tous les autres s'y sont tellement opposés qu'il n'en a pu venir à bout. Il fit demander pour une dernière[1], il y a deux jours, par MM. de Mortemart[2], Miossens et Brienne[3], un passeport pour aller à la Rochefoucauld[4], et on le lui permit bien, mais on lui dit en même temps qu'il ne seroit point en sûreté, de sorte qu'il en fit demander un

---

Lettre 42. — *Manuscrits de Lenet*, tome V, fol. 114 et 115, de la main de Gourville; au dos : « M. de la Rochefoucault ; » un cachet conservé, l'autre arraché.

1. Gourville a sans doute par mégarde omis ici le mot *fois*.
2. Gabriel de Rochechouart, marquis, puis (1650) duc de Mortemart (dans le manuscrit, *Mortmart*), premier gentilhomme de la chambre du Roi, mort en 1675, à l'âge de soixante-quinze ans, père de Françoise-Athénaïs, qui épousa, en 1663, le marquis de Montespan, et fut, pendant quatorze ans, maîtresse de Louis XIV.
3. Sur Miossens, voyez ci-dessus, p. 56, *lettre* 22, note 4; p. 64, *lettre* 24, note 11; et sur Brienne, p. 54, *lettre* 21, note 18.
4. « La Rochefoucauld, dit Maichin (*Histoire de Saintonge, Poitou, Aunis et Angoumois*, 1671, p. 235), est un des plus beaux ornements du pays d'Angoumois.... C'est une ville située à quatre lieues d'Angoulême, érigée en duché et pairie, où passe la rivière de Tardoire.... Le château y est grand et magnifique.... La rivière de Bandiac et la forêt de Braconne n'en sont pas éloignées. M. le duc de la Rochefoucauld est le premier vassal du duché d'Angoulême, et a les plus belles terres du pays, car il est, entre autres, seigneur des baronnies de Montignac et de Verteuil, et d'un très-grand nombre de fiefs qui en relèvent, et a pour son lieu de plaisance et de divertissement l'agréable maison de Vaugay, dont l'empereur Charles le Quint loua extrêmement le séjour. »

1652

pour aller trouver Monsieur le Prince, ce qui lui fut accordé, et on lui permet de demeurer à Baigneux jusques à mercredi, auquel jour il doit partir pour aller trouver Monsieur le Prince, et de là à Damvilliers [5] ou à Bruxelles. Cependant sa cataracte augmente de jour à autre, et sa vue en diminue continuellement. Nous sommes après pour traiter avec un nommé Lasnier, oculiste, afin qu'il vienne à Bruxelles lui abattre la cataracte, lorsqu'elle sera en état d'être abattue. Et pour ce qui est de Mme de la Rochefoucauld, elle s'en ira chez elle, aussitôt après le départ de Monsieur; et moi, je vais cette semaine querir M. le prince de Marcillac, et puis nous irons ensemble joindre Monsieur le Prince [6].

La prise de Sainte-Menehould [7] est toute assurée, et

5. Petite ville du Luxembourg français (Meuse, arrondissement de Montmédy, à vingt-quatre kilomètres de cette ville), souvent mentionnée dans les *Mémoires*. Elle avait été prise aux Espagnols en 1650; le marquis de Sillery, beau-frère de la Rochefoucauld, en était gouverneur.

6. Dans une lettre de l'abbé Viole à Lenet, en date du dimanche 24 novembre 1652 (*ibidem*, fol. 234 et 235), on lit (fol. 235) ce qui suit : « Vendredi partit M. de la Rochefoucauld, avec passe-port de la cour, pour aller joindre Monsieur le Prince. Des gens qui croient bien savoir des nouvelles assurent qu'il y va aussi pour faire faire quelques propositions à Monsieur le Prince de la part de la cour. Il a envoyé M. Gourville en Poitou querir le prince de Marcillac. Je ne sais si cette négociation réussira, mais nous en avons bien besoin; en vérité, tout se ruine, et je ne sais pas qui pourra dire qu'il a du pain. » Voyez aussi les *Mémoires de Gourville* (p. 268), où il est dit, par erreur, que c'est « vers la fin de septembre » que « M. de la Rochefoucauld s'en alla, avec une partie de sa famille, à Damvilliers. » Il faut, au lieu de *septembre*, lire *novembre*.

7. Sainte-Menehould (dans l'original, *Menehoüe*), ville du Rémois (Marne), devant laquelle Condé avait mis le siège au commencement de novembre (voyez plus haut, p. 109, lettre 39, note 9); elle fut reprise, le 25 novembre de l'année suivante, par Turenne. Voyez *Montglat*, tome II, p. 382 et 383, p. 419-421; et ci-après, dans l'*appendice* I, p. 274, la note 6 de la *lettre* 20.

Monsieur le Prince est encore devant Donchery[8]. Quelques-uns le croient pris.

Il y a ici un conseiller qui doit présenter requête au Parlement, sur ce que, nonobstant[9] la déclaration de 1648, on lève un écu sur chaque muid de vin pour entrée, qui en avoit été diminué.

On a mis à[10] la Bastille M. de la Hillière[11], sur le prétexte qu'il avoit commerce avec M. de Beaufort, ce qui ne s'accorde pas au traité qu'on disoit que Mme de Montbazon avoit fait avec la cour de son consentement.

Le cardinal de Retz ne s'éloigne pas du voyage que la cour lui veut faire faire à Rome, pourvu qu'on lui donne beaucoup de part à toutes les affaires de ces quartiers-là[12].

---

8. Donchery (dans l'original, *Dunchery*), ville du Réthelois (Ardennes, arrondissement de Sedan, à six kilomètres de cette ville). Le pronom *le* qui suit se rapporte-t-il à Donchery ou à Sainte-Menehould?

9. Abrégé en *nonant*.

10. Entre *à* et *la*, est biffé un B majuscule.

11. Ce gentilhomme s'attacha plus tard à Mademoiselle : voyez les *Mémoires* de cette princesse, tome II, p. 397; les *Historiettes de Tallemant des Réaux*, tome V, p. 125 et 126, et le commentaire de M. Paulin Paris, p. 127.

12. Dans une lettre du 3 novembre, à Lenet, déjà citée dans la note 13 de la *lettre* 39, p. 110 et 111, on lit : « M. le cardinal de Retz prêcha vendredi à Saint-Germain de l'Auxerrois, où Leurs Majestés et la cour étoient; il affecta particulièrement de parler contre les[a] ambitieux. Il prêche demain à Saint-Jacques de la Boucherie; il a fort cabalé pour que le Roi y allât, et je crois qu'il ira. J'espère qu'il parlera contre les séditions; mais il a beau prêcher, ses affaires n'en vont pas mieux jusques ici. N'ayant eu aucune part au traité de Monsieur d'Orléans, au contraire l'ayant voulu empêcher, la cour ne le considère plus guère, et on parle de le (*sic*) faire faire un voyage à Rome. » Retz rapporte, dans ses *Mémoires* (tome IV, p. 435 et 436), que Servient lui avait fait des propositions; c'était, dit-il, « que le Roi me donneroit la surintendance

---

[a] Devant *ambitieux* est biffé *séditieux*.

1652

Le Cardinal n'est point encore parti, et on ne parle point qu'il se presse de le faire si tôt[13].

Suscription : A Monsieur Monsieur L'Enet, à Bourdeaux.

43. — A MONSIEUR ***.

[1652.]

Monsieur,

J'aime mieux vous écrire à tâtons que d'être plus longtemps à vous remercier des marques qu'il vous a plu me donner de votre souvenir. Je vous en demande

de ses affaires en Italie, avec cinquante mille écus de pension..., et que je demeurerois trois ans à Rome, après lesquels il me seroit loisible de revenir faire à Paris mes fonctions. » Il ajoute qu'il ne voulait pas conclure pour lui seul, qu'il tenait à stipuler en même temps pour les intérêts de ses amis. Or, la veille du jour où la Rochefoucauld fit écrire notre *lettre* 42, le Roi avait signé un ordre de prendre Retz « mort ou vif » (*ibidem*, p. 444); il fut arrêté le 19 décembre au Louvre, par Villequier, capitaine des gardes (*ibidem*. p. 449 et suivantes).

13. Douze jours après, le 29 novembre, Mme de la Rochefoucauld écrivit à Lenet une lettre que nous donnons à l'*appendice* 1 de ce volume (p. 268-271); elle contient de très-curieux détails sur les circonstances qui avaient marqué le départ du duc son mari, alors en train de rejoindre l'armée de Monsieur le Prince. Un peu plus tard encore, le 11 décembre, Gourville, demeuré à Paris, adresse à Lenet une longue lettre dictée par lui à un copiste; elle se trouve dans le tome XI (fol. 54 et 55) du recueil, où elle porte, par erreur, au dos, la mention : « M. de la Rochefoucault. » L'intérêt très-vif qu'elle présente nous engage à la donner également à l'*appendice* 1 (p. 271-273). Le lecteur y verra de quelle manière le duc de la Rochefoucauld, qui venait d'arriver à Damvilliers, avait été reçu par Condé.

Lettre 43. — Bibliothèque nationale, Fr. 20 576, *Recueil de lettres originales*, fol. 13, autographe, sans date ni suscription. Ce billet, dont le destinataire nous est inconnu, a dû être écrit à la fin de 1652, au temps où la Rochefoucauld avait failli devenir

la continuation, et de me faire la grâce de me croire plus véritablement que personne du monde,

Monsieur,

Votre très-humble serviteur,

La Rochefoucauld.

44. — A LENET.

Ce 11me février [1653], à Stenay.

Je vous ai écrit une si longue lettre depuis peu, que celle-ci vous remet de toutes choses à M. de Beauvais[1]. Je vous avoue que je voudrois bien vous pouvoir entretenir deux heures, mais je ne l'espère de très-longtemps, car les affaires ne se disposent guère[2] à nous rapprocher. Je vous conjure de me mander quand vous aurez reçu cette lettre et celle que je vous ai écrite de Damvilliers, car je serois bien fâché qu'elle fût perdue. Adieu : je suis entièrement à vous[3].

Suscription : A Monsieur Monsieur Lenét (*sic*).

aveugle de la blessure reçue au combat du faubourg Saint-Antoine : on peut le conjecturer d'après ces premiers mots : « J'aime mieux vous écrire à tâtons. »

Lettre 44. — *Manuscrits de Lenet*, tome XII, fol. 222, autographe; au dos : « M. de la Rochefoucault; » cachets conservés. Cette lettre est postérieure de quelques jours à la rentrée en France de Mazarin, que le Roi était allé chercher au Bourget, le 3 février, et avait ramené dans son carrosse au Louvre. Voyez *Montglat*, tome II, p. 398; et, dans les *Mémoires de Lenet* (p. 595), une lettre de Marigny, du 5 février.

1. François de la Cropte, seigneur de Beauvais, était écuyer de Condé; il négociait avec Mme de Fiesque dans l'intérêt de Monsieur le Prince; voyez sur lui les *Mémoires*, p. 185 et note 3.

2. Dans l'original, *guieres*.

3. Les cinq derniers mots sont ajoutés au haut de la page, à contre-sens du reste de l'écriture.

1653

45. — A LENET.

Ce 12me février [1653].

Vous voulez bien que je m'adresse à vous, pour vous conjurer de faire remettre entre les mains de M. de Beauvais[1] les chevaux d'Espagne qui sont pour moi[2] : vous savez quels ils sont. Il les doit envoyer à mon frère[3], d'où je trouverai moyen de les faire venir ici. M. de Beauvais vous dira que c'est l'intention de Monsieur le Prince, et vous m'obligerez au dernier point.

LA ROCHEFOUCAULD.

Suscription : A Monsieur Monsieur L'Esnet.

---

46. — AU COMTE DE GUITAUT[1].

Ce 2me de mai [1653], à Damvilliers.

JE ne vous fais point d'excuses de ne vous avoir pas

LETTRE 45. — *Manuscrits de Lenet*, tome XII, fol. 224 et 225, autographe; au dos : « M. de la Rochefoucault. »
1. Voyez *lettre* 44, note 1. — 2. Voyez *lettre* 20, p. 50.
3. Il s'agit ici, ou de Louis de la Rochefoucauld, baron de Verteuil, dit l'abbé de Marcillac, né en 1615, qui devint évêque de Lectoure (1646) et abbé de Saint-Jean-d'Angély, et mourut en 1654; ou, moins probablement, de Henri de la Rochefoucauld, né en 1634, abbé de Sainte-Colombe, de Notre-Dame-de-Celles, de la Chaise-Dieu et de Fontfroide, mort en 1708.
LETTRE 46. — Copiée sur un autographe conservé dans les archives de la maison de Condé et appartenant à Mgr le duc d'Aumale. Trois feuillets; deux cachets de cire rouge sur lacs de soie bleue. La lettre est de 1653, puisque la Rochefoucauld n'a pas encore quitté Damvilliers pour rentrer en France. Guitaut était probablement à Bruxelles, où Condé se rendit au commencement de mai : voyez les *Mémoires de Lenet*, p. 607.
1. Guillaume de Peichpeyrou-Comminges, comte de Guitaut,

écrit par Gourville, parce que les divers voyages que
vous avez faits me faisoient douter que vous fussiez
auprès de Son Altesse. Je suis ravi de ne m'être pas
trompé dans l'opinion que j'ai eue qu'Elle approuveroit
la proposition que je lui ai fait faire, et qu'Elle seroit
persuadée que la seule nécessité de sauver ma vue me
fait desirer d'aller à Paris, et, de là, chez moi, puisque
mes maux ne me permettent pas de servir dans la
guerre². Je vous parle comme à mon ami, et vous dis
sincèrement que je ne mêle à cela nul chagrin ni nulles
plaintes. Je crois avoir fait exactement ce que j'ai dû
dans tout le cours de cette affaire, et, quoi qu'il m'en
coûte, je ne m'en repentirai jamais, puisque mon procédé a fait connoître à Monsieur le Prince les sentiments que j'ai toujours eus pour sa personne et pour
ses intérêts. Faites-moi aussi la grâce de croire que rien
ne peut changer ceux que j'ai pour vous, et que, dans
tous les temps, je serai toujours le même pour tout ce
qui vous arrivera jamais. J'ai appris toutes vos merveilles de galanteries, et j'ai bien de quoi faire des querelles, si je vais à Paris. Je suis bien fâché que le bon-

---

marquis d'Époisse, dit *le petit Guitaut*, né en 1626, mort en 1685,
attaché au prince de Condé pendant la Fronde, et, comme lui,
retiré en Flandre. En 1648, il fut pourvu, sur la démission du
commandeur de Guitaut, son oncle, du gouvernement des iles Sainte-
Marguerite. Il fut un des amis intimes de Mme de Sévigné, qui lui
a adressé un certain nombre de lettres. Voyez, au tome I des *Lettres*
de la marquise, la *Notice* de M. P. Mesnard, p. 149 et suivantes ;
et, outre les principaux Mémoires du temps, une Notice spéciale,
rédigée, en grande partie, à l'aide des documents inédits du château
d'Époisse, et insérée dans les *Archives généalogiques et historiques de
la noblesse de France*, par Lainé (tome VIII, 1843, p. 29-40).

2. La Rochefoucauld travaillait alors à dégager la parole qu'il
avait donnée à Monsieur le Prince. Ce fut Gourville, comme on le
voit par ses *Mémoires* (p. 269 et suivantes), qui se chargea de conduire à bien cette négociation.

homme la Barre[3] n'ait pas entendu ma lettre; j'apprends pourtant qu'il fait comme s'il l'entendoit. Au reste, je reçus hier une lettre de M. le maréchal de Schonberg[4], qui demande à Son Altesse un passe-port pour aller aux bains de Plombières. Il en a obtenu de Monsieur l'Archiduc[5] et de M. de Lorraine[6], qui spécifient non-seulement sa personne, ses domestiques, carrosses, chariots et toute sorte d'équipage, mais encore le temps est de six mois, pource qu'il y prétend retourner en l'arrière-saison, de sorte que je vous conjure que celui de Son Altesse soit semblable à ceux-là, et de me l'envoyer par le porteur qui vous donnera ma lettre. Adieu, croyez que je suis à vous plus que personne du monde.

LA ROCHEFOUCAULD.

Je vous conjure d'assurer M. de Rochefort[7] de mon très-humble service.

Je crois qu'il faut que Mme de Schonberg[8] soit aussi nommée dans le passe-port.

Suscription : Monsieur Monsieur de Guitaud.

3. Nous trouvons ce nom de la Barre, en 1649, dans le *Choix de Mazarinades* (tome I, p. 218); et, en 1652, celui de la Barre-le-Fèvre, dans une note de Conrart à ses *Mémoires* (édition Michaud, p. 547).

4. Charles de Schonberg, duc d'Halluin, né en 1601, mort en 1656. maréchal depuis 1637. Il s'était marié, en secondes noces (1646), à Mlle de Hautefort, dont la Rochefoucauld nous a fait le portrait dans ses *Mémoires* (p. 20 et 21). Sa sœur Jeanne de Schonberg avait épousé le marquis de Liancourt, oncle de notre auteur.

5. Léopold-Guillaume, frère de l'empereur Ferdinand III, gouverneur général des Pays-Bas, de 1647 à 1656, mort en 1662.

6. Le duc Charles de Lorraine: voyez p. 66, *lettre* 24, note 16.

7. Il s'agit ici ou de Louis d'Aloigny, marquis de Rochefort, chambellan du prince de Condé, lieutenant de sa compagnie de chevau-légers, mort en 1657, et dont le fils épousa la petite-fille de la marquise de Sablé, ou du comte de Rochefort d'Ailly, mentionné ci-après, p. 177, fin de la note 1 de la *lettre* 83.

8. Ici, *Chonberg*; quatorze lignes plus haut, *Schomberg*.

47. — AU COMTE DE GUITAUT[1].

22 décembre [1657].

Je me persuade que vous vous souvenez encore assez de moi pour trouver bon que je m'adresse à vous pour vous demander des nouvelles de la santé de Monseigneur le Prince et pour vous supplier de l'assurer que personne n'a ressenti une plus véritable joie que moi de sa guérison[2]. Je vous jure que je vous ai considéré comme je l'ai dû faire dans toutes les craintes de sa maladie, et que, dans un si grand malheur, j'ai pris part à toutes vos peines et à toutes vos inquiétudes. Je suis ravi qu'elles soient finies. Je vous conjure de le témoigner à Monseigneur le Prince, et de l'assurer de mes très-humbles respects. J'ai demandé la même grâce à Mme de Tourville[3]; mais comme j'ai su qu'elle n'est plus à Gand, j'ai cru que vous voudriez bien vous charger de ce soin-là. Je vous demande la continuation de votre amitié, et je vous proteste que vous ne l'accorderez jamais à personne qui soit à vous si véritablement que j'y suis.

Lettre 47. — Publiée pour la première fois dans le recueil de *Lettres inédites de Mme de Sévigné* (Klostermann, p. 274; Bossange, p. 289) : voyez plus haut, la note 1 de la page 7.

1. Voyez la note 1 de la *lettre* précédente.
2. A la fin de novembre 1657, le prince de Condé était tombé très-gravement malade aux Pays-Bas. L'alarme fut grande en France, et le Roi envoya à Monsieur le Prince son médecin Guénaud et son chirurgien Dalencé. Voyez le *Journal d'un voyage à Paris en 1657 et 1658*, publié par M. Faugère, 1862, in-8°, p. 349 et 350; et les *Manuscrits de Lenet*, tome XXVIII, fol. 124, 130, 134, 136 et 147. Le Recueil de Maurepas, déjà cité, contient (fol. 269) des couplets de Boisrobert sur la maladie de Condé.
3. Voyez p. 40, *lettre* 12, note 13.

48. — A LENET.

J'ai reçu votre lettre dans le moment que mon fils partoit pour s'en[1] aller à Paris. Je vous rends mille très-humbles grâces de votre soin; ma femme et toute ma famille vous en font tous les remerciements possibles. Je suis extrêmement fâché du mal de M. de Guitaut; je donnerai charge qu'on m'en mande exactement des nouvelles. J'ai bien cru que vous ne vous exempteriez pas aisément du voyage de Châteauroux[2]; je souhaite qu'il se fasse agréablement et utilement. Je vous envie bien vos soirées à l'hôtel de Nevers[3]. Je suis à vous plus que personne; j'ai tant de hâte, que je ne puis vous entretenir plus longtemps.

Suscription : Pour Monsieur l'Enet.

LETTRE 48. — *Manuscrits de Lenet*, tome XXIV, fol. 147, autographe; rien au dos; cachets conservés. — Tout en plaçant ici cette lettre de date incertaine, qui peut être postérieure à la rentrée de Lenet en France en 1659, nous convenons qu'elle pourrait aussi avoir été écrite, bien avant cette date, en 1650, après la première paix de Bordeaux, quand le duc s'est retiré à Verteuil, que Lenet voyage pour diverses missions, que Guitaut est malade (*Mémoires de Lenet*, p. 437). Les remerciements du début, à l'occasion du *soin* pour un fils allant à Paris, paraissent s'appliquer à un fils encore adolescent; mais comme rien ne nous dit de quel fils il s'agit, cela ne peut nous aider à mieux fixer la date.

1. *S'en* surcharge un autre mot; à la ligne suivante, devant *femme (fame)*, est biffé *et*.

2. La ville de Châteauroux (Indre) appartenait au prince de Condé. C'est là qu'il relégua sa femme, après le scandale de 1671, et qu'elle vécut jusqu'à 1694, date de sa mort.

3. L'hôtel de Nevers, qui devint ensuite (vers 1669) l'hôtel de Conty, était situé sur le quai de la rive gauche, près du Pont-Neuf, là où est maintenant l'hôtel des Monnaies. Acquis, en 1572, par Louis de Gonzague, duc de Nevers, lequel l'avait fait reconstruire, il avait été vendu, en 1641, à Henri de Guénegaud, seigneur du Plessis et de Fresne, marié à Isabelle de Choiseul, dont il est question

LETTRES.

49. — A LA MARQUISE DE SABLÉ[1].　　　1659

Je vous envoie vos sentences d'aujourd'hui, et j'ai écrit à M. Esprit[2] pour venir demain voir l'ouvrage tout

dans la *lettre* 108, p. 217 et note 1. C'était, dit le P. Rapin dans ses *Mémoires* (tome II, p. 367), « le réduit le plus agréable de Paris par le concours de la plupart des gens d'esprit. »
Lettre 49. — Bibliothèque nationale, *Portefeuilles de Vallant*, tome II, fol. 143, autographe; au dos : « M. de la rochefoucau (*sic*). » Elle a été publiée dans les éditions de 1818, p. 225, de 1825, p. 457, de 1869, p. 320, et dans *Madame de Sablé*, p. 509. — La fin paraît faire allusion au projet de mariage de Jeanne-Charlotte du Plessis-Liancourt, fille unique de Henri du Plessis, duc de la Roche-Guyon, avec le fils de notre auteur, François VII, prince de Marcillac, mariage qui eut lieu le 13 novembre 1659. On voit, par les *Mémoires de Gourville* (p. 269), que cette union avait été négociée dès la fin de 1653.
1. Madeleine de Souvré, fille de Gilles de Souvré, marquis de Courtenvaux et de Françoise de Bailleul; née en 1599, elle épousa, le 9 janvier 1614, Philippe-Emmanuel de Laval, marquis de Sablé, mort le 14 juin 1640, et mourut elle-même le 16 janvier 1678. — Voyez sur elle et sur ses relations avec la Rochefoucauld, la *Notice biographique*, p. lxvii et suivantes, et deux ouvrages de V. Cousin : *Madame de Sablé* (particulièrement p. 106 et suivantes, édition de 1869), et *la Société française au dix-septième siècle* (tome II, chapitre viii).
2. Jacques Esprit, de l'Académie française, né à Béziers en 1611, mort en 1678. Pensionné d'abord par Mme de Longueville et par le chancelier Seguier, il se mit ensuite dans l'Oratoire, d'où il sortit pour se marier et s'attacher au prince de Conty. Il est auteur de maximes intitulées : *la Fausseté des vertus humaines*, dont le 1er volume a paru en 1677, le second en 1678, c'est-à-dire la même année que l'édition définitive des *Maximes de la Rochefoucauld*, que les *Maximes de d'Ailly* et celles *de Mme de Sablé* (voyez dans notre tome I, la fin de la note 2 de la page 351). Tallemant des Réaux (tome V, p. 276) lui a consacré une *historiette*, et V. Cousin quelques pages dans *Madame de Sablé* (p. 118-122), où il lui attribue par erreur les *Maximes politiques mises en vers* (1669), qui sont l'œuvre du frère aîné de l'académicien, le P. Thomas Esprit, de l'Oratoire. Ces *Maximes politiques* sont dédiées, non pas, comme le

entier. Je vous supplie très-humblement de ne rien dire à personne de l'espérance que je vous ai dit que j'avois que Mlle de Liancourt vous feroit gagner votre gageure, car on pourroit lui écrire des choses[3] qui fortifieroient les sentiments contraires à ceux que je lui souhaite.

50. — AU PRINCE DE CONDÉ.

MONSEIGNEUR,

Je ne pense pas avoir besoin de beaucoup de paroles pour persuader à Votre Altesse Sérénissime la joie que j'ai de son retour en France, accompagné de tant de

---

dit Cousin, à Montausier, gouverneur du Dauphin, mais au Dauphin lui-même, avec une lettre à Montausier, que l'auteur prie de les faire lire au Roi. On peut voir encore sur Jacques Esprit une étude de M. Soucaille, professeur au collége de Béziers (1867, in-8º), et un chapitre du livre de M. Kerviler sur *le Chancelier Pierre Séguier* (1874, in-8º, p. 511-537).

3. Ces « choses » pourraient bien être les relations du futur avec Mme d'Olonne. Mademoiselle rapporte (tome III, p. 357 et 358) qu'il y eut tout un complot, où intervinrent l'abbé Foucquet, le comte de Guiche, Mme de Guémené, le maréchal d'Albret ; que ce dernier alla dénoncer le commerce de galanterie, montrer les lettres de Marcillac à M. de Liancourt, « pour le dégoûter de lui donner sa petite-fille, » mais que ce fut en vain.

LETTRE 50. — Copiée sur un autographe conservé dans les archives de la maison de Condé et appartenant à Mgr le duc d'Aumale. Deux feuillets ; cachets endommagés. — La lettre est de 1659, antérieure de six jours au départ pour la France du prince de Condé, qui quitta Bruxelles le 29 décembre et arriva à Coulommiers le 5 janvier 1660. Le traité des Pyrénées avait été signé le 7 novembre, ratifié par le Roi le 24, par l'Espagne le 10 décembre ; Guitaut avait apporté au Roi, à Toulouse, la déclaration de Condé le même jour, 10 décembre ; et le prince se disposa à rentrer dans sa patrie aussitôt après avoir reçu la réponse du Roi.

gloire et de tant d'avantages [1]. Car je m'imagine, Monseigneur, que vous me faites toujours l'honneur de croire que j'ai pour tout ce qui touche Votre Altesse Sérénissime les mêmes sentiments que ses serviteurs particuliers doivent avoir ; j'espère que, dans le nombre infini de ceux qui diront la même chose en cette rencontre à Votre Altesse Sérénissime, Elle voudra bien me faire assez de justice pour croire que personne ne peut prendre plus de part que moi à sa satisfaction, ni être si véritablement que je suis,

Monseigneur,

De Votre Altesse Sérénissime très-humble et très-obéissant serviteur,

LA ROCHEFOUCAULD.

A Paris, le 23me de décembre [1659].

Suscription : A Monseigneur Monseigneur le Prince.

---

51. — A LA MARQUISE DE SABLÉ.

1660

JE ne pensois pas vous pouvoir faire des reproches dans un temps où vous me faites tant de bien ; mais enfin

---

1. Le traité stipulait « que Monsieur le Prince seroit rétabli dans ses honneurs, ses biens, ses titres et ses gouvernements. » Voyez l'*Histoire de Louis de Bourbon, second du nom, prince de Condé...*, par M. Desormeaux, 1769, tome IV, p. 162. Le mot de *gloire*, qui peut étonner un peu, est employé dans cette histoire, quelques lignes plus bas, absolument dans le même sens, plus large que celui d'à présent, où le prend la Rochefoucauld : « On peut dire que jamais prince qui n'étoit pas souverain ne sortit avec plus de *gloire* que Condé de l'abîme où les passions l'avoient égaré. »

LETTRE 51. — *Portefeuilles de Vallant*, tome II, fol. 115 et 116, autographe ; cachets conservés ; au dos : « Rochefoucau (*sic*). » Elle a été publiée dans les éditions de 1818, p. 218, de 1825, p. 445.

1660 je trouve que vos soins et vos bontés demandent toute autre chose de moi que de souffrir patiemment votre silence. Je viens d'en faire mes plaintes à Gourville, qui va passer en Languedoc, en Provence et en Dauphiné[1], et qui sera cependant dans trois semaines à Paris. Il me parle si douteusement du jour du mariage[2] que je ne vous en puis rien dire d'assuré; je suis même fâché qu'il n'ait rien remarqué de vos bons amis les Espagnols[3] qui les[4] fasse juger dignes de l'estime que je vous en ai vu faire. On ne parle que de la magnificence des habits de notre cour[5]; il me semble que c'est mauvais signe pour ceux qui les portent, et qu'ils devroient souhaiter qu'on parlât d'eux aussi. Continuez-moi l'honneur de vos bonnes grâces, et croyez, s'il vous plaît, que personne du monde ne les souhaite et ne les estime tant que moi.

Suscription : Pour Madame la marquise de Sablé.

de 1869, p. 302, et dans *Madame de Sablé*, par V. Cousin, p. 501. La date est évidemment 1660 : il est question du prochain mariage du Roi avec l'infante d'Espagne, Marie-Thérèse.

1. Voyez les *Mémoires de Gourville*, p. 330-332.
2. La célébration du mariage du Roi eut lieu le 9 juin. Voyez les *Mémoires de Mme de Motteville*, tome IV, p. 213-217; ceux *de Montglat*, tome III, p. 105; et deux lettres intéressantes de Mlle de Vandy à la comtesse de Maure, insérées par Cousin dans l'*appendice* XXII de *Madame de Sablé* (1869, p. 492-498).
3. V. Cousin a donné, dans la première édition de *Madame de Sablé* (1854, p. 178-180), une lettre de Mme de Longueville à la marquise, également de 1660, où se trouvent ces mêmes expressions : *vos bons amis les Espagnols*, qu'il rapproche du passage de cette lettre-ci, en faisant remarquer que, dès sa jeunesse, Mme de Sablé avait montré beaucoup de goût « pour le genre espagnol en toutes choses. » On sait que Gourville alla plusieurs fois en Espagne : voyez ses *Mémoires* (p. 292 et 408), et, à l'*appendice* 1 de ce volume (p. 276-279), une lettre du prince de Conty à notre auteur.
4. Après *les*, *rende* est biffé.
5. Voyez *Mme de Motteville*, à l'endroit cité dans la note 2.

52 — A LA MARQUISE DE SABLÉ. 1660

Vous croirez sans doute que j'arrive de Poitou; mais la vérité est qu'il y a un mois que j'ai la goutte[1], et qu'ainsi je n'ai pu vous rendre mes devoirs. Au reste, Madame, je vous supplie très-humblement de vouloir bien témoigner à M. le commandeur de Souvré[2] que vous lui savez gré de m'avoir rendu auprès de Monsieur le Cardinal mille offices dont je l'avois prié en partant, et de s'en être acquitté avec tout le soin et toute l'adresse imaginables[3]. Il a fait cela le plus obligeamment du monde pour moi, et j'espère que vous me[4] ferez l'honneur d'y prendre part. Je partirai dans deux jours,

---

Lettre 52. — *Portefeuilles de Vallant*, tome II, fol. 140, autographe; au dos, la mention : « M. de la Rochefoucauld. » Cette lettre n'est pas datée, mais elle est antérieure à la mort du cardinal Mazarin et paraît avoir été écrite en 1660. Elle a été publiée dans les éditions de 1818, p. 224, de 1825, p. 456, de 1869, p. 318, et dans *Madame de Sablé*, p. 509.

1. Un passage des *Mémoires de Gourville*, cité dans notre tome II (p. 358 et note 1), nous apprend que la Rochefoucauld avait eu une première et assez rude atteinte de goutte, dès la fin de mars 1652, dans la grande chevauchée qu'il fit d'Agen au camp de Lorris, en compagnie du prince de Condé.

2. Jacques de Souvré, commandeur de l'ordre de Malte, et frère de la marquise de Sablé; il devint grand prieur de France en 1667. Né en 1600, il mourut en 1670.

3. Le duc de la Rochefoucauld, rentré en grâce, avait obtenu, dès le 11 juillet 1659, une pension de huit mille livres (Bibliothèque nationale, *Fonds Gaignières*, Fr. 21 405, fol. 567). Ce n'était pas la première largesse de ce genre qui lui était faite; on voit, dans le même recueil (fol. 506 verso), qu'avant la Fronde, le 29 décembre 1643, n'étant encore que prince de Marcillac, il avait été gratifié d'une pension de six mille livres. Combien d'autres noms de mécontents ou de Frondeurs figurent, au même titre, dans les documents de l'époque!

4. La suite de la lettre est, à partir d'ici, écrite sur les marges de gauche et du haut.

bien que je ne marche point encore. Cela m'empêchera d'aller prendre congé de vous et de savoir l'état de votre santé, dont je vous demande des nouvelles [5], et de me croire plus à vous [6] que personne du monde.

---

53. — A M. ESPRIT [1].

« La foiblesse fait commettre plus de trahisons que le véritable dessein de trahir [2].

« Un habile homme doit savoir régler le rang [3] de ses intérêts et les conduire chacun dans son ordre ; notre avidité le trouble souvent en nous faisant courir à tant de choses à la fois. De là vient que pour desirer trop les moins importantes, nous ne les faisons pas assez servir à obtenir les plus considérables [4].

5. Ce qui suit a été ajouté après le parafe, qui du reste est répété à la fin.
6. Dans toutes les éditions antérieures, *plus avant*.

Lettre 53. — *Portefeuilles de Vallant*, tome II, fol. 126, autographe ; au dos : « M. de la Rochefoucauld à M. Esprit ; » cachets conservés. Publiée dans les éditions de 1818, p. 221, de 1825, p. 450, de 1869, p. 308, et dans *Madame de Sablé*, p. 505. Elle paraît avoir été écrite un peu après le mariage du fils de notre auteur, le prince de Marcillac, mariage qui fut célébré, nous l'avons dit, le 13 novembre 1659. Voyez aussi, pour la date, la note 10 et dernière de la lettre.

1. Sur Jacques Esprit, voyez p. 125, *lettre* 49 et note 2. — « Vers 1660, dit V. Cousin (*Madame de Sablé*, p. 118), Esprit était dans l'intimité de Mme de Sablé, et très-janséniste. »

2. Variante à la *maxime* 120 (tome I, p. 82 et note 1). — Il y a bien *commettre*, et non *connoître*, comme le portent les éditions de 1818 et de 1825.

3. Dans l'original, *ranc*. Deux lignes plus bas, *courir à* est en interligne, au-dessus d'*entreprendre*, et, un peu après, *obtenir*, au-dessus de *soutenir*, biffés.

4. Variante à la *maxime* 66 (tome I, p. 58 et note 2).

« On est presque toujours assez brave pour sortir sans honte des périls de la guerre; mais peu de gens le sont assez pour s'exposer toujours autant qu'il est nécessaire pour faire réussir le dessein pour lequel on s'expose [5].

1660

« Le caprice de l'humeur est encore plus bizarre que celui de la fortune [6]. »

Vous n'aurez que cela pour cette heure. Mandez [7] ce qu'il en faut changer. Je ne sais plus aucune de vos nouvelles, ni domestiques, ni chrétiennes, ni politiques. Je crois que j'irai cet hiver à Paris, et que nous recommencerons de belles moralités au coin du feu. Cependant apprenez-moi l'état où vous êtes, et qui vous fréquentez. J'ai, tout de bon, ici des occupations plus agréables que vous n'aviez cru, et ma belle-fille [8] est la plus aimable petite créature qui se puisse voir. Je vous prie de montrer à Mme de Sablé nos dernières sentences : cela lui redonnera peut-être envie d'en faire [9], et songez-y aussi de votre côté, quand ce ne seroit que pour grossir notre volume. Il n'y a personne ici qui ne se plaigne de vous, et qui ne s'attendît à quelque marque de votre souvenir. Pour moi, qui connois son étendue, je n'ai pas cru qu'il vous obligeât à de grands soins. Je vous conjure de m'envoyer la condamnation de Brutus; je vous déclare que jusques ici je suis pour lui contre vous [10].

---

5. Variante à la *maxime* 219 (tome I, p. 118 et note 1).
6. *Maxime* 45 (tome I, p. 49 et note 2), avec une légère variante.
7. *Marquez*, dans l'édition de 1869; et, à la fin de la ligne suivante, *nos*, au lieu de *vos*, dans celles de 1818 et de 1825.
8. Jeanne-Charlotte du Plessis-Liancourt : voyez ci-dessus, p. 125, la note préliminaire de la *lettre* 49.
9. Après le mot *faire*, on lit, dans le manuscrit, *aussi*, biffé.
10. Ceci fait peut-être allusion à une thèse soutenue par Esprit dans quelque entretien et qu'il pouvait avoir mise ou promis de

1660 — *Suscription* : Pour Monsieur Esprit, dans la rue Neuve-des-Bons-Enfants, à Paris.

54. — A M. ESPRIT.

Je vous envoie l'opéra dont je vous ai parlé; je vous supplie que Mme la marquise de Sablé le[1] voie, car j'espère au moins qu'elle approuvera mon sentiment, et qu'elle sera de mon côté. Vous m'avez fait un très-grand plaisir d'avoir rectifié[2] les sentences. Je prétends que vous en userez de même de l'opéra et de quelque autre chose, que vous verrez, que l'on pourroit ajouter, ce me semble, à l'*Éducation des enfants*, que Mme la marquise de Sablé m'a envoyée[3]. Voilà écrire en vrai au-

mettre par écrit. Il est bien possible qu'une publication de l'année même où nous croyons que la lettre fut écrite ait été l'occasion et de la thèse d'Esprit sur Brutus et de l'attention qu'y apporte notre auteur. Il parut en 1660 une réimpression, datée d'Amsterdam, du fameux livre intitulé : *Vindiciæ contra tyrannos.... Stephano Junio Bruto celta auctore* (*Edimburgi*, 1579), qu'on avait attribué successivement à Théodore de Bèze et à Duplessis-Mornay, mais que M. Henri Chevreul, après Gisbert Voët et Bayle, revendique pour Hubert Languet, dans son *Étude sur le XVIe siècle*, *Hubert Languet* (2de édition, p. 172). On peut voir une courte analyse du sujet de cet ouvrage dans l'article Languet de la *Biographie universelle* de Michaud, lequel a pour auteur Weiss de Besançon.

Lettre 54. — *Portefeuilles de Vallant*, tome II, fol. 203 et 204; c'est une copie; au dos, cette mention : « Sur les *Maximes*. » Publiée dans les éditions de 1818, p. 232, de 1825, p. 471, de 1869, p. 341, et dans *Madame de Sablé*, p. 517. Il est probable, par le passage relatif à un retranchement de rentes (voyez ci-dessous, note 5), qu'elle a été écrite vers 1660 ou 1665; plutôt 1660 : voyez la note 6.

1. Il y a dans la copie *la*, au lieu de *le*. — 2. *Rectifié* corrige *ratifié*.
3. Voyez ci-après les *lettres* 64, 65, 87, et, dans l'étude de M. Édouard de Barthélemy sur *Madame la comtesse de Maure*, sa

teur, que de commencer par parler de ses ouvrages⁴. Je vous dirai pourtant, comme si je ne l'étois pas, que je suis très-véritablement fâché du retranchement de vos rentes⁵, et que si vous croyez que pour en écrire à Gourville comme pour moi-même, cela vous fût bon à quelque chose, je le ferai assurément comme il faut⁶. Ma femme a toujours la fièvre double quarte : il y a pourtant deux ou trois jours qu'elle n'en a point eu. Je lui ai dit le soin que vous avez d'elle, dont elle vous rend mille grâces. Je pourrai bien vous voir cet hiver à Paris. Je vous donne le bonsoir.

Le 24 octobre, à Vertœil.

Au reste, je vous confesse à ma honte que je n'entends pas ce que veut dire : *La vérité est le fondement et la raison de la beauté*⁷. Vous me ferez un extrême

---

vie et sa correspondance (in-18, Paris, Gay, 1863, p. 157 et 158), une lettre de celle-ci à Mme de Sablé, de février 1690; voyez aussi *Madame de Sablé* (p. 106-108), où V. Cousin dit qu'il n'a pu découvrir, malgré toutes ses recherches, cet écrit de la marquise.

4. Il nous semble, c'est aussi l'avis de V. Cousin (*ibidem*, p. 517, note 3), qu'on peut conclure de ce passage et de la fin de la lettre, que la Rochefoucauld était auteur, non pas seulement de l'addition à l'*Éducation des enfants*, mais encore du livret de l'opéra qu'il envoie à Esprit, pour que celui-ci le montre à la marquise de Sablé.

5. Si la lettre est de 1660, il s'agit ici d'un retranchement provisoire d'un quartier de rentes de l'Hôtel de Ville. Si elle avait été écrite vers 1665, comme la *lettre* 87, où il est également question de l'ouvrage sur l'*Éducation*, ce passage devrait s'entendre de la grande réduction de rentes opérée par Colbert en 1664, à laquelle Boileau a fait allusion dans sa *satire* III, et dont Mme de Sévigné se plaint dans une lettre du 1ᵉʳ décembre 1664 (tome I, p. 457).

6. Gourville était fort lié avec Foucquet, qui lui fit avoir la recette générale des tailles de Guyenne, et dans la disgrâce duquel il fut enveloppé (voyez les *lettres* 81 et 84) : ce qui porte à croire que la lettre est antérieure à l'arrestation du Surintendant (1661).

7 C'était sans doute quelque maxime soumise par Esprit à notre

plaisir de me l'expliquer, quand vos rentes vous le permettront; car enfin, quelque mérite qu'aient les sentences, je crois qu'elles perdent bien de leur lustre dans un retranchement de l'Hôtel de Ville, et il y a longtemps que j'ai éprouvé que la philosophie ne fait des merveilles que contre les maux passés ou contre ceux qui ne sont pas prêts d'arriver, mais qu'elle n'a pas grande vertu contre les maux présents [8]. Je vous déclare donc que j'attendrai votre réponse tant que vous voudrez; mais je vous la demande aussi sur l'état de vos affaires. La honte me prend de vous envoyer des ouvrages. Tout de bon, si vous les trouvez ridicules, renvoyez-les-moi, sans les montrer à Mme de Sablé.

---

55. — A LA MARQUISE DE SABLÉ.

Ce que vous me faites l'honneur de me mander me confirme dans l'opinion que j'ai toujours eue, que l'on ne sauroit jamais mieux faire que de suivre vos sentiments, et que rien n'est si avantageux que d'être de votre parti. Le P. Esprit [1] me mande néanmoins que

---

auteur. Voyez dans l'ouvrage de Jacques Esprit : *la Fausseté des vertus humaines* (tome I, p. 83-108), le chapitre intitulé : *l'amour de la vérité*.

8. Rapprochez de la *maxime* 22 (tome I, p. 39 et note 3).

Lettre 55. — *Portefeuilles de Vallant*, tome II, fol. 149 et 150, autographe; cachets conservés; au dos : « M. de la Rochefoucauld. » Publiée dans les éditions de 1818, p. 227, de 1825, p. 461, de 1869, p. 326, et dans *Madame de Sablé*, p. 510. Cette lettre paraît avoir été écrite en 1660.

1. Le P. Thomas Esprit, le frère aîné de l'académicien Jacques Esprit, mourut à l'Oratoire, en 1671. Voyez sur lui les *Mémoires du P. Rapin* (tome I, p. 411); le *Port-Royal de Sainte-Beuve* (tome IV, p. 200); et ci-dessus, p. 125, la *lettre* 49, note 2.

Monsieur son frère n'en est pas, et qu'il nous veut détromper. Je souhaite bien plus qu'il en vienne à bout que je ne crois qu'il le puisse faire. Je vous rends mille très-humbles grâces de ce que vous avez eu la bonté de dire à M. le commandeur [de] Souvré[2]. J'espère suivre bientôt son conseil, et avoir l'honneur de vous voir à Noël. J'avois toujours bien cru que Mme la comtesse de Maure[3] condamneroit l'intention des sentences et qu'elle se déclareroit pour la vérité des vertus[4]. C'est à vous, Madame, à me[5] justifier, s'il vous plaît, puisque j'en crois tout ce que vous en croyez. Je trouve la sentence de M. Esprit la plus belle du monde : je ne l'aurois pas entendue sans secours; mais, à cette heure, elle me paroît admirable[6]. Je ne sais si vous avez remarqué que

1660

2. Voyez p. 129, *lettre* 52, note 2.
3. Anne Doni d'Attichy, fille d'Octavien Doni, baron d'Attichy, et de Valence de Marillac, née en 1600, fille d'honneur de la reine mère Marie de Médicis; elle avait épousé Louis de Rochechouart, comte de Maure, cadet de la maison de Mortemart. Elle mourut en avril 1663. Sur cette amie bien connue de Mme de Sablé, qui fut aussi zélée janséniste qu'elle avait été ardente frondeuse, voyez, outre Sainte-Beuve, *Port-Royal* (tome V, p. 71, 72, 73, 77), et V. Cousin, dans *la Société française au dix-septième siècle* (tome I, p. 198 et suivantes), et dans l'*appendice* XXII de *Maaame de Sablé* (p. 435-498). l'étude (déjà citée *lettre* précédente, note 3) de M. Ed. de Barthélemy sur *la Comtesse de Maure*.
4. On lit en effet dans une lettre de Mme de Maure à la marquise de Sablé (voyez la page 172 de l'ouvrage précité de M. Éd. de Barthélemy), datée de mars 1661, et où elle parle d'un jugement porté par elle-même sur les *Maximes* de notre auteur : « Il me semble, m'amour, que M. de la Rochefoucauld n'y est pas assez loué pour le lui envoyer, et du moins il y faudroit remettre quelque chose que j'ai oublié avant de dire : « Mais je trouve qu'il a fait à « l'homme une âme trop laide. » Rendez-le-moi, s'il vous plaît, m'amour, pour voir si je le pourrai rendre aussi propre pour lui qu'il peut l'être pour M. Esprit. »
5. *Me* est précédé de *nous*, biffé.
6. C'est sans doute la maxime citée dans la *lettre* précédente. On

1660 — l'envie de faire des sentences se gagne comme le rhume : il y a ici des disciples de M. de Balzac qui [7] en ont eu le vent, et qui ne veulent plus faire autre chose.

A Vertœil, le 5 de décembre.

Suscription : Madame Madame la marquise de Sablé.

---

56. — A LA MARQUISE DE SABLÉ.

Vous vous moquez de M. Mazarin et de moi : je n'ai que cela à vous dire. Il faudroit qu'il eût perdu l'esprit de prétendre ce que vous me demandez, et je crois que je me plaindrai de vous, de m'avoir dit sérieusement ce qui est dans votre lettre. Quand il seroit pape, vous vous moqueriez de lui, de le traiter [1] si honorablement.

---

pourrait remarquer l'aveu de bel esprit, d'esprit précieux, que fait ici notre auteur, s'il ne s'y mêlait très-probablement une pointe d'ironie.

7. Il y a, dans l'original, un double *qui*, le premier biffé. — Jean-Louis Guez de Balzac, né à Angoulême en 1594, mort à Paris au commencement de 1654. Il était entré à l'Académie en 1634.

LETTRE 56. — *Portefeuilles de Vallant*, tome II, fol. 237, autographe; au dos : « M. de la Rochefoucauld. » Publiée dans les éditions de 1818, p. 233, de 1825, p. 473, de 1869, p. 344, et dans *Madame ae Sablé*, p. 518. Elle n'est point datée, mais elle a été écrite avant 1661, année de la mort de Mazarin : elle contient une allusion à quelque proposition, quelque ouverture d'accommodement faite par le Cardinal à la Rochefoucauld, alors retiré à Verteuil : rapprochez de la *lettre* 52, p. 129.

1. Devant *si* est biffé *ai[nsi]*.

57. — A LENET.

1661

J'ai reçu votre lettre, et je suis très-aise que vous soyez de retour de tous vos voyages, et en bonne santé. Vous m'embarrassez beaucoup de me demander mon avis sur les propositions qu'on vous fait : vous êtes, sans comparaison, plus habile que moi; vous êtes, de plus, sur les lieux; et, par-dessus tout, c'est votre affaire, dans laquelle vous voyez mille choses que les autres ne peuvent voir. J'ajouterai encore que l'avis de tous vos amis[1], qui vous conseillent d'accepter le parti qu'on vous offre, vous doit être suspect, car ils ont tous un intérêt particulier à vous avoir dans cette place; j'en sais à peu près tous les inconvénients, et si vous étiez en passe de faire quelque chose de meilleur, ou que vous fussiez assuré de ne vous ennuyer jamais de ne rien faire, je crois que je vous fortifierois dans vos résolutions ; mais, comme toutes les autres avenues me paroissent bouchées, et que vous vous lasserez assurément d'être en repos, je crois que vous pouvez faire vos conditions si avantageuses, que vous y rencontrerez votre satisfaction, et que vous serez même quelquefois en état de faire plaisir à vos amis. Je m'imagine que vous n'aurez rien conclu quand j'arriverai à Paris, qui sera devant l'hiver, et que nous aurons loisir de nous entretenir là-dessus. Je vous assure, sans compliment, que

---

Lettre 57. — *Manuscrits de Lenet*, tome XXIII, fol. 67, autographe; cachets conservés. Cette lettre paraît faire allusion aux derniers voyages de Lenet en Espagne, pour le service du prince de Condé, en 1654, puis en 1658 (*Mémoires de Lenet*, p. 623-627); elle a pu être écrite vers 1661, année où Lenet, qui ne mourut qu'en 1671, revint en France.

1. Les mots : *vous doit être suspect*, ont été biffés ici pour être récrits plus loin; un peu après, devant *parti*, *la* a été corrigé en *le*.

1661 jamais personne n'entrera de meilleure foi que moi dans toutes les choses où vous prendrez intérêt, et qu'il n'y a homme au monde qui soit à vous si véritablement que j'y suis.

Je² vous fais toujours les compliments de ma femme³; elle vous demande la continuation de votre amitié, et elle seroit même bien attrapée, si elle n'y avoit pas quelque part.

Le 16 d'octobre.

Suscription : Pour Monsieur Lesnet.

1662   58. — A LA MARQUISE DE SABLÉ.

A la Terne¹, le 21 de juin [1662].

J'ÉTOIS assez persuadé que vous trouveriez des raisons pour justifier votre silence; mais je ne croyois pas que vous voulussiez en même temps me reprocher de manquer de soin pour vous, et de curiosité pour savoir l'état où vous avez trouvé la personne que vous avez

---

2. Cet alinéa est en post-scriptum, après un parafe.
3. Ici est biffé *et*.

LETTRE 58. — *Portefeuilles de Vallant*, tome II, fol. 117-119, autographe; au dos, la mention : « Rochefoucauld ; » cachets conservés. Cette lettre a été publiée dans les éditions de 1818, p. 218, de 1825, p. 446, de 1869, p. 299, et dans *Madame de Sablé*, p. 502; elle paraît être de 1662, puisqu'il y est fait allusion à la récente publication des *Mémoires de la Rochefoucauld*, imprimés, à cette date, en Flandre, sous la fausse rubrique de Cologne, sans l'aveu du duc : voyez la *Notice* qui est en tête de notre tome II, p. x et suivantes.

1. Voyez p. 42, *lettre* 14, note 4. Les éditeurs de 1818, 1825, 1869, et V. Cousin, ont écrit *la Tesne*.

vue depuis peu². On m'en a dit des choses si différentes
sur les sentiments qu'elle a pour moi, que j'avoue que
vous m'obligerez sensiblement de me dire sans façon
ce que vous en avez remarqué; car, à vous parler franchement, je ne puis comprendre qu'une personne qui
donne tous les jours des marques d'une piété si ex-
trordinaire³ ait mieux aimé prendre le parti de se
plaindre de moi avec aigreur et de m'accuser d'avoir
fait un ouvrage qu'elle connoît bien que je n'ai pas fait⁴,
que d'ajouter foi au témoignage que vous lui en avez
rendu. Ce que je vous en dis ne changera jamais rien
à la conduite respectueuse que je me suis imposée sur
son sujet; mais je voudrois bien savoir, par une personne qui voit les replis du cœur comme vous, quels
sont ses véritables sentiments pour moi, je veux dire si
elle a cessé de me haïr par dévotion, ou par lassitude,
ou pour avoir connu que je n'ai pas eu tout le tort
qu'elle avoit cru; enfin je vous demande de m'apprendre ce qui vous a paru là-dessus, car je croirai bien
mieux⁵ ce que vous m'en direz que tout ce que j'ai vu
d'ailleurs. Je ne vous dirai rien de ma belle-fille⁶, puisque

1662

---

2. Mme de Longueville. Cette lettre est celle à laquelle nous
renvoyons dans notre *Notice sur les Mémoires*, tome II, p. xii,
note 4 : voyez les réflexions, un peu vives selon nous, qu'elle a
suggérées à V. Cousin, dans *Madame de Sablé* (édition de 1854,
p. 212-215); nous avons essayé de définir, dans la *Notice biographique*, p. lxv et suivantes, le véritable état moral où il nous semble
que devait se trouver, à cette époque, le duc de la Rochefoucauld.

3. Voyez ci-dessus, p. 32, *lettre* 8, note 1. — On sait que Mme
de Longueville, alors retirée en Normandie, auprès de son mari,
ce qui était déjà, de la part de la duchesse, une forte marque de
résipiscence, s'était laissé attirer par Mme de Sablé dans le parti
ansèniste.

4. Voyez la *lettre* suivante.

5. Après *mieux*, est biffé *à*.

6. Voyez ci-dessus, p. 131, *lettre* 53 et note 8.

la Plante vous en a assez entretenue[7], si ce n'est que, tout de bon, il n'y a jamais eu une meilleure et plus commode personne; elle est aussi enfant presque que quand elle a eu l'honneur de vous voir, mais avec cela elle a de l'esprit, et de la douceur, et une complaisance admirable. Vous ne vous plaindrez plus, après avoir lu cette lettre, de ma paresse ni de mon peu de curiosité; mais je crains bien que vous ne vous plaigniez de sa longueur; mais, plus je vous en ferois d'excuses ici, et plus j'augmenterois ma faute.

A la Terne, le 21 de juin[8].

Suscription : Pour Madame la marquise de Sablé.

---

59. — A MONSIEUR ***.

[1662.]

Les deux tiers de l'écrit qu'on m'a montré, et que l'on dit qui court sous mon nom, ne sont point de moi,

---

7. Il y a ici *mais*, biffé. — Nous ne savons quel est ce la Plante Gourville parle dans ses *Mémoires* (p. 239) d'un la Plante, qui était de ses parents; un de la Plante signe une *Mazarinade*, en 1649 (*Bibliographie* de Moreau, tome II, p. 294); Montglat (tome II, p. 221) en nomme un à la date de 1650.

8. La date est ainsi répétée à la fin de la lettre.

Lettre 59. — *Portefeuilles de Vallant*[a], tome II, fol. 120, copie; au dos: « Mʳ de la Rochefouc. Sur ses *Mémoires*. A Mme de Sablé. » Voyez la *lettre* précédente. — Nous reproduisons ici, dans la série des lettres, à cause de son importance, ce désaveu des *Mémoires*, remis par la Rochefoucauld entre les mains de Mme de Sablé, qui a été déjà inséré dans la *Notice* placée en tête de notre

---

[a] La cote du tome II des *Portefeuilles de Vallant* est 17045 et non 17046, comme on a imprimé, par mégarde, p. xiii, note 3, de notre tome II, où faut aussi corriger *Valant* en *Vallant*.

et je n'y ai nulle part. L'autre tiers, qui est vers la fin, est tellement changé et falsifié dans toutes ses¹ parties et dans le sens, l'ordre et les termes, qu'il n'y a presque rien qui soit conforme à ce que j'ai écrit sur ce sujet-là : c'est pourquoi je le désavoue comme une chose qui a été supposée par mes ennemis, ou par la friponnerie de ceux qui vendent toute sorte de manuscrits sous quelque nom que ce puisse être.

Mme la marquise de Sablé, M. de Liancourt et M. Esprit ont vu ce que j'ai écrit pour moi seul. Ils savent qu'il est entièrement différent de celui qui a couru, et qu'il n'y a rien dedans qui ne soit comme il doit être dans ce qui regarde Monsieur le Prince. M. de Liancourt le lui a témoigné, et il en a paru persuadé : ainsi il n'est pas nécessaire d'entrer davantage en matière, et je suis d'avis non-seulement qu'on ne dise plus rien là-dessus, mais qu'on ne réponde même autre chose que ce que je viens de dire, à quelque objection que l'on puisse faire.

Il faut aussi dire la même chose pour ce qui regarde Mme de Longueville ².

Pour ce qui est de l'article qui parle de l'affaire de l'Hôtel de Ville³, il ne me⁴ paroît pas qu'il y ait rien dans ce que j'ai vu qui puisse déplaire à Monsieur le Prince,

---

tome II, p. xiii et xiv : on trouvera à ces pages les explications qu'il demande; il a été publié dans les éditions de 1818, p. 217, de 1825, p. 443, de 1869, p. 297, et dans *Madame de Sablé*, p. 500

1. *Les*, au lieu de *ses*, dans les éditions de 1818, 1825, 1869, dans les deux dernières, cinq lignes plus loin, *toutes sortes*, au pluriel.

2. Et non *M. de Longueville*, comme on a imprimé dans éditions de 1818, 1825, 1869, qui, trois lignes plus bas, donnent en outre, *M. Esprit*, au lieu de *Monsieur le Prince*.

3. Voyez les *Mémoires*, p. 416 et suivantes.

4. *Me* a été omis, par mégarde, dans notre première transcription, tome II, p. xiv.

puisque, après avoir dit l'impression que cette affaire-là fit dans le monde, on me fait dire ensuite que je crois que M. le duc d'Orléans et lui n'y eurent aucune part. C'est en effet tout ce que je puis dire de cette action, dont je n'ai jamais eu de connoissance bien particulière, étant arrivée deux jours après celle de Saint-Antoine, qui est un temps où je n'étois pas en état d'entendre parler d'aucune affaire[5].

60. — A LA MARQUISE DE SABLÉ.

JE vous envoie un placet, que je vous supplie très-humblement de vouloir recommander à M. de Marillac[1], si vous avez du crédit vers lui, ou de faire que Mme la comtesse de Maure[2] le donne avec une recommandation digne d'elle. Je n'ai pu refuser cet office[3] à une personne à qui je dois bien plus que cela, et, afin que vous n'ayez point de scrupule, cette personne est Mme de Linières. J'aurai l'honneur de vous voir dès que je serai de retour d'un voyage de cinq ou six jours que

---

5. Voyez les *Mémoires*, p. 409 et 410.

LETTRE 60. — *Portefeuilles de Vallant*, tome II, fol. 129, autographe ; au dos : « Rochefoucauld. » Publiée dans les éditions de 1818, p. 222, de 1825, p. 452, de 1869, p. 311, et dans *Madame de Sablé*, p. 506. On voit par le contenu qu'elle a été écrite avant 1663, année de la mort de la comtesse de Maure.

1. René de Marillac, seigneur d'Ollinville, d'Attichy, etc., petit-fils du garde des sceaux, Michel de Marillac ; il fut successivement conseiller au parlement de Paris, maître des requêtes, et conseiller d'État. Il mourut en 1684. C'était le cousin de la comtesse de Maure, dont il est question une ligne plus bas.

2. Sur la comtesse de Maure, voyez p. 135, *lettre* 55, note 3.

3. Après *office* (*ofice*), il y a *là*, biffé ; un peu après, *à* est en interligne entre *versonne* et *qui*.

je vais faire en Normandie. Je n'ai pas vu de maximes il y a longtemps [4]; je crois pourtant qu'en voici une :

« Il n'appartient qu'aux grands hommes d'avoir de grands défauts [5]. »

61. — A COLBERT.

1663

Monsieur,

Outre l'avantage que je reçois de la grâce qu'il a plu au Roi de me faire, ce m'en est un si grand d'avoir eu en cette rencontre des marques particulières de votre bonté, que je ne puis m'empêcher de vous protester que personne ne les peut jamais ressentir plus véritablement que moi. Je suis bien honteux, Monsieur, de ne pouvoir vous témoigner ma reconnoissance que par un compliment inutile; j'essayerai, avec tout le soin possible, de vous en donner d'autres preuves, et il ne se présentera jamais d'occasion de vous servir que vous ne connoissiez combien je souhaite de mériter l'honneur de votre amitié, et à quel point je suis,

Monsieur,

Votre très-humble et très-obéissant serviteur,

La Rochefoucauld.

Le 21 décembre [1663].

Suscription : Monsieur Monsieur Colbert.

---

4. *Depuis longtemps*, pour *il y a longtemps*, dans les éditions de 1818 et de 1825.
5. *Maxime* 190 (tome I, p. 106 et note 6).
Lettre 61. — D'après la copie faite par feu M. Gilbert d'un autographe qui lui avait été communiqué; en tête de l'autographe, d'une autre main, se trouve cette mention : « M. de la Rochefoucauld,

62. — A M. LE LABOUREUR[1].

Je suis au désespoir de n'avoir pu encore aller chez vous pour vous dire que j'ai trouvé ici un homme qui sollicite Messieurs les ducs pour être chargé de la même commission dont je vous parlai l'année passée. Ce même homme est venu céans me chercher, et ne m'a point trouvé. J'ai dit à ceux qui m'en ont parlé l'engagement que[2] j'ai avec vous, et même celui qu'ils ont

---

21 décembre 1663. » Nous n'avons pu établir de quelle « grâce » récente il est question dans cette lettre de remerciement, ni sur quoi se fonde cette date de 1663.

Lettre 62. — D'après un autographe qui se trouve aux Archives nationales, *Recueil sur la Pairie*, tome VI, KK 597, p. 755; cachets conservés.

1. Au mois de mars 1664, année où fut faite la recherche de la noblesse, les ducs et pairs chargèrent l'abbé Claude le Laboureur de rechercher dans l'histoire et dans les documents originaux ce qui pourrait être utile pour le maintien de leurs droits et prérogatives; c'est à cette occasion que le duc de la Rochefoucauld adressa au célèbre généalogiste le billet que nous publions. Il y a dans le recueil précité *sur la Pairie* (p. 71) une pièce manuscrite, intitulée: « Commission des ducs et des pairs à M. l'abbé le Laboureur, pour rechercher ce qui peut regarder les dignités et gages pour la justice. » Plus loin (p. 635-637), est une pièce imprimée, sous ce titre: « Mémoire présenté au Roi par Messieurs les pairs de France, pour la conservation de leurs rangs et de leurs droits, le 26 février 1662. » On peut, pour la date du billet, hésiter entre 1662, 1663 et 1664. — Nous avons trouvé à la Bibliothèque nationale, *Manuscrits Maurepas*, tome XXIII, Fr. 12 638, fol. 433, une chanson « sur la recherche de la noblesse en 1664, » où se lit ce couplet:

> « Depuis longtemps, on ne voit que noblesse,
> Sur tous les grands chemins,
> Chargés de sacs et remuant sans cesse
> Tous leurs vieux parchemins,
> Disant: « Voilà pour vous faire voir comme
> « Je suis gentilhomme, moi,
> « Je suis gentilhomme. »

2. Le mot *que* est déchiré, au bout d'une ligne de l'autographe.

eux-mêmes avec moi là-dessus. Mandez-moi, s'il vous plaît, vos sentiments ³. Je vous assure que je les suivrai ponctuellement.

1663

La Rochefoucauld⁴.

Le prétendant se nomme M. Baillif⁵.

Suscription : Pour Monsieur le Laboureur.

---

63. — A la marquise de Sablé.

C'est à moi, à cette heure, à faire des façons pour mes maximes¹, et après avoir vu les vôtres², n'en espé-

---

3. Après *sentiments* est biffé *là-dessus* et un autre mot.
4. La signature est coupée longitudinalement par la moitié; quelques traits encore visibles semblent indiquer qu'il y avait une date au-dessous.
5. La Rochefoucauld a ajouté ces mots au haut du billet.

Lettre 63. — *Portefeuilles de Vallant,* tome II, fol. 151, autographe; au dos: « rochefou » (*sic*). Publiée dans les éditions de 1818, p. 227, de 1825, p. 461, de 1869, p. 327, et dans *Madame de Sablé,* p. 511. Cette lettre, aussi bien que les suivantes, à la marquise et à Esprit, ne porte pas de date; nous les mettons toutes à la file, parce qu'elles ont trait au même sujet, c'est-à-dire à la composition des *Maximes* de la Rochefoucauld, qui furent imprimées à la fin de 1664 (voyez tome I, p. 394, note 4). Le texte des maximes, tel qu'il est cité dans les lettres, est généralement conforme à celui du manuscrit autographe (voyez, au tome I, la *Notice bibliographique*).

1. « Nos maximes, » dans les éditions de 1818 et de 1825.
2. « Le titre d'honneur de la marquise de Sablé, dit V. Cousin dans *Madame de Sablé* (1869, p. 106), et qui soutiendra son nom auprès de la postérité, est d'avoir donné l'essor au genre des pensées et des maximes. Elle-même s'y essaya. Ce genre, en effet, sortait naturellement de la disposition de son esprit, de sa situation, de ses habitudes.... Tout son génie était le goût et la politesse; elle aimait à réfléchir; elle avait soixante ans en 1659, elle connaissait parfaitement le monde, et ses observations lui suggéraient des pensées qu'elle se plaisait à communiquer à ses amis,

rez plus de moi. Je vous jure sur mon honneur que je ne les ai point fait copier, quoique[3] je fusse fort en droit de le faire, et je vous assure de plus que je l'aurois fait, si je n'espérois que vous[4] consentirez à me les donner. Je vous mènerai, quand il vous plaira, M. de Corbinelli[5], qui meurt d'envie de vous montrer quelque chose. Vous nous avez fait un cruel tour à M. l'abbé de la Victoire[6] et à moi : vous le réparerez quand il vous plaira.

Je[7] pensois vous rendre moi-même hier vos maximes.

comme une sorte de retour innocent sur le passé de leur vie, et comme une matière à des entretiens à la fois sérieux et agréables. » Voyez, au tome III de *Tallemant des Réaux*, p. 154-156, la note de M. Paulin Paris sur Mme de Sablé et sur la part qu'elle prit à la composition du livre des *Maximes de la Rochefoucauld*.

3. La Rochefoucauld a écrit, par inadvertance, *quoyje* (sic).

4. Après *vous*, il y a *y*, biffé, et il est resté une virgule après *consentirez*.

5. Jean Corbinelli (*Corbinelly*, dans l'original), d'une famille florentine venue en France à l'époque des guerres de religion, un des amis et des correspondants de Mme de Sévigné et de Bussy Rabutin, et parent du cardinal de Retz, dont il publia la généalogie (2 volumes in-4°, 1705). C'était un épicurien aimable et fort recherché. Mme de Grignan l'appelait « le mystique du diable. » Né en 1615, il mourut en 1716, donc âgé de plus de cent ans. Voyez la *Notice* de M. P. Mesnard *sur Mme de Sévigné*, tome I des *Lettres*, p. 146 et suivantes.

6. Claude Duval de Coupeauville, nommé, en 1639, à l'abbaye de la Victoire, près de Senlis (Oise), mort en 1676. « Plus occupé de littérature que de théologie, dit de lui V. Cousin (*Madame de Sablé*, p. 232), et connaissant mieux Cicéron que saint Augustin, » il était fort lié avec Mme de Sablé, si bien que Tallemant des Réaux a rapproché leurs noms dans une même notice (*Historiettes* CXXVI-CXXVII : *La marquise de Sablé. L'abbé de la Victoire*). Il y a de lui, dans le tome V des *Portefeuilles de Vallant* (fol. 307 et suivants), un certain nombre de traductions d'épîtres de Cicéron.

7. Cette dernière phrase est ajoutée à la précédente, après un parafe, sans alinéa.

64. — A LA MARQUISE DE SABLÉ.

1663

Je suis bien fâché d'avoir appris par M. Esprit que vous continuez de¹ faire les choses du monde les plus obligeantes pour moi; car je voulois être en colère contre vous de ne me faire jamais réponse, et de dire tous les jours mille maux de moi à la Plante². J'ai quelquefois envie de croire que c'est par malice que vous me faites tant de bien et pour m'ôter le plaisir d'avoir sujet de me plaindre de vous. Au reste, M. Esprit me mande qu'il est ravi de quelque chose que vous avez écrit³ : je vous demande en conscience s'il est juste que vous écriviez de ces choses-là sans me les montrer; vous savez avec combien de bonne foi j'en ai usé avec vous, et que les sentences ne sont sentences qu'après que vous les avez approuvées. Il me parle aussi d'un laquais qui a dansé les tricotets⁴ sur l'échafaud où il alloit être roué : il me semble que

---

Lettre 64. — *Portefeuilles de Vallant*, tome II, fol. 113 et verso, autographe; au dos : « M. de la Rochefoucault; » cachets conservés. Publiée dans les éditions de 1818, p. 218, de 1825, p. 444, de 1869, p. 301, et dans *Madame de Sablé*, p. 501.

1. Que vous continuiez de. (1818, 1825.) Que vous continuez à. (1869 et *Madame de Sablé*.)

2. Voyez ci-dessus, p. 140, *lettre* 58, note 7.

3. Il s'agit sans doute ici ou de quelques maximes ou du morceau sur *l'Amitié* qui se trouve dans le tome IX des *Papiers de Conrart* (fol. 175), et que V. Cousin a donné dans *Madame de Sablé* (1869, p. 111 et 112), ou encore de l'ouvrage sur l'*Éducation des enfants* (voyez p. 132, *lettre* 54 ; et p. 150, *lettre* 65).

4. Espèce de danse du temps, de très-vive allure : voyez la *lettre* 66, p. 154. Scarron dit, dans *la Belle danse* :

> « Les *tricotets* et la Cassandre,
> Le trémoussement et le saut,
> Ce sont les beaux pas qu'il vous faut :
> Un laquais vous les peut apprendre. »

Le nom de cette danse est dans les *Noëls bourguignons* de la Monnoie : voyez le Noël v, et l'article Tricôtai dans le *Glossaire* qui suit les *Noëls* (4ᵉ édition, 1720, p. 387).

1663 —— voilà jusqu'où la philosophie d'un laquais[5] méritoit d'aller; je crois que toute gaieté[6] en cet état-là vous est bien suspecte. Je pensois avoir bientôt l'honneur de vous voir; mais mon voyage est un peu retardé. Je vous baise très-humblement les mains.

A Vertœil, le 17 d'août[7].

Suscription : A Madame Madame la marquise de Sablé.

---

65. — A LA MARQUISE DE SABLÉ.

« Ce qui fait tout le mécompte que nous voyons dans la reconnoissance des hommes, c'est que l'orgueil de celui qui donne et l'orgueil de celui qui reçoit ne peuvent convenir du prix du bienfait[1].

« La vanité et la honte et surtout le tempérament font la valeur des hommes et la chasteté des femmes, dont on mène tant de bruit[2].

« Il y a des gens dont tout le mérite consiste à dire et à faire des sottises utilement et qui gâteroient tout s'ils changeoient de conduite[3].

« On se console souvent d'être malheureux en effet par un certain plaisir qu'on trouve à le paroître[4].

---

5. *Valet*, au lieu de *laquais*, dans l'édition de 1869.
6. Après *gaieté*, il y a, dans le manuscrit, un mot biffé, illisible.
7. Dans les éditions antérieures, « le 27 d'août ».

LETTRE 65. — Revue sur un autographe qui a été récemment restitué à la Bibliothèque nationale (voyez ci-après, note 17); rien au dos; cachets conservés. Publiée dans les éditions de 1818, p. 230, de 1825, p. 467, de 1869, p. 338, et dans *Madame de Sablé*, p. 514.

1. C'est une variante à la *maxime* 225 (tome I, p. 120 et note 5).
2. Variante à la *maxime* 220 (tome I, p. 118, 119 et note 1).
3. C'est la *maxime* 156 (tome I, p. 94 et note 1).
4. *Maxime* 573, avec *en effet* de plus (tome I, p. 249 et note 1).

« On admire tout[5] ce qui éblouit, et l'art de savoir bien mettre en œuvre de médiocres qualités dérobe l'estime, et donne souvent plus de réputation que le véritable mérite[6].

« L'imitation est toujours malheureuse, et tout ce qui est contrefait déplaît avec les mêmes choses qui charment lorsqu'elles sont naturelles[7].

« Peu de gens connoissent la mort ; on la souffre non par la résolution[8], mais par la stupidité et par la coutume, et la plupart des hommes meurent parce qu'on meurt[9].

« Les rois font des hommes comme des pièces de monnoie : ils les font valoir ce qu'ils veulent[10], et on est forcé de les recevoir selon leur cours et non pas selon leur véritable prix[11]. »

Voilà tout ce que j'ai de maximes que vous n'ayez point. Mais, comme on ne fait rien pour rien, je vous demande un potage aux[12] carottes, un ragoût de mouton et un de bœuf, comme ceux[13] que nous eûmes lorsque M. le commandeur de Souvré[14] dîna chez vous, de la sauce verte, et un autre plat, soit un chapon aux pruneaux, ou telle autre chose que vous jugerez digne de

1663

---

5. Le premier *t* de *tout* surcharge un *f*, comme si on avait voulu d'abord écrire *fort*, qui est la leçon des quatre éditions antérieures.
6. *Maxime* 162 (tome I, p. 96 et notes 2 et 3), avec ce commencement de plus : « On admire tout ce qui éblouit, et. »
7. C'est la *maxime* 618 (tome I, p. 261 et notes 1 et 2).
8. Dans les éditions de 1818 et de 1825, *par résolution*.
9. Variante à la *maxime* 23 (tome I, p. 39 et notes 4 et 5).
10. D'abord, par mégarde : *il les fait valoir ce qu'il veut*.
11. *Maxime* 603 (tome I, p. 256 et notes 3, et 5), avec la variante *on*, pour *l'on*.
12. *Aux* corrige *de*.
13. *Celui*, au lieu de *ceux*, dans les deux tirages à part que mentionne ci-après la note 17 et son annexe la note *a*.
14. Voyez p. 129, *lettre* 52, note 2.

votre choix. Si je pouvois[15] espérer deux assiettes de ces confitures dont je ne méritois pas de manger autrefois[16], je croirois vous être redevable toute ma vie. J'envoie donc savoir ce que je puis espérer pour lundi à midi[17]; on apportera tout cela ici[18] dans mon carrosse, et je vous rendrai compte du succès de vos bienfaits.

Je vous supplie très-humblement de[19] me renvoyer les quatre maximes que nous fîmes dernièrement, et de vous souvenir que vous m'avez promis le *Traité de l'amitié*[20] et ce que vous avez ajouté à l'*Éducation des enfants*[21].

15. *Si je pouvois* corrige *Si on pouvoit*.
16. Dans les éditions antérieures, sauf celle de 1869, *d'autrefois*.
17. Rapprochez de ce passage certaines phrases de la *lettre* 70. — On a imprimé, en les faisant suivre de la signature LA ROCHEFOUCAULD, les dix lignes qui précèdent, depuis : « Comme on ne fait rien pour rien, » sur un feuillet à part, dont nous avons vu un exemplaire à la Bibliothèque nationale (*Réserve* Li $\frac{14}{5}$). Le morceau est intitulé : *Un dîner du siècle de Louis XIV*. Au bas se trouve cette mention : « Cette pièce a été imprimée à 20 ou 25 exemplaires pour être jointe à l'édition des *Pensées et Maximes* de l'auteur, publiée par J.-J. Blaise[a]. » Au-dessus de cette note, on lit cette indication de source : « Lettre à Mme de Sablé. Ms. fol. 220 et 221. — Bibl. du Roi. » Il y a ainsi *Ms.* tout court, sans cote ; nous avons naturellement cherché au tome II des *Portefeuilles de Vallant*, d'où sont tirées toutes les autres lettres adressées à Mme de Sablé sur les *Maximes*, et nous y avons trouvé une lacune marquant la place où était notre *lettre* 65 : il manquait précisément les folios 220 et 221 de l'ancien numérotage au crayon. Cette lacune n'existait pas encore en 1849 (voyez V. Cousin p. 514), et la restitution dont nous avons parlé dans la note préliminaire de cette lettre-ci permet à présent de la combler.
18. *Ici* manque dans les éditions de 1818 et de 1825.
19. Devant *de* est biffé *que*.
20. Voyez p. 147, note 3 de la *lettre* précédente.
21. Voyez V. Cousin, *Madame de Sablé*, p. 106-108 ; et ci-dessus, p. 132, *lettre* 54 et note 3.

[a] Il y a à la suite de la table de l'exemplaire de l'édition Blaise et Pichard (1813), de la Bibliothèque nationale, un feuillet, non paginé, d'une autre impression que celui de la Réserve, mais donnant de l'extrait de la lettre exactement le même texte.

LETTRES.

Ce vendredi[22] au soir.

1663

« Qui vit sans folie n'est pas si sage qu'il croit[23]. »

Suscription : Pour Madame la marquise de Sablé.

---

66. — A M. ESPRIT.

Vous allez voir que vous vous fussiez bien passé de me demander des nouvelles de ma femme ; car sans cela je manquois[1] de prétextes de vous accabler encore de sentences. Je vous dirai donc que ma femme a toujours la fièvre, et que je crains qu'elle ne se tourne en quarte. Le reste des malades se porte mieux ; mais, pour retourner à nos moutons, il ne seroit pas juste que vous fussiez paix et aise à Paris avec Platon[2], pendant que je suis à la merci des sentences que vous avez suscitées pour troubler mon repos[3]. Voici ce que vous aurez par le courrier :

« Il faut avouer que la vertu, par qui nous nous van-

22. La Rochefoucauld avait commencé à écrire *samedi* ; il a corrigé *sa* en *ven*.

23. *Maxime* 209 (tome I, p. 113 et note 2).

LETTRE 66. — *Portefeuilles de Vallant*, tome II, fol. 124 et 125, autographe ; au dos, la mention : « M. de la Rochefoucault ; » cachets conservés. Publiée dans les éditions de 1818, p. 220, de 1825, p. 448, de 1869, p. 305, et dans *Madame de Sablé*, p. 504.

1. Dans l'édition de 1869, *je manquerois* ; et, cinq lignes plus bas, *vous fussiez en paix*.

2. Esprit était peut-être occupé à traduire quelque ouvrage du philosophe grec.

3. Cette fin de phrase semble bien justifier l'appréciation suivante de V. Cousin (*Madame de Sablé*, p. 119) : « On a dit et on répète sans cesse que le livre d'Esprit (*la Fausseté des vertus humaines* : voyez ci-dessus, p. 125, note 2) est une paraphrase de celui de la Rochefoucauld. Il y a là du vrai et du faux. Oui, l'académicien semble souvent reproduire et commenter le grand

tons de faire tout ce que nous faisons de bien, n'auroit pas toujours la force de nous retenir dans les règles de notre devoir, si la paresse, la timidité ou la honte ne nous faisoient voir les inconvénients qu'il y a d'en sortir [4].

« L'amour de la justice n'est que la crainte de souffrir l'injustice [5].

« Il n'y a pas moins d'éloquence dans le ton de la voix que dans le choix des paroles [6].

« On ne donne des louanges que pour en profiter [7].

« La souveraine habileté consiste à bien connoître le prix de chaque chose [8].

« Si on étoit assez habile, on ne feroit jamais de finesses ni de trahisons [9].

« Il n'y a que Dieu qui sache si un procédé net, sin-

---

seigneur; mais il ne l'imite pas : ils tirent leur frappante ressemblance du fonds commun sur lequel ils travaillent tous les deux. Si même entre eux il y a un disciple et un maître, le disciple serait la Rochefoucauld. Celui-ci ne parle jamais d'Esprit dans ses lettres qu'avec une déférence marquée; il loue ses maximes, qui déjà circulaient; il le consulte sur les siennes, il lui adresse des sujets et des ébauches de maximes pour qu'il y mette la dernière main. Esprit le lui rendait bien, il prenait parti pour lui chez Mme de Sablé et ailleurs, et son ouvrage est un développement de leurs communs principes, encore exagérés par le jansénisme. » — « Le livre d'Esprit, dit Sainte-Beuve (*Port-Royal*, tome V, p. 69, note 2), était prêt pour l'impression dès 1673 ; il y eut des retards. » Il ne parut, nous l'avons dit, qu'en 1677 et 1678.

4. Variante à la *maxime* 169 (tome I, p. 99 et note 2).

5. C'est, avec cinq mots de moins, la *maxime* 78 (tome I, p. 64 et note 1).

6. C'est la *maxime* 272 de l'édition de 1665, fondue avec la 274ᵉ de la même année, dans la 249ᵉ de notre édition (tome I, p. 132 et note 2).

7. C'est notre *maxime* posthume 530 (tome I, p. 229 et note 4).

8. C'est, avec une légère variante, la *maxime* 244 (tome I, p. 130 et note 5).

9. Variante à la *maxime* 128 (tome I, p. 83 et note 4).

cère et honnête, est plutôt un effet de probité que d'habileté[10].

« La plupart des hommes s'exposent assez à la guerre pour sauver leur honneur, mais peu se veulent toujours[11] exposer autant qu'il est nécessaire pour faire réussir le dessein pour lequel on s'expose[12]. » Je ne sais si vous l'entendrez mieux ainsi ; mais je veux dire qu'il est assez ordinaire de hasarder sa vie pour s'empêcher d'être déshonoré ; mais, quand cela est fait, on en est assez content pour ne se mettre pas d'ordinaire fort en peine du succès de la chose que l'on veut[13] faire réussir, et il est certain que ceux qui s'exposent tout[14] autant qu'il est nécessaire pour prendre une place que l'on attaque, ou pour conquérir une province, ont plus de mérite, sont meilleurs officiers[15], et ont de plus grandes et de plus utiles vues que ceux qui s'exposent seulement pour mettre leur honneur à couvert ; et il est fort commun de trouver des gens de la dernière[16] espèce que je viens de dire, et fort rare d'en trouver de l'autre. Mandez-moi[17] si c'est ici de la glose d'Orléans[18]. Si vous avez encore

10. Variante à la *maxime* 170 (tome I, p. 99 et notes 3 et 4).
11. Après *toujours*, on lit, dans le manuscrit, *assez*, biffé.
12. *Maxime* 219 (tome I, p. 118 et note 1), avec deux légères variantes : voyez ci-dessus, *lettre* 53, p. 131.
13. *Veut* est en interligne, dans l'original, sur *voudro[it]*, biffé.
14. *Tout* est en interligne.
15. *Sont meilleurs officiers* est en interligne.
16. *Dernière* est en interligne, sur *première*, biffé.
17. Et non *Pour moi*, comme le portent les éditions de 1818, de 1825, et *Madame de Sablé*, dans lesquelles il y a une virgule après *d'Orléans*.
18. Les mots : *glose d'Orléans*, désignaient proverbialement un commentaire plus obscur que le texte. De Savigny dit dans son *Histoire du droit romain au moyen âge* (traduction de Charles Guenoux, Paris, 1839, tome III, p. 287 et 288) : « D'après une opinion répandue au quatorzième siècle, et consignée dans Petrus de Bella-

1663 la dernière lettre que je vous ai écrite, je vous prie de mettre sur le ton de sentences ce que je vous ai mandé de ce mouchoir et des tricotets [19]; sinon, renvoyez-la-moi pour voir ce que j'en pourrai faire; mais faites-le [20] vous-même, je vous en conjure, si vous le pouvez. Je vous prie de savoir, de Mme de Sablé, si c'est un des effets de l'amitié tendre, de ne faire jamais réponse aux gens qu'elle aime, et qui écrivent dix fois de suite.

Je [21] me dédis de tout ce que je vous mande contre Mme de Sablé; car je viens de recevoir ce que je lui avois demandé, avec la lettre la plus tendre et la meilleure du monde. Depuis vous avoir écrit tantôt, la fièvre a pris à ma femme, et elle l'a double quarte. Je souhaite que Madame votre femme et vous soyez en meilleure santé.

Le 9 de septembre.

Suscription : Pour Monsieur Esprit.

pertica[a], la glose d'Orléans valait moins que le texte, et *glossa aurelianensis* était synonyme de fausse interprétation.... » Cette expression : *C'est de la glose d'Orléans*, se lit aussi dans un dialogue satirique de 1619 : *Le plaisant galimatias d'un Gascon et d'un Provençal*, inséré par M. Édouard Fournier au tome II (p. 294) de ses *Variétés historiques et littéraires*.

19. Nous n'avons pas cette dernière lettre à Esprit, mais voyez p. 147, la *lettre* 64, à Mme de Sablé, et, au tome I, les *maximes* 21 et 504 (p. 38, et p. 214 et note 6[b]). — De ces tricotets. (1869.)

20. *Le* a été ajouté après coup; *l* surcharge *v*[ous].

21. Ce dernier alinéa est en post-scriptum, après un parafe.

[a] Pierre de Belleperche, jurisconsulte assez célèbre, qui devint évêque d'Auxerre en 1307. Le passage dont il est question se trouve au livre IV des *Institutes*, titre VI *de Actionibus*. Voyez *le Livre des Proverbes français* de le Roux de Lincy (2de édition, tome I, 1859, p. 375).

[b] Dans cette note du tome I on a daté la lettre de 1660; ces lettres sur les *Maximes* ne peuvent l'être qu'approximativement : voyez p. 145, la note préliminaire de la *lettre* 63.

67. — A LA MARQUISE DE SABLÉ.

1663

Je vous envoie un billet que Mme de Puisieux[1] m'écrit, où vous verrez que j'ai obéi à vos ordres, et qu'elle voudroit bien avoir de la poudre de vipère[2]. Si vous avez la bonté de lui en envoyer, vous l'obligerez extrêmement. Souvenez-vous, s'il vous plaît, de faire copier vos maximes, et de me les donner à mon retour. Je vous baise très-humblement les mains, et je prends encore une fois congé de vous.

Lettre 67. — *Portefeuilles de Vallant*, tome II, fol. 236, autographe; au dos, la mention : « M. de la Rochefoucault à Mme de Sablé. » Publiée dans les éditions de 1818, p. 233, de 1825, p. 473, de 1869, p. 343, et dans *Madame de Sablé*, p. 518.

1. Charlotte d'Estampes de Valençay, mariée, en janvier 1615, à Pierre Brûlart, marquis de Sillery et vicomte de Puisieux, qui avait été secrétaire d'État sous Henri IV et sous Louis XIII. C'est la mère du marquis de Sillery, beau-frère de la Rochefoucauld. Veuve en 1640, elle mourut en 1677, âgée de quatre-vingts ans. Tallemant des Réaux, Mme de Sévigné et Bussy Rabutin s'accordent à nous la représenter comme une femme spirituelle, mais d'une humeur quelque peu inégale et bizarre. Nous savons par Mademoiselle de Montpensier (*Mémoires*, tome IV, p. 104 et 105) que Mme de Puisieux la poussa vivement à épouser le comte de Saint-Pol, second fils de Mme de Longueville. On trouvera deux lettres d'elle à Mme de Sablé, dans le livre de M. Éd. de Barthélemy : *les Amis de la marquise de Sablé* (1865, in-8°, p. 265 et 266).

2. Substance pharmaceutique fort à la mode à cette époque. Nous disons dans la *Notice biographique*, p. LXVIII et note 3, que Mme de Sablé tenait en quelque sorte école, non-seulement de cuisine, mais encore de drogueries fines et de recettes merveilleuses. Le tome IV des *Portefeuilles du docteur Vallant* contient bon nombre de « thèses » curieuses en ce genre; il y en a pour la pleurésie, pour les gouttes, pour les vers, les loupes, les écrouelles, etc., sans compter les compositions de tisanes, les discours techniques, « sur le hoquet, » par exemple, ou « du délire en général. » Les triples fonctions de médecin, d'intendant et de secrétaire, que Vallant remplissait auprès de la marquise, se trouvent ainsi, dans les manuscrits dont nous avons parlé, confondues et enchevêtrées de la manière la plus étrange.

156   LETTRES.

68. — A LA MARQUISE DE SABLÉ.

1663

Je vous envoie[1] ce que j'ai pris chez vous en partie. Je vous supplie très-humblement de me mander si je ne l'ai point gâté, et si vous trouvez le reste à votre gré[2]. Souvenez-vous, s'il vous plaît, de la poudre de vipère et de la manière d'en user[3].

« De plusieurs actions diverses que la fortune arrange comme il lui plaît, il s'en fait plusieurs vertus[4].

« Le desir de vivre ou de mourir sont des goûts de l'amour-propre, dont il ne faut non plus disputer que des goûts de la langue ou du choix des couleurs[5].

« Il n'est pas si dangereux de faire du mal à la plupart des hommes que de leur faire trop de bien[6].

LETTRE 68. — *Portefeuilles de Vallant*, tome II, fol. 255-258, autographe; cachets conservés; au dos du premier feuillet est cette mention : « Sur les *Maximes*; M. de la Rochefou[cauld] ; » elle se trouve répétée au verso du folio 256. Sur le folio 258 se lit cette note de Vallant : « M. de la Rochefoucauld écrit un billet, qui est ici, à Mme de Sablé, en la suppliant de lui en dire son sentiment. » Cette lettre a été publiée dans les éditions de 1818, p. 234, de 1825, p. 474, de 1869, p. 346, et dans *Madame de Sablé*, p. 519.

1. Après *Je vous envoie*, il y a, dans l'original, deux mots biffés : *Madame de*.

2. On sait quel était, dans le cénacle de Mme de Sablé, le jeu littéraire des *Maximes*. Le plus souvent on donnait un sujet de sentence, une sorte de canevas, sur lequel on s'ingéniait à broder d'abord en commun, de manière que la Rochefoucauld emportait la maxime plus ou moins finie, et renvoyait ensuite à la marquise, avec la marque de son tour d'esprit, ce qu'il avait, comme il le dit, « pris » chez elle. Voyez la *Notice biographique*, p. LXXI et LXXII.

3. Voyez la *lettre* précédente, note 2.

4. Il y avait d'abord, dans l'original, *une vertu*; la Rochefoucauld a biffé *une*, mis *plusieurs* en interligne, et ajouté *s* à *vertu*. — C'est, sauf un mot changé, la *maxime* 631 (tome I, p. 264 et 265), qui n'est elle-même que la *maxime* 1 (*ibidem*, p. 31), abrégée.

5. Variante à la *maxime* 46 (tome I, p. 50 et note 1).

6. C'est la *maxime* 238 (tome I, p. 127 et note 3).

« Ce qui fait tant[7] disputer contre les maximes qui découvrent le cœur de l'homme, c'est que l'on craint d'y être découvert[8].

« Dieu[9] a permis, pour punir l'homme du péché[10] originel, qu'il se fît un dieu de son amour-propre, pour en être tourmenté dans toutes les actions de sa vie[11].

« L'honneur[12] acquis est caution de celui que l'on doit acquérir[13].

« La vertu est un fantôme produit par nos passions, du nom duquel on se sert pour faire impunément tout ce qu'on veut[14].

« On se mécompte toujours quand les actions sont plus grandes que les desseins[15].

« L'intérêt, à qui on reproche d'aveugler les uns, est ce qui fait toute la lumière des autres[16]. »

---

7. *Fait* est en interligne dans l'original, et *tant* est écrit après *qu'on*, biffé.
8. *Maxime* 524 (tome I, p. 228 et notes 2, 3 et 4).
9. Avant cette sentence, on lit, dans l'autographe, ce commencement de rédaction, effacé par l'auteur : « Le péché originel a tellement renversé le cœur et l'esprit de l'homme, qu'au lieu.... »
10. Il y avait d'abord *de son péché*; *son* a été biffé, et *de* changé en *du*.
11. *Maxime* 509 (tome I, p. 224 et notes 3 et 4).
12. Il semble que la fin de la lettre, à partir de cet alinéa, est d'une autre main que le commencement; de la main de Mme de Sablé, dit Cousin, mais nous en doutons.
13. *Maxime* 270, avec une légère variante (tome I, p. 143 et note 2).
14. Variante à la *maxime* 606 (tome I, p. 257 et note 2).
15. Voyez la *maxime* 160 (tome I, p. 95 et note 2).
16. Variante à la *maxime* 40 (tome I, p. 46 et note 2).

69. — A LA MARQUISE DE SABLÉ.

Je sais qu'on dîne chez vous sans moi, et que vous faites voir des sentences que je n'ai pas faites, dont[1] on ne me veut rien dire : tout cela est assez désobligeant pour vous demander permission de vous en aller faire mes plaintes demain. Tout de bon[2], que la honte de m'avoir tant offensé ne vous empêche pas de souffrir ma présence, car ce seroit encore augmenter mon juste ressentiment. Prenez[3] donc, s'il vous plaît, le parti de le faire finir[4], car je vous assure que je suis fort disposé à oublier le passé, pour peu que vous vouliez le réparer.

Ce lundi au soir.

70. — A LA MARQUISE DE SABLÉ.

Ce n'est pas assez pour moi d'apprendre de vos nouvelles par ce qu'on a accoutumé[1] de m'en mander; je vous supplie de me permettre de vous en demander de

---

Lettre 69. — *Portefeuilles de Vallant*, tome II, fol. 142, autographe ; rien au dos. Publiée dans les éditions de 1818, p. 224, de 1825, p. 457, de 1869, p. 319, et dans *Madame de Sablé*, p. 509.

1. Devant *dont*, il y a *et*, biffé.
2. L'édition de 1869 joint *Tout de bon* à la phrase précédente.
3. *Prenez* est précédé d'un mot biffé, un premier *Prenez*, ce nous semble.
4. Les mots qui suivent sont ajoutés, dans le manuscrit, à la marge de gauche et au haut.

Lettre 70. — *Portefeuilles de Vallant*, tome II, fol. 168 et 169, autographe ; rien au dos. Publiée dans les éditions de 1818, p. 231, de 1825, p. 468, de 1869, p. 335, et dans *Madame de Sablé*, p. 515. Cette lettre est, vu les *maximes* qu'elle contient, antérieure à 1664 (voyez tome I, p. 352 et 353, p. 372 et note 3, et p. 394 et note 4).

1. Dans les éditions de 1818 et de 1825 : « parce qu'on a coutume », et dans *Madame de Sablé* : « parce qu'on a accoutumé ».

temps en temps à vous-même, et de souffrir, puisque je n'ai pu vous envoyer des trufles², que je vous présente au moins³ des maximes qui ne les valent pas; mais, comme on ne fait rien pour rien en ce siècle-ci, je vous supplie de me donner en récompense⁴ le mémoire pour faire le potage de carottes, l'eau de noix et celle de mille-fleurs : si vous avez quelque autre potage, je vous le demande encore⁵.

1663

« Il semble que plusieurs de nos actions aient des étoiles heureuses ou malheureuses aussi bien que nous, d'où dépend une grande partie de la louange ou du blâme qu'on leur donne⁶.

« Il n'y a d'amour que d'une sorte, mais il y en a mille différentes copies⁷.

« L'espérance et la crainte sont inséparables⁸.

« L'amour, aussi bien que le feu, ne peut subsister sans un mouvement continuel, et il cesse de vivre dès qu'il cesse d'espérer ou de craindre⁹.

« Il est de l'amour comme de l'apparition des esprits : tout le monde en parle, mais peu de gens en ont vu¹⁰.

« L'amour prête son nom à un nombre infini de com-

---

2. Sur cette forme ancienne, *trufle* ou *truffle*, pour *truffe*, soit au sens que le mot a ici, soit au sens de « tromperie », voyez le *Dictionnaire de M. Littré*. Nous apprenons par celui *de Trévoux* (1771), qui a soin de dire : « *Truffe* et non pas *trufle*, » que plus d'un prononçait encore ainsi au dix-huitième siècle.

3. *Au moins* est en interligne, dans l'original.

4. Après *récompense*, il y a un mot biffé, illisible.

5. Voyez ci-dessus, p. 149, 150, lettre 65, et ci-après, p. 187, fin de la note 1 de la *lettre* 88.

6. Voyez la *maxime* 58 (tome I, p. 55 et notes 1 et 2), qui est celle-ci, retouchée.

7. Variante à la *maxime* 74 (tome I, p. 62 et note 3).

8. Fragment de la *maxime* 515 (tome I, p. 226 et note 4).

9. *Maxime* 75 (tome I, p. 63 et note 1).

10. *Maxime* 76, moins un mot (tome I, p. 63 et notes 2 et 3).

1663 merces qu'on lui attribue, où il n'a souvent guère plus de part que le Doge en a à ce qui se fait à Venise [11].

« Si nous n'avions point de défauts, nous ne serions pas si aises d'en remarquer aux autres [12].

« Je ne sais si on peut dire de l'agrément, séparé de la beauté, que c'est une symétrie dont on ne sait point les règles, et un rapport secret des traits ensemble, et des traits avec les couleurs et l'air de la personne [13].

« La promptitude avec laquelle nous croyons le mal, sans l'avoir assez examiné, est souvent un effet de paresse qui se joint à l'orgueil : on veut trouver des coupables, et on ne veut pas se donner la peine d'examiner les crimes [14].

« Ce qui fait croire si aisément que les autres ont des défauts, c'est la facilité que l'on a de croire ce qu'on souhaite [15].

« Le pouvoir que les personnes que nous aimons ont sur nous est presque toujours plus grand que celui que nous y avons nous-même [16].

« Le goût change, mais l'inclination ne change point [17].

« Les défauts de l'âme sont comme les blessures du corps; quelque soin qu'on prenne de les guérir, la cica-

---

11. *Maxime* 77, sauf deux légères variantes (tome I, p. 63 et notes 4, 5 et 6). — Voyez le *Dictionnaire de M. Littré*, à l'article DOGE, où est citée, à la suite de cette *maxime*, la définition du *dogat* par Daru (*Histoire de Venise*, livre XXXIX, chapitre IX).
12. Variante à la *maxime* 31 (tome I, p. 43 et note 2).
13. Variante à la *maxime* 240 (tome I, p. 129 et notes 1 et 2).
14. Variante à la *maxime* 267 (tome I, p. 141 et note 3, et p. 142 et note 1).
15. Variante à la *maxime* 513 (tome I, p. 226 et note 2).
16. *Maxime* 525 (tome I, p. 228 et note 5). Elle est répétée en tête de la *lettre* 73, p. 163.
17. Variante à la *maxime* 252 (tome I, p. 133 et notes 2 et 3).

trice paroît toujours; et elles se peuvent toujours rouvrir[18]. »

1663

Ne croyez pas que je prétende mériter[19] par là[20] le potage de carottes[21] : je sais que toutes les maximes du monde ne peuvent pas entrer en comparaison avec lui ; mais je vous donne ce que j'ai, et j'attends tout de votre générosité. Mandez-moi, s'il vous plaît, si on les doit mettre au rang des autres, et ce qu'il y a à y changer. S'il vous en est venu quelqu'une, je vous supplie de m'en faire part et de me continuer l'honneur de vos bonnes grâces.

Le 10 de décembre.

En voici une qui est venue en fermant ma lettre, qui me déplaira peut-être dès que le courrier sera parti :

« La nature, qui a pourvu à la vie de l'homme par la disposition des organes du corps, lui a sans doute encore donné l'orgueil pour lui épargner la douleur de connoître ses imperfections et ses misères[22]. »

---

71. — A LA MARQUISE DE SABLÉ.

Je pensois avoir l'honneur de vous voir aujourd'hui[1], et vous présenter moi-même mes ouvrages, comme tout

---

18. Variante à la *maxime* 194 (tome I, p. 108 et note 2).
19. Avant *mériter*, il y a un mot biffé, probablement *vous*.
20. *Par là* est omis dans les éditions de 1818, 1825, 1869.
21. Voyez ci-dessus, p. 149 et 150 ; et tome I, p. 375.
22. Variante à la *maxime* 36 (tome I, p. 45 et note 1).

Lettre 71. — *Portefeuilles de Vallant*, tome II, fol. 205 et 206, autographe; au dos, la mention : « M. de la Rochefoucau[ld]. » Publiée dans les éditions de 1818, p. 233, de 1825, p. 472, de 1869, p. 343, et dans *Madame de Sablé*, p. 518.

1. *Aujourd'hui* est en interligne.

auteur doit faire; mais j'ai mille affaires qui m'en empêchent; je vous envoie donc ce que vous m'avez ordonné de vous faire voir, et je vous supplie très-humblement que personne ne le voie que vous. Je n'ose vous demander à dîner devant que d'aller à Liancourt[2], car je sais bien qu'il ne vous faut pas engager de[3] si loin; mais j'espère pourtant que vous me manderez, vendredi au matin, que je puis aller dîner chez vous; j'y mènerai M. Esprit, si vous voulez. Enfin j'apporterai, de mon côté, toutes les facilités pour vous y faire consentir.

72. — A LA MARQUISE DE SABLÉ.

Voilà encore une maxime que je vous envoie pour joindre aux autres. Je vous supplie de me mander votre sentiment des dernières que je vous ai envoyées. Vous ne les pouvez pas désapprouver[1] toutes, car il y en a beaucoup de vous. Je ne partirai que lundi; j'essaierai d'aller prendre congé de vous.

Ce jeudi au soir.

2. Sur Liancourt, voyez ci-dessus, p. 64, *lettre* 24, note 7. Il est aussi question de départ dans les cinq billets suivants, pas d'un seul et même départ, à voir les dates prévues et à supposer que les prévisions aient été exactes. La *lettre* 75 annonce un retour à Liancourt comme devant précéder un grand voyage.

3. Deux fois *de*, dans l'autographe.

Lettre 72. — *Portefeuilles de Vallant*, tome II, fol. 254, autographe; rien au dos. Publiée dans les éditions de 1818, p. 234, de 1825, p. 474, de 1869, p. 346, et dans *Madame de Sablé*, p. 519.

1. Dans les éditions de 1818 et de 1825 : « Vous ne pouviez pas les désapprouver », et, à l'avant-dernière ligne : *j'espère*, pour *j'essaierai*.

73. — A LA MARQUISE DE SABLÉ.

1663

A Vincennes, ce mardi matin.

« Le pouvoir que les personnes que nous aimons ont sur nous est presque toujours plus grand que celui que nous y avons[1] nous-même[2].

« L'intérêt est l'âme de l'amour-propre, de sorte que, comme le corps, privé de son âme, est sans vue, sans ouïe, sans connoissance, sans sentiment, sans mouvement, de même l'amour-propre, séparé, s'il le[3] faut dire ainsi, de son intérêt[4], ne voit, n'entend, ne sent et ne se remue plus. De là vient qu'un même homme qui court la terre et les mers pour son intérêt devient soudainement paralytique pour l'intérêt des autres; de là vient le soudain assoupissement et cette mort que nous causons à tous ceux à qui nous contons nos affaires; de là vient leur prompte résurrection, lorsque, dans notre narration, nous y mêlons quelque chose qui les regarde, de sorte que nous voyons, dans nos conversations et dans nos traités, que, dans un même moment, un homme perd connoissance et revient à soi, selon que son propre intérêt s'approche de lui ou qu'il s'en retire[5]. »

Lettre 73. — *Portefeuilles de Vallant*, tome II, fol. 159, autographe; cachets à demi conservés; rien au dos. Publiée dans les éditions de 1818, p. 229, de 1825, p. 466, de 1869, p. 334, et dans *Madame de Sablé*, p. 513.

1. Après *avons*, est biffé *par*; le mot *y*, omis dans les éditions de 1818, 1825, 1869, et dans *Madame de Sablé*, est en interligne.
2. Voyez p. 160, *lettre* 70, note 16.
3. *Le* est en interligne; *ainsi* a été biffé devant *dire*, puis récrit après.
4. De l'intérêt. (1818, 1825, 1869.)
5. C'est la *maxime* 510 (tome I, p. 224 et note 5, et p. 225 et notes 1 et 2), avec les différences, non relevées au tome I, d'un *et* de moins, à la ligne 3, après *sentiment*, et de *le*, pour *ce*, à la ligne 9.

1663

En voilà deux que je vous envoie pour vous reprocher votre ingratitude de me laisser partir[6] sans m'avoir donné les vôtres. Je m'en vais.... d'être....[7]

En voici encore une :

« En vieillissant, on devient plus fou et plus sage[8]. »

Suscription : Pour Madame la marquise de Sablé.

---

74. — A LA MARQUISE DE SABLÉ.

Vous ne pouvez[1] faire une plus belle charité que de permettre que le porteur de ce billet puisse entrer dans les mystères de la marmelade et de vos véritables confitures[2], et je vous supplie très-humblement de faire en sa faveur tout ce que vous pourrez. Je passerai après dîné chez vous pour avoir l'honneur de vous voir, si vous me le voulez permettre. Il me semble que nous

6. *Partir* est en interligne.

7. Il y a ici, au feuillet original, une déchirure qui ne permet de lire que ce que nous avons reproduit ; *d'être* (*d'estre*) est tout au bas du papier, à une autre et dernière ligne (voyez la note suivante). Dans les éditions de 1818, 1825, 1869, et dans *Madame de Sablé*, on a ajouté *demain* après *vais*. — Nous venons de voir en faisant une dernière collation que, depuis notre première, la lacune s'était accrue : de *laisser* il ne reste que *lais* ; de *vais* que le *v* ; et *partir*, qui était en interligne, a disparu.

8. *Maxime* 210 (tome I, p. 113 et note 3) ; elle est ajoutée à la marge de gauche, ainsi que ces mots qui précèdent : « En voici encore une. »

LETTRE 74. — *Portefeuilles de Vallant*, tome II, fol. 132, autographe ; cachets conservés ; au dos, la mention : « M. de la Rochefou[cauld]. » Publiée dans les éditions de 1818, p. 223, de 1825, p. 454, de 1869, p. 315, et dans *Madame de Sablé*, p. 508.

1. Dans les éditions de 1818 et de 1825, *pouvez* a été remplacé par *sauriez* ; et *une* omis après *faire*.

2. Voyez ci-dessus, p. 149, 150, 159 et 161, les *lettres* 65 et 70.

avons bien des choses à dire. Songez, s'il vous plaît, à me donner vos maximes, car je m'en vais dans quatre jours.

1663

Ce mardi matin.

---

75. — A LA MARQUISE DE SABLÉ.

Je suis au désespoir de m'en retourner à Liancourt sans avoir l'honneur de vous voir et de vous rendre compte de nos prospérités[1]; car enfin vous savez bien, Madame, que, quelque agréables qu'elles me puissent être d'elles-mêmes, elles me le sont encore davantage par le plaisir que j'ai de vous en entretenir. Je ferai tout ce que je pourrai pour aller prendre congé de vous, à Auteuil, avant que de commencer mon grand voyage[2]. Cependant, s'il y a quelque sentence nouvelle, je vous supplie très-humblement de me l'envoyer. M. Esprit a admiré celle de la jalousie.

Ce mercredi au soir[3].

Suscription : Pour Madame la marquise de Sablé.

Lettre 75. — *Portefeuilles de Vallant*, tome II, fol. 137, autographe; cachets conservés; au dos : « M. de la Rochefoucau[ld]. » Publiée dans les éditions de 1818, p. 224, de 1825, p. 456, de 1869, p. 316, et dans *Madame de Sablé*, p. 508.

1. S'agit-il, ce qui pourrait renvoyer plus loin cette lettre, de quelque faveur royale comme celles qui ont donné lieu aux *lettres* 94, 100, 107, et à la *lettre* 23 de *l'appendice* I?

2. Peut-être le voyage que la Rochefoucauld se proposait de faire à Barèges : voyez p. 179, la *lettre* 84.

3. Dans les éditions de 1818, 1825, 1869, où les dates sont toujours mises en tête des lettres : « Ce mercredi soir. »

1663   76. — A LA MARQUISE DE SABLÉ.

J'ENVOIE savoir de vos nouvelles, et si vous vous êtes souvenue de ce que vous m'aviez promis. Je vous ai cherché un écrivain qui fera mieux que l'autre. Je vous renvoie l'écrit de M. Esprit que j'emportai dernièrement avec ce que vous m'avez donné, et je vous envoie aussi ce qui est ajouté aux sentences que vous n'avez point vues. Comme c'est tout ce que j'ai, je vous supplie très-humblement qu'il ne se perde pas, et de me mander quand je pourrai avoir l'honneur de vous voir pour prendre congé de vous.

1664   77. — A LA MARQUISE DE SABLÉ.

JE vous envoie cette manière de préface pour les *Maximes*[1] ; mais comme je la dois rendre[2] dans deux heures, je vous supplie très-humblement, Madame, de

---

LETTRE 76. — *Portefeuilles de Vallant*, tome II, fol. 128, autographe; au dos, la mention : « Rochefoucault, à Mad. (*sic*). » Publiée dans les éditions de 1818, p. 222, de 1825, p. 452, de 1869, p. 310, et dans *Madame de Sablé*, p. 506.

LETTRE 77. — *Portefeuilles de Vallant*, tome II, fol. 145, autographe; au dos : « Rochefou[cauld]. » Publiée dans les éditions de 1818, p. 225, de 1825, p. 458, de 1869, p. 321, et dans *Madame de Sablé*, p. 510. On peut conclure du sujet de cette lettre qu'elle est de 1664 : voyez au tome I, p. 352 et 353, et p. 372 et note 3.

1. Il s'agit sans doute du *Discours sur les réflexions ou sentences et maximes morales*, placé en tête de la première édition des *Maximes* (1665), supprimé dès la seconde (1666), et qui se trouve dans notre tome I, p. 355 et suivantes. Ce morceau est également, à maintes reprises, appelé par les contemporains une *préface*; voyez *ibidem*, p. 351, et p. 394 et note 4.

2. Et non : « je dois la rendre, » comme on lit dans l'édition de 1869.

me la renvoyer par le même laquais qui vous porte ce billet. Je vous demande aussi de me³ dire ce que vous en trouvez.

Ce samedi.

78. — A LA MARQUISE DE SABLÉ.

Ce dimanche au soir.

Je ne sais plus d'invention¹ pour entrer chez vous; on m'y refuse la porte tous les jours². Je ne sais si la fille à qui j'ai parlé vous aura bien expliqué la grâce que je vous demande : c'est de me prêter pour une heure le discours que Mme de Schonberg vous a envoyé sur les *Maximes*³. Je vous supplie très-humblement de ne me refuser pas. Outre l'envie que j'ai de le voir, il est même nécessaire pour une raison que j'aurai l'honneur de vous dire. Je vous donne toutes les sûretés que vous pouvez desirer pour le secret, mais, au nom de Dieu, ayez la bonté⁴ de m'envoyer cet écrit par le retour de ce laquais.

Suscription : Pour Madame la marquise de Sablé.

3. Après *me*, il y a un mot biffé, peut-être un premier *dire*.
Lettre 78. — *Portefeuilles de Vallant*, tome II, fol. 146, autographe; cachets conservés; au dos : « Rochefoucauld. » Cette lettre, publiée dans les éditions de 1818, p. 225, de 1825, p. 458, de 1869, p. 322, et dans *Madame de Sablé*, p. 510, est de 1664, puisqu'il y est fait mention du jugement de Mme de Schonberg (Mlle de Hautefort) sur les *Maximes* (voyez au tome I, p. 375-378).
1. *D'invention* (et non *d'inventions*, comme dans l'édition de 1869) surcharge une première rédaction, peut-être *de moyen*. Un peu après, devant *refuse*, *m'y* corrige *me*.
2. Voyez, à l'*Appendice* du tome I, la note 4 de la page 373.
3. Sur ce discours, voyez spécialement, à l'*Appendice* du tome I, la note 4 de la page 375.
4. Ce qui suit est ajouté à la marge de gauche.

79. — A LA MARQUISE DE SABLÉ.

1664

Vous voyez bien que je suis incorrigible, puisque je demande encore à vous voir après tout ce que vous me faites. Il est pourtant nécessaire que j'aie cet honneur-là pour une affaire dont je suis chargé de vous parler. Mandez-moi donc[1] si les affaires n'auront pas plus de pouvoir sur votre dureté que l'amitié, et quand vous me permettez[2] d'aller chez vous.

Ce mardi matin.

80. — A LA MARQUISE DE SABLÉ.

Après tout ce que vous avez fait pour moi, il me semble qu'il seroit plus juste de vous en rendre de très-humbles grâces, que de vous donner de nouvelles peines. Cependant je vous supplie, Madame, de trouver bon qu'un[1] de mes amis vous rende compte de l'affaire que vous avez si bien soutenue[2], et de vouloir me mander vos sentiments sur ce qu'il vous dira. Je n'ose vous

---

Lettre 79. — *Portefeuilles de Vallant*, tome II, fol. 144, autographe; au dos : « Rochefou[cauld]. » Publiée dans les éditions de 1818, p. 225, de 1825, p. 458, de 1869, p. 321, et dans *Madame de Sablé*, p. 510. La date de cette lettre est assez difficile à déterminer; mais il semble que, par le ton, elle soit bien à sa place après la précédente.

1. *Donc* surcharge un autre mot, peut-être *tout*.
2. Permettrez. (1818, 1825, 1869, et *Madame de Sablé*.)

Lettre 80. — *Portefeuilles de Vallant*, tome II, fol. 135, autographe; cachets conservés; au dos : « M. de la Rochefoucau[ld]. » Publiée dans les éditions de 1818, p. 224, de 1825, p. 455, de 1869, p. 316, et dans *Madame de Sablé*, p. 508.

1. *Un* corrige *ou*.
2. Est-ce l'affaire dont il est question dans la *lettre* précédente? c'est ce qu'il est impossible de dire, et la date est tout à fait incertaine.

demander pardon, comme je devrois, d'en user si librement, parce qu'un compliment est une marque de reconnoissance dont je crois que vous me dispenserez aisément.

Suscription : A Madame Madame la marquise de Sablé.

---

81. — AU COMTE DE GUITAUT[1]. 1664

Paris, le 22 septembre [1664].

Il faut être bien effronté pour oser me demander d'écrire, après tout ce que vous avez fait pendant que j'ai été en Poitou. Néanmoins, comme je pars tout à cette heure pour aller à Chantilly, et de là à Liancourt[2], je passerai par-dessus les reproches, et vous dirai, comme si de rien n'étoit, que je vais voir ce qu'on me dira touchant l'affaire dont je veux parler comme je vous l'ai dit, et[3] l'homme dont vous me demandez des nouvelles est toujours où il étoit. Il se résout à y de-

---

Lettre 81. — Cette lettre a été publiée dans le recueil de *Lettres inédites de Mme de Sévigné* (Klostermann, p. 279-281 ; Bossange, p. 293). La date n'indique pas l'année; mais la mention qui y est faite de l'expédition du duc de Beaufort à Gigeri suffit à montrer qu'elle a été écrite en 1664.

1. Sur Guillaume de Peichpeyrou-Comminges, dit *le petit Guitaut*, voyez ci-dessus, p. 120 et 121, *lettre* 46 et note 1.

2. Sur les terres de Chantilly et de Liancourt, voyez le tome I, p. 281 et note 3 ; et, sur la seconde, ci-dessus, p. 64 et note 7.

3. Le premier éditeur met ici entre parenthèses : *le sieur Gourville*. Gourville, compromis dans l'affaire du surintendant Foucquet, était sorti de France dès 1663 ; il ne revint à Paris qu'en 1670 : voyez ses *Mémoires*, p. 362 et suivantes, et p. 430. Il se pourrait aussi que l'homme en question fût Pierre Lenet : voyez ce qui est dit de lui dans la *lettre* suivante.

meurer tout l'hiver, si ce n'est qu'il aille en votre voisinage [4], pour peu de temps, voir un homme avec qui il a des affaires. Il ne m'a point mandé s'il est content ou non de la condition que l'on lui veut faire. Je crois que l'affaire de M. Foucquet ira plus vite qu'on n'a cru [5]. On met toutes les maisons et toutes les terres des trésoriers de France à bail judiciaire [6]. J'ai dit à un de vos gens, depuis huit jours, tout ce que je savois de nouvelles en ce temps-là. Il n'est rien arrivé depuis qui

4. C'est-à-dire en Bourgogne. Guitaut était alors dans cette province, au château d'Époisse, à trois lieues d'Avallon, bailliage de Semur-en-Auxois. Ce château, ancienne baronnie érigée en marquisat (1613), était entré dans la famille de Peichpeyrou-Comminges par le mariage (1661) de Guillaume, le correspondant de notre auteur, avec Madeleine de la Grange-d'Arquien, marquise d'Époisse, qui mourut en 1667, léguant ses biens à son mari. Voyez le *Dictionnaire d'Expilly*, tome II, p. 753.

5. Nicolas Foucquet, arrêté à Nantes le 5 septembre 1661, était alors enfermé à la Bastille. Les débats de son procès s'ouvrirent le 14 novembre 1664 et durèrent jusqu'au 4 décembre. Dans la lettre de Mme de Sévigné citée plus bas (p. 175, note 7) il est parlé à la fois de la seconde audience du procès et de l'échec de Gigeri. On sait que l'arrêt de bannissement prononcé le 20 décembre, par treize voix contre neuf, fut aggravé par Louis XIV, qui fit emprisonner l'ex-surintendant au château de Pignerol, où il mourut le 23 mars 1680. Le tome V (fol. 340-353) de ces *Portefeuilles de Vallant* où se trouvent les autographes d'une grande partie de nos lettres, contient une série d'instructions données par Foucquet, en vue de sa défense.

6. Le « bail judiciaire » est défini par Furetière « celui qui se fait en justice des biens saisis ». Notre auteur touche ici, en passant, aux opérations de la fameuse chambre de justice qui avait été instituée, après l'arrestation de Foucquet, pour la recherche des abus et malversations commis dans les finances depuis 1635. Dès la même année, 1661, tous les comptables, les fermiers et leurs cointéressés avaient été sommés de présenter un état de leurs biens avec justification d'origine, sous peine de confiscation, et, pour parer à l'artifice des substitutions, toutes les transactions faites par les gens de finances, depuis 1635, avaient été invalidées.

mérite d'être écrit. Le Roi est à Villers-Cotterets et en reviendra jeudi[7]. L'ami[8] que vous avez laissé ici dans une assez méchante affaire est toujours de même avec ceux qui se sont déclarés ses ennemis de tous sexes et de toutes professions; il a eu une longue conversation avec votre patron[9], qui en paroît assez satisfait. Je pourrai peut-être vous en dire davantage à mon retour. Je m'ennuie pour le moins autant ici que vous faites à la campagne, et je voudrois de tout mon cœur être à Époisse[10]. Je vis hier une dame qui vous a estimé, ce me semble, plus qu'elle ne fait. Nous dîmes pourtant du bien de vous; mais je crois qu'elle n'y a pas trouvé tout le mérite qu'elle pensoit. Ce que vous me mandez du camarade d'un de nos amis éloigné a plus fait de bruit, il y a quelque temps, qu'il n'en fait à cette heure, et on ne croit pas que cela produise rien de considérable. On a parlé du mariage de M. de Savoie et de la cadette Mlle de Nemours, comme d'une chose faite. On

---

7. « Sur la fin de septembre, écrit Mme de Motteville, à la date de 1664 (tome IV, p. 357), Monsieur et Madame allèrent à Villers-Cotterets. La Reine mère, par complaisance, y alla aussi et y fut deux jours. A son retour, le Roi y fit un voyage.... » Il y demeura cinq ou six jours, dit Mademoiselle, tome IV, p. 20.

8. L'éditeur de 1814 met encore ici, entre parenthèses, *Gourville*; il semble effectivement que, cette fois, c'est bien de lui qu'il s'agit. Avant de quitter la France, Gourville s'était retiré en Angoumois auprès de notre auteur (voyez ses *Mémoires*, p. 360 et 361, et la *lettre* suivante, note 1); pendant ce temps, sa maison de Paris était occupée par des garnisaires, et lui-même, condamné comme contumace, était pendu en effigie.

9. C'est-à-dire le prince de Condé, auquel Gourville ne rendit pas moins de services financiers qu'à la Rochefoucauld lui-même. Où et à quel moment cette conversation a-t-elle pu avoir lieu en 1664? Les *Mémoires de Gourville* ne nous parlent (p. 363) que d'une entrevue secrète de l'année 1663, ménagée par Guitaut lui-même, à Dijon, entre Gourville et Monsieur le Prince.

10. Voyez ci-dessus, la note 4.

en parle à cette heure douteusement [11]. Le prince François [12] a demandé l'aînée comme sa femme : on la lui refuse, et cela retarde le mariage d'elle et du roi de Portugal [13]. On dit que l'on ne fera plus rien en Hongrie [14] et qu'on ne fera pas grand'chose à Gigeri [15]. Me voilà

11. La chose ne se fit point en effet : ce ne fut pas Marie-Françoise, la fille cadette du feu duc de Nemours (Charles-Amédée, tué en duel par Beaufort en 1652), qui épousa le duc de Savoie Charles-Emmanuel II, alors veuf de Mlle de Valois, mais bien sa sœur aînée Marie-Jeanne, dont il est parlé ci-après. Ce mariage eut lieu l'année suivante, 1665.

12. François-Louis de Lorraine, comte de Rieux, puis d'Harcourt, second fils du duc d'Elbeuf ; voyez la *lettre* 21, p. 53, note 11.

13. La phrase n'est pas très-claire. Le mot *elle* se rapporte évidemment à la cadette de Nemours, qui épousa effectivement, deux ans après (1666), le roi de Portugal, Alphonse VI, puis, encore deux années plus tard (1668), le frère de ce dernier, le régent Pierre.

14. En cette année, 1664, l'Empereur, ayant guerre avec les Turcs, avait demandé des secours à Louis XIV, qui lui envoya un corps auxiliaire de six mille hommes, sous le commandement d'un ex-frondeur, le comte Jean de Coligny, dont il a été question dans les *Mémoires* (p. 185 et note 3). Cette guerre fut signalée, le 1er août, par une victoire des Impériaux à Saint-Gothard (basse Hongrie), victoire à laquelle le petit corps français contribua très-efficacement. Une paix immédiate s'ensuivit. Voyez les *Mémoires* de Coligny-Saligny (édition Monmerqué, Paris, 1841), p. 83-100 ; et, dans un manuscrit de la Bibliothèque nationale (Fr. 4151, fol. 57 et suivants), une relation de la campagne de Hongrie de 1664 et des combats de Kermein et de Saint-Gothard, entre les troupes françaises et allemandes et l'armée des Turcs, avec les articles du traité de paix entre l'Empereur et le Grand Seigneur.

15. Cette même année 1664, le Roi, à l'instigation du nouveau ministre Colbert, qui voyait avec peine le commerce français, dans le Levant, sans cesse troublé par les corsaires barbaresques, avait résolu de créer un établissement sur la côte d'Afrique, à Gigeri (*Gigery*, dans le manuscrit; Djijelli, province de Bougie). Le duc de Beaufort partit à la tête d'une expédition, et, le 22 juillet, s'empara du poste dont parle ici la Rochefoucauld. Voyez, dans la *Gazette* du 14 novembre 1664 (p. 1111-1122), *la Défaite des Maures devant Gigery en Afrique, par l'armée du Roi sous le commandement*

à bout de nouvelles, et il faut que je parte présentement. Si vos gens me veulent avertir un jour devant que le courrier parte, je vous écrirai plus régulièrement que je ne devrois après l'affront que vous m'avez fait. Je vous manderai tout ce que j'aurai vu à Chantilly. Je crois que Madame la Palatine[16] y sera; elle est venue ici pour deux jours. Adieu : je suis plus à vous que personne du monde.

82. — AU COMTE DE GUITAUT.

Ce 15 novembre [1664].

Vos raisons sont très-bonnes; mais, avec tout cela, vous ne laisserez pas de venir : vous serez même fort nécessaire ici à bien des choses que vous jugez bien. Pour moi, je vous y souhaite de tout mon cœur, pour mon seul divertissement, qui est fort grand d'être avec vous. Assurément nous aurions d'amples matières de conversation, et votre entremise seroit utile ici à bien des gens; et, encore une fois, je crois que tout cela vous y fera venir, malgré que vous en ayez. J'ai mandé à un de nos amis de demeurer où il est, jusqu'à ce que les affaires qui l'y retiennent soient achevées; et comme elles doivent finir très-promptement, je m'imagine qu'il

---

du duc de Beaufort, avec tout ce qui s'est passé dans cette action. On verra par la *lettre* suivante quel fut le résultat final de l'entreprise.

16. Sur Anne de Gonzague de Clèves, princesse palatine, qui joua un rôle si important dans les intrigues de la Régence, voyez les *Mémoires*, p. 219 et note 1. Elle était veuve, depuis l'année précédente (1663), du prince Édouard de Bavière.

LETTRE 82. — Publiée dans le recueil de *Lettres inédites de Mme de Sévigné* (Klostermann, p. 276-278; Bossange, p. 291). Cette lettre est, comme la précédente, de 1664, et adressée de même de Paris à Époisse (voyez p. 170, note 4).

1664 saura bientôt sa destinée¹. Je suis ravi que vous ayez si heureusement réparé la perte que vous aviez faite dans votre famille. Il n'y a guère de nouvelles ici. La Reine se porte mieux². On va danser un ballet³. J'attends le retour de M. l'Esnet pour savoir à quoi m'en tenir de mon affaire. Je parle souvent de vous avec ma voisine⁴, et elle m'est d'un grand secours. Vous lui seriez nécessaire ici aussi bien qu'à d'autres. Nous nous entendons bien sur mille choses. Je voudrois pourtant bien que nous en pussions parler à loisir. Je vous conjure de me mander si vous avez absolument résolu de ne point venir, quoi qu'on vous dise. Je ne sais quand je m'en irai, parce que j'ai ici des affaires; mais, quelque hâte que je pusse avoir, je ne partirai point que je ne vous aie vu, quand même il vous faudroit donner un rendez-vous. Si j'apprends quelque chose aujourd'hui, digne de votre curiosité, je l'ajouterai à ma lettre avant qu'elle parte; sinon contentez-vous-en, et me croyez plus sincèrement à vous que personne du monde.

1. Il semble bien ici encore que l'*ami* désigné par la Rochefoucauld (rapprochez de la *lettre* précédente, note 8) est Gourville, qui, à la fin de 1664, se trouvait à Bruxelles; voyez ses *Mémoires*, p. 374.

2. On voit par les *Mémoires de Mme de Motteville* (tome IV, p. 362 et 363), que la Reine, alors grosse, était tombée dangereusement malade, le 4 novembre 1664. Elle accoucha, le 16, d'une fille, Marie-Anne de France, qui vécut fort peu de temps (*Mémoires de Mademoiselle*, tome IV, p. 13 et note 1).

3. L'année 1664 vit de grandes fêtes à la cour, principalement à Versailles, en l'honneur de Mlle de la Vallière, dont la faveur était dans tout son éclat. C'est au printemps de 1664 qu'avaient eu lieu et le fameux *Carrousel* des Tuileries, à Paris, et les merveilleuses fêtes des *Plaisirs de l'île enchantée*, à Versailles.

4. On peut supposer qu'il s'agit ici ou de Mademoiselle de Montpensier, qui demeurait alors au palais du Luxembourg, qu'elle avait hérité de son père en 1660, ou plutôt de Mme de la Fayette, qui habitait rue de Vaugirard, pas bien loin de l'hôtel de la Rochefoucauld situé rue de Seine.

LETTRES.   175

Au reste, vous m'écrivez avec des façons que, si vous 1664
continuez, nous ferons comme les évêques.

Depuis vous avoir écrit, il est arrivé un courrier de Gigeri[5], qui dit que les Maures sont arrivés devant les lignes, et qu'ils ont mis du canon sur des hauteurs, dont ils ont rasé les deux tours : ce qui a fait prendre à nos gens le parti de se retirer dans ce qui leur restoit de vaisseaux. Je crois qu'ils ont laissé leurs chevaux et leurs malades. Le reste s'est embarqué sans avoir combattu. Il est demeuré ainsi quelque cinquante soldats qui ont mieux aimé se jeter dans la mer que d'attendre les ennemis. M. de Beaufort et M. de Vivonne[6] étoient partis trois jours auparavant. Il y a aujourd'hui quinze jours que cela est arrivé[7]. Castelan[8] arrive ici demain,

5. Voyez p. 172, la note 15 de la *lettre* précédente.
6. Louis-Victor de Rochechouart, comte, puis duc de Mortemart et de Vivonne, né en 1636, alors maréchal de camp ; il fut général des galères en 1669, maréchal de France et vice-roi de Sicile en 1675 ; il mourut en 1688.
7. Voyez une lettre de Mme de Sévigné à M. de Pomponne en date du 17 novembre 1664 (tome I, p. 437 et note 9). C'est le 31 octobre qu'eut lieu cette retraite précipitée. Montglat rapporte (tome III, p. 132) que les Maures prirent « trente-six pièces de canon, qu'ils conduisirent en triomphe dans Alger. » Il ajoute qu'au retour un « vaisseau françois, nommé *la Lune*, se fendit à la vue des côtes de France, et les dix premières compagnies du régiment de Picardie furent noyées, avec la Guillotière, maréchal de camp. »
8. Dans l'édition de 1814 d'où nous tirons cette lettre, le nom est écrit *Castelans*; mais il y a *Castelan* dans le manuscrit dont nous allons parler. — C'était un officier du corps expéditionnaire commandé par Beaufort ; il pouvait donc effectivement raconter « toutes les particularités » de l'expédition. Nous avons trouvé, dans le manuscrit 4151, déjà cité à la page 172, note 14, deux rapports officiels émanant de lui sur cet épisode militaire : 1° (fol. 89-100) « Relation envoyée au Roi par le sieur de Castelan, contenant ce qui s'est passé à Gigery, depuis le 22 octobre jusques au 25. — Du camp de Gigery, ce 25 octobre 1664. » — 2° (fol. 101-115) « Seconde relation envoyée

qui en dira toutes les particularités. On dit qu'on donne la Guyenne à M. de Beaufort[9], et qu'on supprime l'amirauté[10]. Voilà tout ce que je sais.

83. — A MADEMOISELLE DE SILLERY[1].

Novembre 1664.

Il me semble que vous vous mariez bravement sans

au Roi par le sieur de Castelan, contenant ce qui s'est passé à Gigery, à la retraite des troupes de Sa Majesté. » Ce même Castelan avait été chargé, en 1642, avec Couvonges et du Plessis-Praslin, d'arrêter le duc de Bouillon à Casal (*Mémoires de Mme de Motteville,* tome I, p. 85-87). Le tome XVII du recueil manuscrit de Conrart, in-folio, Bibliothèque de l'Arsenal, renferme (p. 401) une « Relation » de cette affaire de « Gigerye », avec une liste des officiers et des volontaires tués dans la descente. On y lit que « le chevalier de la Rochefoucauld eut le doigt emporté. »

9. Le duc de Beaufort n'obtint pas le gouvernement de la Guyenne, vacant depuis la mort (1661) de Bernard de Nogaret, duc d'Épernon; il ne fut donné qu'en 1670 au maréchal d'Albret.

10. Ou plutôt la grande maîtrise et surintendance de la navigation, qui avait remplacé l'amirauté, supprimée en 1627. En 1669, après la mort du duc de Beaufort, qui fut le dernier grand maître, l'amirauté fut rétablie en faveur du comte de Vermandois : voyez l'*Histoire de la milice françoise,* par le P. Daniel, in-4°, 1721, tome II, p. 692 et 693.

Lettre 83. — Nous ignorons où est l'original de cette lettre badine, qui peut sembler étrange au milieu de toute cette correspondance d'affaires ou de cet échange de réflexions morales ; il serait désirable qu'on en trouvât l'autographe, pour pouvoir répondre de l'authenticité. Dans une autre lettre, adressée également à Mlle de Sillery (voyez ci-après, p. 221, n° 112), la Rochefoucauld badine encore sur un ton des plus légers. Cette *lettre* 83 a été publiée dans *le Petit Magasin des Dames* (1806), p. 113, dans *les Quatre saisons du Parnasse* (recueil de Fayolle, 2de année, été 1806), p. 205, et reproduite dans les éditions de 1818, p. 235, de 1825, p. 477, de 1869, p. 350, et dans *Madame de Sablé,* p. 521.

1. La nièce de notre auteur (voyez ci-après la note 3), fille du

me rien dire; j'avois cependant d'assez bons conseils à vous donner; mais la beauté[2] de votre naturel et l'éducation de ma sœur[3] vous ont appris sans doute tout ce que vous aviez à faire dans une telle occasion. J'aurois cependant fort souhaité de pouvoir être témoin de votre conduite; je m'attends que vous m'en rendrez compte, car, sans cela, au lieu des prospérités que je vous souhaite, je vous souhaiterois les impossibilités, les jalousies réciproques, l'incompatibilité d'humeur, un beau-père amoureux de vous, une belle-mère acariâtre, des beaux-frères querelleurs, des belles-sœurs ennuyeuses, polies de campagne[4], et aimant à lire de mauvais romans; de la fumée en hiver, des punaises en été, des fermiers qui paient mal, de fâcheux voisins, des procès en défendant[5], des valets qui vous volent, un méchant cuisinier, un confesseur moliniste[6], une femme de chambre qui ne sait pas bien peigner, un carrosse mal attelé, un cocher ivrogne, du linge sale, de l'eau trouble, du vin vert, du pain de Beauce[7], des créanciers impatients,

---

marquis de Sillery dont il a été question ci-dessus (*lettre* 12, p. 38, note 4); elle épousa, le 23 novembre 1664, Jean-Baptiste de Rochefort d'Ailly, comte de Saint-Point et de Montferrand.

2. Dans les éditions de 1818, 1825, 1869, et dans *Madame de Sablé*, on a substitué ici *bonté* à *beauté*; six lignes plus loin, celles de 1818, 1825 et 1869 ont *souhaite* au lieu de *souhaiterois*; et encore, neuf lignes plus bas, *sache* au lieu de *sait*.

3. Marie-Catherine de la Rochefoucauld, troisième sœur du duc, mariée, par contrat du 27 mai 1638, au marquis de Sillery.

4. Comme on l'est à la campagne, d'une politesse rustique.

5. Des procès à vous intentés, où vous serez défenderesse.

6. C'est-à-dire ayant sur la grâce les opinions du jésuite Molina, donc un adversaire des jansénistes. Ce souhait de malheur est d'un ami de Port-Royal ou du moins d'un ami des amis de Port-Royal. Nous sommes à la veille de la signature du formulaire (1665).

7. Nous n'avons pas trouvé ailleurs semblable réprobation du pain de la Beauce, pays si riche en bel et bon blé; mais la Beauce était très-pauvre; « on s'y déjeunoit de baisler (bâiller), » comme

un bailli chicaneur, des lévriers au coin de votre feu, des chats sur votre lit, un curé qui prêche mal et longtemps, un vicaire mauvais poëte. Je parlerois des enfants, mais l'impossibilité y pourvoira[8], si tant est qu'elle puisse y pourvoir : je m'en tais, pour n'aller pas trop loin. Venez donc me voir quand ce sera fait[9], pour éviter tous ces malheurs, et pour vous rendre digne des biens que vous méritez, si vous faites votre devoir.

parle Rabelais (*Pantagruel*, livre V, chapitre XXVII) ; « les gentilshommes, dit un proverbe, y vendaient leurs chiens pour avoir du pain, » du pain à bon compte, et non certes de fine fleur de froment. — A cette explication nous ajouterons une conjecture. N'est-il pas possible que les premiers éditeurs aient mal lu et qu'il y ait dans l'original : *pain de brasse*, terme ainsi défini dans le *Dictionnaire de Trévoux* : « gros pains qu'on fait pour les gens » ?

8. La phrase n'est pas très-claire. Si nous avons le vrai texte, le sens pourrait être à la rigueur : « Je parlerois des enfants, pour vous souhaiter aussi malheur quant à eux ; mais je compte que vous ne pourrez pas avoir d'enfants, et que cette impossibilité pourvoira, suppléera à ce que je pourrois dire, à mes méchants souhaits en ce point, si tant est qu'elle y pourvoie et supplée, c'est-à-dire que ce soit un malheur de ne pas avoir d'enfants. » Les mots suivants : « pour n'aller pas trop loin », rendent probable un sens plus libre. Nous avons déjà plus haut dans la lettre le mot *impossibilité* ; s'il a ici l'acception d'*impuissance* (du mari), la suite n'est plus malaisée à comprendre.

9. Quand le mariage sera chose faite et accomplie.

84. — A LENET.

1665

Je n'ai pu vous écrire plus tôt, car j'ai été extrêmement mal; je ne me porte même pas assez bien encore pour oser entreprendre le voyage de Barèges[1]; la saison est bien avancée, et j'ai des commencements de goutte qui m'empêchent d'aller[2] plus loin; j'en retournerai plus tôt à Paris. Je suis très-fâché, en toutes façons[3], de ce que vous m'avez mandé de la rupture de votre traité: je sais à quel point ces choses-là embarrassent, et les circonstances que vous me mandez me déplaisent au dernier point. Si vous pouviez ne point rompre l'affaire! Je pense que vous voyez bien qu'il ne faudroit pas se dépiter pour peu[4] de chose, et qu'il ne faudroit rien oublier pour la renouer. Je suis très-fâché aussi que Gourville ne se trouve pas en état de faire ce qu'il est obligé sur votre chapitre[5]; il[6] me mande qu'il espère quelque accommodement, et cela remédieroit à tout[7]. Ma femme, ma fille[8], et généralement toute ma famille, vous font

---

Lettre 84. — *Manuscrits de Lenet*, tome XXIV, fol. 156 et 157, autographe; cachets conservés; rien au dos. Elle paraît avoir été écrite en 1665, d'après l'allusion qui y est faite à un épisode de la guerre maritime entre la Hollande et l'Angleterre: voyez ci-après, note 9.

1. Voyez p. 165, *lettre* 75 et note 2. Il sera encore question de Barèges dans les *lettres* 86, 89, 97 et 114.

2. La Rochefoucauld avait d'abord écrit *de*; l'*a* d'*aller* corrige *e*.

3. Dans l'original: « en toute façons. » Faut-il, comme nous l'avons fait, ajouter un *s* à *toutes*, ou supprimer celui de *façons*?

4. Le *p* de *peu* paraît corriger *s*; il semble qu'on avait d'abord voulu mettre: *si peu*.

5. Les biens de Gourville avaient été confisqués, et, avant de rentrer en grâce, il eut à faire au Trésor des restitutions très-considérables.

6. *Il*, sur *on*, biffé.

7. En l'année 1665, Gourville, comme on le voit par ses *Mémoires* (p. 375-380), était réfugié dans les **Pays-Bas**.

8. Il faut conclure de ce passage que la Rochefoucauld n'avait

mille très-humbles compliments; pour moi, je vous suis sensiblement obligé de vos soins et de votre souvenir. L'aventure des Hollandois est terrible, et cela éloignera encore la paix, car les Anglois seront bien fiers[9]. Je me réjouis du dessein de M. de Longueville, mais je doute fort qu'il l'exécute[10]. Faites-moi toujours savoir des nouvelles de votre santé, et croyez qu'homme de France, sans exception, ne prend plus de part que moi à ce qui vous touche, et ne vous aime et honore plus sincèrement que je fais.

alors auprès de lui qu'une de ses trois filles. Laquelle? nous l'ignorons. Voyez, au tome I, le *Tableau généalogique* placé à la suite de la *Notice biographique, appendice* II, p. XCVI.

9. Les querelles maritimes et commerciales de la Hollande et de l'Angleterre, qui avaient eu, en quelque sorte, pour préliminaire et antécédent lointain la fameuse polémique du *mare liberum*, de Grotius, et du *mare clausum*, de Selden, avaient abouti, après bien des violences réciproques sur les diverses mers du globe, à une nouvelle guerre, déclarée en février 1665. Le 13 juin de cette année, les deux marines rivales s'étaient livré près de Lowestoft, sur la côte de Suffolk, un grand combat, où les Hollandais essuyèrent un désastre complet. Le duc d'York, le futur Jacques II, qui commandait la flotte britannique, leur prit ou leur brûla de quinze à vingt navires. Le reste alla chercher un refuge dans les bas-fonds du Texel et de la Meuse.

10. Jean-Louis-Charles d'Orléans, fils aîné du duc de Longueville. Sans deviner au juste à quel dessein la Rochefoucauld fait ici allusion, on peut, ce semble, utilement rapprocher de sa lettre ce passage des *Mémoires du P. Rapin* (année 1667, tome III, p. 391 et 392) : « Ce fut en ce temps-ci ou environ que partit de Paris le duc de Longueville, sorti depuis quelque temps du noviciat des Jésuites, pour aller en Dalmatie servir dans les troupes de la république de Venise, contre le Turc, en qualité de volontaire. La duchesse sa mère, lasse de sa conduite, et ne pouvant plus le souffrir, lui fit inspirer par le chevalier de Montchevreuil ce dessein. La guerre ne fut que le prétexte dont il se servit pour prendre les ordres à Rome de la main du Pape, car il ne craignoit rien tant que de voir une épée à son côté. » Voyez aussi une lettre de Mme de Sévigné à Bussy Rabutin, tome I, p. 525.

Je [11] ne doute point de vos bontés pour ce pauvre M. de la Mote-Bregantin [12]; je vous supplie seulement que son fils sache combien de fois je vous ai prié de le servir.

Je ne parlerai à personne de ce que vous me mandez.

Ce 11 de septembre.

Suscription : Pour M. l'Esnet.

85. — A LENET.

Je crois qu'il est du devoir de vos amis de se réjouir avec vous de la résurrection de M. de Navailles. J'ai eu le plaisir de lui en voir recevoir la nouvelle chez moi, et j'ai trouvé que c'étoit bon signe de ce que les grâces commencent à prendre le chemin de Vertœil : je souhaite qu'il y en vienne assez pour que j'en puisse avoir ma part. Vous devriez mourir de honte de me laisser deux mois ici, sans me mander un mot; je vous conjure

---

11. Les deux dernières phrases forment, dans l'original, un double post-scriptum ; chacune est précédée d'un parafe.

12. Lenet, dans ses *Mémoires* (p. 259), l'appelle *la Mothe-Brigantin*, et en parle, à l'époque de la Fronde, comme d'un gentilhomme appartenant au duc de Bouillon.

Lettre 85. — *Manuscrits de Lenet*, tome XXIII, fol. 65, autographe; cachets conservés; rien au dos. La date approximative de cette lettre est indiquée par l'allusion de la première phrase. Le duc de Navailles (Philippe de Montaut de Bénac) avait été disgracié en même temps que sa femme (Mlle de Neuillant), dame d'honneur d'Anne d'Autriche, en juin 1664, et dépouillé de sa charge de lieutenant général des chevau-légers et de son gouvernement du Havre ; mais, l'année suivante (1665), il obtint sa grâce, et fut nommé gouverneur du pays d'Aunis.

1665 de m'apprendre ce que c'est que¹ ce bruit qui court, que l'on a trouvé de la vaisselle de Monsieur le Prince chez Monsieur le lieutenant criminel. J'ai écrit, il n'y a pas longtemps, à M. de Guitaut; on m'a mandé qu'il est malade; j'en suis en peine; je vous prie² que j'en sache des nouvelles, et si sa belle-sœur a eu le don de persévérance³. Adieu, je suis absolument à vous.

Le 18 de septembre.

Ma femme me prie de vous faire mille compliments de sa part⁴.

Suscription : Pour Monsieur l'Esnet, à Paris.

---

86. — A MADEMOISELLE D'AUMALE¹.

Il paroît bien que vous connoissez vos forces ; vous

---

1. Les mots *ce que c'est que* sont en interligne, dans l'original.
2. *Prie* surcharge un autre mot, illisible.
3. Il s'agit ici de Françoise de la Grange, religieuse, et sœur de Madeleine de la Grange-d'Arquien, marquise d'Époisse, femme de Guitaut : voyez ci-dessus, p. 170, *lettre* 81, note 4.
4. Ce post-scriptum est écrit à rebours au haut de la page.

Lettre 86. — *Portefeuilles de Vallant*, tome II, fol. 130 et 131, autographe; cachets conservés; au dos : « M. de la Rochefoucaut à Mlle d'Aumale. » Cette lettre, publiée dans les éditions de 1818, p. 222, de 1825, p. 453, de 1869, p. 312, et dans *Madame de Sablé*, p. 507, paraît avoir été écrite vers 1665; elle est, en tout cas, postérieure à 1664, époque du second mariage de la duchesse de Châtillon et des lettres de duc de Montausier.

1. Suzanne d'Aumale de Haucourt, seconde fille de Daniel d'Aumale, premier chambellan du grand Condé. Elle était protestante et épousa le maréchal Frédéric-Armand de Schonberg, qui quitta la France après la révocation de l'édit de Nantes, et fut tué, en 1690, à la bataille de la Boyne. C'est la *Dorinice* du *Dictionnaire*

m'écrivez hardiment comme si vous aviez songé en moi[2] depuis que je suis parti. Vous me faites des excuses de ne me mander point de nouvelles du monde ; vous savez pourtant bien en votre conscience que ce n'est pas de celles-là que je vous demande. Puisque vous voulez tant en savoir des miennes, je vous dirai que je ne sais si c'est l'intention d'aller à Barèges[3] qui me porte bonheur, ou quelque autre intention ; mais enfin je crois que je mettrai bientôt le bâton au croc[4] : il me semble que cela veut dire jeter le froc aux orties. Vous m'en direz des nouvelles cet hiver.

J'en ai eu de Richelieu[5], où on a fait des merveilles. Mme[s] de Frontenac[6] et Luynes[7] vouloient venir ici ; mais

---

des Précieuses; elle est souvent nommée dans les *Lettres de Mme de Sévigné;* Mademoiselle de Montpensier parle d'elle et de sa sœur dans ses *Mémoires*, tome II, p. 417-419 et 423-425. V. Cousin a publié, dans l'*Appendice de Madame de Sablé*, treize lettres de Suzanne d'Aumale, trouvées dans les tomes V et VII des *Portefeuilles de Vallant* ; douze sont adressées à Mme de Sablé.

2. Tel est bien le texte.
3. Voyez la *lettre* 84, p. 179 et note 1.
4. Par analogie avec la locution : « pendre l'épée au croc, » qu'emploie Mascarille dans *les Précieuses ridicules* (scène XI). Nous avons vu ci-dessus, dans une chanson du temps, citée p. 69, *lettre* 24, note 33, l'expression : « Fronde au croc. »
5. C'est-à-dire du château de Richelieu (Indre-et-Loire), qui appartenait au duc et à la duchesse de ce nom : voyez les *Mémoires*, p. 305, note 1.
6. Anne de la Grange, fille de Charles de la Grange-Trianon sieur de Neuville, maître des comptes, mariée à Louis de Buade, comte de Palluau et de Frontenac, qui fut gouverneur du Canada, et mourut à Québec en 1698. Elle avait été une des *aides de camp* de Mademoiselle : voyez ci-dessus, p. 108 et note 6.
7. L'orthographe du manuscrit est *L'uine*, avec une initiale surchargée ; il semble que la Rochefoucauld ait commencé par mettre N, au lieu de L. Il s'agit d'Anne de Rohan, seconde femme du fils du Connétable, Louis-Charles d'Albert, duc de Luynes, qui l'épousa en 1661 ; elle mourut le 29 octobre 1684. L'année suivante,

1665 on m'a dit qu'elles s'en revont à l'Isle⁸ avec Mademoiselle votre sœur⁹. J'espère que je les y trouverai encore. M. le maréchal d'Albret¹⁰ les verra¹¹ plus tôt que moi; il s'en retourne aussi vite qu'il est venu. Je ne puis croire que Mme de Mequelbourg¹² toute seule ait la gloire de lui faire faire tant de chemin; il en sera ce qui plaira Dieu¹³, et moi je serai toujours plus respectueusement que personne du monde votre très-humble et très-obéissant serviteur.

LA ROCHEFOUCAULD.

Le 7 d'octobre¹⁴.

Je crois que ce ne seroit pas être si respectueux que je dis si j'osois rendre grâces ici à Mme la duchesse de

---

il se maria, en troisièmes noces, avec Marguerite d'Aligre, marquise de Manneville, qui mourut en 1690.

8. Voyez p. 224, *lettre* 114; et, dans l'ouvrage de M. Éd. de Barthélemy, *les Amis de la marquise de Sablé* (p. 161), une lettre de Mlle d'Aumale à Mme de Sablé, datée de Lisle (Lille).

9. La sœur aînée, qui portait le nom de Mlle de Haucourt: voyez les passages des *Mémoires de Mademoiselle* où renvoie la note 1.

10. Sur le maréchal d'Albret, voyez ci-dessus, p. 56, *lettre* 22, note 4. Il y a des lettres de lui à Mme de Sablé, à la fin du tome II des *Portefeuilles de Vallant*.

11. Il y a bien dans l'autographe *les verra*, et non *les y verra*, qui est la leçon des quatre imprimés.

12. Élisabeth-Angélique de Montmorency-Bouteville, ci-devant duchesse de Châtillon, et remariée, en 1664, à Christian-Louis, duc de Mecklenbourg, ou Mecklebourg, Mequelbourg, comme on disait alors en français. Il est parlé d'elle dans les *lettres* 15 (p. 43), 21 (p. 55) et 23 (p. 62). Voyez aussi les *Mémoires de Saint-Simon* (édition de 1879), tome I, p. 218 et note 1, et tome II, p. 36 et note 5.

13. Les trois éditions de 1818, 1825, 1869, et *Madame de Sablé*, rajeunissent le tour et corrigent en *plaira à Dieu*.

14. Dans le texte de 1869, on a ajouté devant la date: « A Verteuil ».

Montausier [15] de l'honneur qu'elle me fait de se souvenir
de moi. Je voudrois pourtant bien qu'elle sût combien
je lui en suis obligé.

Suscription : A Mademoiselle Mademoiselle d'Aumale.

---

87. — A LA MARQUISE DE SABLÉ.

C'EST ce que vous m'avez envoyé [1] qui me rend capable d'être gouverneur de Monsieur le Dauphin [2] depuis l'avoir lu, et non pas ces [3] sentences que j'ai faites. Je n'ai en ma vie rien vu de si beau ni de si judicieusement écrit. Si cet ouvrage-là étoit publié, je crois que chacun seroit obligé en conscience de le lire, car rien au monde ne seroit si utile : il est vrai que ce seroit faire

15. La célèbre Julie d'Angennes, marquise, puis (1664) duchesse de Montausier, née en 1607, morte en 1671. Après avoir été gouvernante des enfants de France (1661), elle était devenue (1664) dame d'honneur de la Reine.

LETTRE 87. — *Portefeuilles de Vallant*, tome II, fol. 122 et 123, autographe; cachets conservés; au dos, la mention : « M. de la Rochefoucauld. » Cette lettre a été publiée dans les éditions de 1818, p. 219, de 1825, p. 447, de 1869, p. 304, et dans *Madame de Sablé*, p. 503. Elle n'est pas datée; mais on voit qu'elle a été écrite vers 1665, époque où la Rochefoucauld brigua la charge de gouverneur du Dauphin, qui fut donnée, quelque temps après, en 1668, au duc de Montausier. Voyez les *Mémoires de Bussy Rabutin* (édition Lalanne), tome II, p. 288 et 289.

1. Il s'agit du traité de l'*Éducation des enfants*, écrit par Mme de Sablé : voyez ci-dessus, p. 132, *lettre* 54 et note 3.

2. Louis, fils de Louis XIV, appelé ordinairement Monseigneur, ou le Grand Dauphin, pour le distinguer du duc de Bourgogne, son fils, qui fut après lui dauphin. Né en 1661, il mourut en 1711.

3. Dans le texte de 1869 et dans celui de Cousin, *les*, et six lignes plus bas (1869 seulement), *je savois*, pour *j'apprends*.

le procès à bien des gouverneurs que je connois. Tout ce que j'apprends de cette morte[4] dont vous me parlez me donne une curiosité extrême de vous en entretenir : vous savez bien que je ne crois que[5] vous sur de certains chapitres, et surtout sur les replis du cœur[6]. Ce n'est pas que je ne[7] croie tout ce que l'on dit là-dessus[8] ; mais enfin je croirai l'avoir vu quand vous me l'aurez dit vous-même. J'ai envoyé des sentences à M. Esprit pour vous les montrer, mais il ne m'a point[9] encore fait réponse, et il me semble que c'est mauvais signe pour les sentences. Je vous baise très-humblement les mains, et je[10] vous assure, Madame, que personne du monde n'a tant de respect pour vous que moi.

LA ROCHEFOUCAULD.

Suscription : A Madame Madame la marquise de Sablé.

4. Mme de Longueville, alors pénitente et morte au monde. Voyez ci-dessus, p. 139, *lettre* 58 et note 2.
5. Il y avait d'abord, dans l'original, *qu'en*. — *Bien* est omis dans les éditions de 1818, 1825, et dans *Madame de Sablé*.
6. Rapprochez d'un passage de la *lettre* déjà citée (58, p. 139).
7. *Ne* est en interligne.
8. Voyez, à ce sujet, un curieux article de Sainte-Beuve, relatif à Mme de Longueville, dans ses *Portraits de femmes* (1862), p. 285-316.
9. *Pas*, au lieu de *point*, dans *Madame de Sablé*.
10. *Je* est omis dans le texte de 1869.

88. — AU PÈRE RAPIN[1].

1666

CE n'est pas assez pour moi de tout ce que nous disions hier : il me vient à tous moments des scrupules, et l'on ne sauroit jamais avoir trop de délicatesse pour un ami du prix de M. de la Chapelle[2]. C'est pourquoi, mon Très-Révérend Père, je vous supplie très-humblement de vous mettre précisément en ma place, et de vouloir être mon directeur pour tout ce que je dois à notre ami, avec autant d'exactitude que vous en avez pour les consciences. N'ayez, s'il vous plaît, aucun égard à l'intérêt des *Maximes*, et ne songez qu'à ne me laisser manquer à rien vers l'homme du monde à qui je veux le moins manquer. Je vous demande pardon de la liberté que je prends, mais M. de la Chapelle en est cause en toutes manières, et il m'a tellement assuré que j'ai quelque part à l'honneur de vos bonnes grâces,

LETTRE 88. — D'après l'autographe, faisant partie de la collection de feu M. Chambry. Cette lettre paraît être de 1666, époque où la Rochefoucauld préparait la seconde édition de ses *Maximes*: voyez, au tome I, p. 353 et note 3.

1. Le P. Rapin (René), auquel cette lettre est adressée, naquit à Tours, en 1621, et entra en 1639 dans la Compagnie de Jésus. Il fut ordonné prêtre en 1651 par le coadjuteur de Paris, le futur cardinal de Retz, et devint préfet des études au collège de Clermont (depuis Louis-le-Grand). Bien que jésuite, il fut lié avec bon nombre d'adeptes du jansénisme, et, en première ligne, avec Mme de Sablé. Il mourut à Paris en 1687. Ses *Mémoires* ont été publiés par M. Léon Aubineau, 3 vol. in-8°, 1865. — Il y a de lui, dans les *Portefeuilles de Vallant* (tome V, fol. 174 et verso), un petit billet adressé, en 1675, à Mme de Sablé, où il parle d'une certaine salade mangée la veille au soir chez le premier président de Lamoignon et trouvée fort bonne : c'était une recette donnée par la marquise ; le R. P. se propose de venir en personne lui en demander le secret. Voyez le *Port-Royal* de Sainte-Beuve, tome V, p. 76, et comparez, pour une semblable demande de recettes, la *lettre* 70, p. 159.

2. Sur cet ami du nom de *la Chapelle*, voyez la *Notice* relative au *Discours sur les Maximes*, tome I, p. 351 et suivantes.

que j'espère que vous m'accorderez celle que je viens de vous demander, et de me croire à vous, avec toute l'estime et le respect imaginables.

La Rochefoucauld.

A Paris, le 12 de juillet.

---

89. — A LENET.

Quand je vous ai demandé des nouvelles, je n'ai pas prétendu que vous vous donnassiez la peine de les écrire de votre main ; je ne voudrois, pour rien du monde, vous contraindre à ce point-là ; ordonnez à quelqu'un de vos gens de m'écrire ce que vous voudrez que je sache, et, quand il y aura quelque chose de particulier, vous l'ajouterez, quand vous n'aurez rien de mieux à faire ; mais je vous demande, pour mon soulagement comme[1] pour le vôtre, que je n'aie pas le scrupule de[2] vous assujétir à une régularité qui vous[3] incommoderoit assurément ; je suis l'homme du monde pour qui vous devez le moins faire de façon. Je compte sur votre amitié, comme sur ce qui m'est de plus assuré ; je vous conjure aussi de me faire la même justice, et de me croire à vous, et toute ma famille aussi, sans aucune réserve.

Je[4] n'irai point à Barèges[5], et je ne partirai d'ici que

Lettre 89. — *Manuscrits de Lenet*, tome XXIV, fol. 143, autographe ; cachets à demi conservés ; rien au dos. Cette lettre, sans date d'année, a été écrite en 1666, comme le prouve l'allusion à une expédition maritime : voyez ci-après, note 6.

1. Le commencement du mot, *co*, surcharge *de*.
2. Après *de*, il y a un mot biffé, *croire*, ce nous semble.
3. *Qui vous*, en interligne. A la fin de la phrase il y a bien *façon*, au singulier.
4. Ce qui suit est en post-scriptum, après un parafe.
5. Voyez *lettre* 84, p. 179 et note 1.

pour retourner cet hiver à Paris. Ma mauvaise santé m'a empêché d'aller aux bains; j'ai eu mille maux depuis que je suis ici; je commence à me mieux porter. M. de Beaufort est parti de la Rochelle depuis quatre jours; si les Anglois se trouvent entre lui et les Hollandois, ils auront beaucoup d'affaires[6].

A la Terne[7], le 17 de septembre.

Suscription : Pour Monsieur l'Enet.

---

90. — AU COMTE DE GUITAUT.

A la Terne, le 24 septembre.

J'AI appris ce matin que vous êtes à Chantilly[1], et

---

6. Louis XIV, qui avait conclu, en 1662, avec la Hollande un pacte défensif par lequel il s'engageait à la soutenir dans sa lutte maritime contre l'Angleterre, s'était décidé, à la fin de 1665, après de longs atermoiements, à prêter à ses alliés l'assistance qu'il leur avait promise. Dans cette vue, le duc de Beaufort avait été rappelé, avec la flotte qu'il commandait, de la Méditerranée dans l'Océan. Revenu à la Rochelle, vers les derniers jours d'août, il en était reparti, comme la Rochefoucauld le dit ici, pour s'avancer dans la Manche au-devant de l'escadre hollandaise, qu'il supposait prête à lui donner la main. Mais celle-ci, qui venait de livrer deux terribles combats à la flotte britannique, commandée par Monk, s'était retirée au nord du Pas-de-Calais. Beaufort, arrivé à l'entrée de la Manche avec quarante voiles, n'osa poursuivre sa route plus avant; il regagna Brest en toute hâte, sans pouvoir toutefois épargner a son arrière-garde un vif engagement avec l'escadre ennemie, engagement dans lequel les Anglais nous prirent un vaisseau de cinquante-quatre canons : voyez p. 190, la *lettre* 91.

7. Sur la Terne, voyez ci-dessus, p. 42, *lettre* 14 et note 4.

LETTRE 90. — Publiée pour la première fois dans le recueil de *Lettres inédites de Mme de Sévigné* (Klostermann, p. 282 ; Bossange, p. 296).

1. Auprès du prince de Condé, retiré alors dans son château de Chantilly.

1666 que Madame votre femme y est aussi en bonne santé. Je vous assure que je ne pouvois pas recevoir une meilleure nouvelle. Mandez-moi quelquefois ce que vous saurez, et que la paresse ne vous reprenne pas sitôt. J'ai eu mille maux depuis que je suis en ce pays-ci[2]. J'en suis quitte présentement; mais j'attends la goutte à mon ordinaire. J'espère que je vous verrai cet hiver. Je vous ai écrit, il y a un mois, pour vous remercier du plus grand plaisir que je pouvois recevoir; je ne suis pas près de l'oublier. Adieu : j'ai tant de gens à entretenir ce soir, que je ne vous en dirai pas davantage.

---

91. — A LENET.

J'étois en peine de votre santé, et j'en ai demandé des nouvelles à M. de Guitaut, par le dernier courrier; je vous conjure que je sache un peu de vos nouvelles, et comment tout s'est passé avec votre voisine[1]. J'ai appris les nouvelles d'Angleterre, et j'admire la bonne fortune du Roi, de ce que M. de Beaufort a évité tant de périls par des miracles[2]. J'ai dit à toute ma famille les bontés que vous avez pour nous; je vous assure qu'il

---

2. Rapprochez d'une phrase, presque textuellement identique, de la fin de la *lettre* précédente.

LETTRE 91. — *Manuscrits de Lenet*, tome XXIV, fol. 145, autographe; cachets conservés; rien au dos. Cette lettre a été, comme la précédente, écrite en 1666.

1. Allusion à quelque affaire de Lenet, soit avec Mademoiselle de Montpensier, qui demeurait au Luxembourg (voyez ci-dessous la suscription de cette lettre), soit peut-être avec Mme de la Fayette, qui habitait rue de Vaugirard. Voyez la *Notice biographique*, p. LXXVI; et plus haut, p. 174, *lettre* 82 et note 4.

2. Voyez p. 189, fin de la note 6 de la *lettre* 89.

n'y a lieu au monde où on vous honore plus véritablement qu'ici, et où vous ayez tant de pouvoir³.

Le 4 d'octobre.

Suscription : Pour Monsieur l'Enet, près de Luxembourg⁴, à Paris.

---

92. — AU COMTE DE GUITAUT.

19ᵐᵉ novembre.

J'AI la plus grande joie du monde d'apprendre que Madame votre femme¹ est grosse et que vous vous portez mieux. Ces petites rechutes ne vous doivent pas inquiéter ; il faut s'étourdir soi-même, si on peut, et se distraire de l'application des affaires fâcheuses et de celle de la maladie, et s'occuper, s'il est possible, à ce qui divertit le plus. Ces conseils-là sont bien plus aisés à donner qu'ils ne le sont à suivre². Je suis très-fâché de ce que vous me mandez de M. Lenet, et je m'assure

---

3. Les sept derniers mots de la lettre sont écrits à la marge de gauche, ainsi que la date.
4. Voyez au tome II, p. 16, note 5.

LETTRE 92. — Publiée dans le recueil de *Lettres inédites de Mme de Sévigné* (Klostermann, p. 272 ; Bossange, p. 287). Si la conjecture exprimée ci-après, dans la note 1, est fondée, cette lettre n'a pu être écrite avant 1661 ; nous n'avons pas le moyen d'en mieux déterminer l'époque. Dans la première édition, on a daté de 1651, ce qui est inconciliable avec la supposition dont parle la note 4. — Sur le comte de Guitaut, voyez p. 120, la note 1 de la *lettre* 46.

1. Il s'agit sans doute ici de la première femme de Guitaut, Madeleine de la Grange-d'Arquien, marquise d'Époisse, qu'il avait épousée en mars 1661, et qui mourut en 1667, instituant, comme nous l'avons dit (p. 170, note 4), son mari héritier de ses biens. Voyez les *lettres* 81, 82, 85, 90, 93 et 94.

2. Rapprochez de la *maxime* 378 (tome I, p. 176).

qu'il en sera bien fâché aussi, quand il y aura fait réflexion. Ce qui m'en déplaît le plus, c'est que je n'y vois guère de remède et qu'en cent ans on ne réparera pas ce qu'il a détruit. Ce que vous me mandez d'un autre homme de mes amis me fera hâter mon voyage[3]; je ne puis plus résister à l'impatience que j'ai de le voir, et je vous retiens pour faciliter notre entrevue. Je prétends être à Noël à Paris, si ma santé me le permet; je suis ravi que vous y passiez l'hiver. Je vous conjure que je sache si la mère de notre ami[4] se laisse fléchir ou non sur l'argent: ce sera une chose terrible si elle ne fait pas ce qu'elle doit là-dessus. Je ne doute pas que son frère ne lui en dise son avis; mais je voudrois qu'il le dît de sorte à faire connoître qu'il desire qu'il soit suivi. Il est impossible d'écrire tout ce qu'on pense là-dessus; j'espère que je vous le dirai bientôt. Je suis à vous sans réserve.

Il n'est pas nécessaire de vous dire de faire en sorte que Madame votre femme se ménage au dernier point dans l'état où elle est; vous en savez toutes les conséquences, et vous êtes en lieu de bon conseil; mais il est vrai que la moindre chose peut étrangement nuire à sa santé.

3. Cet autre homme est probablement Gourville. Les relations d'affaires que la Rochefoucauld n'a cessé d'avoir avec lui suffiraient à expliquer, à une époque quelconque, l'impatience ici témoignée. Que l'entrevue présente des difficultés et que Guitaut puisse aider à les écarter, cela fait penser au temps où Gourville craignait d'être impliqué dans le procès de Foucquet. Voyez ci-dessus, p. 132 et p. 169 et 179, les *lettres* 54, 81 et 84.

4. L'éditeur de 1814, qui, nous l'avons dit, a daté cette lettre de 1651, a supposé dans une note qu'il s'agissait ici de la mère du grand Condé; il a oublié que cette princesse était morte le 2 décembre 1650.

93. — AU COMTE DE GUITAUT.

Paris, le 21 mai.

Je viens d'apprendre par M. de Briolle[1] l'accident qui est arrivé aux couches de Madame votre femme[2]. Je ne vous dis point que j'en suis aussi affligé que vous-même, parce que je crois que vous n'en doutez pas. Je vous conjure de me mander de ses nouvelles et des vôtres. Je vous ai écrit, il n'y a pas quinze jours, une assez longue lettre; je voudrois bien savoir si vos gens vous l'ont envoyée. Il n'y a rien présentement qui puisse être mandé, que l'aventure du chariot, dont je m'assure que vous êtes informé comme nous. Quand je saurai le nom des principaux acteurs, je vous le manderai. Le fils de Jarzé[3] a eu permission de porter le mousquet dans le régiment du Roi, commandé par M. d'Angeau[4]. Par ce moyen-là, il verra le Roi, et

---

Lettre 93. — Publiée pour la première fois dans le recueil de *Lettres inédites de Mme de Sévigné* (Klostermann, p. 285; Bossange, p. 299). Antérieure à la paix de Breda (voyez ci-après, la note 5), elle paraît être néanmoins de 1667, année où mourut la première femme du comte de Guitaut.

1. Ici et dans la *lettre* suivante, l'orthographe des éditions de 1814 et de 1824 est *Brioles* : voyez ci-dessus, p. 63, *lettre* 24 et note 4.

2. Voyez la *lettre* qui précède.

3. Sur le marquis de Jarzé, voyez les *Mémoires*, p. 142, note 3; et ci-dessus, p. 53, *lettre* 21 et note 6. Son fils, dont il est ici question, Marie-Urbain-René du Plessis de la Roche-Pichemer, perdit un bras au siége de Philipsbourg. Voyez les *Lettres de Mme de Sévigné*, tome VIII, p. 207 et 208, p. 228 et 508.

4. Les éditions Klostermann et Bossange portent *d'Anseaux*; c'est évidemment une erreur. On voit en effet dans l'*Histoire de la milice françoise* du P. Daniel, 1721, in-4° (tome II, p. 397 et 398), que le marquis de Dangeau fut le premier colonel (1664) du régiment du Roi, créé en 1662, et qui n'avait eu d'abord qu'un lieutenant-colonel, M. Martinet. Le Roi, dit l'auteur cité, « trouva bon que les

cela fait son affaire insensiblement. La paix d'Angleterre n'est pas faite encore, et même il semble qu'elle s'éloigne[5]. Me voilà à bout de nouvelles. Je suis plus à vous que personne du monde.

94. — AU COMTE DE GUITAUT.

Du camp devant l'Isle[1], ce 20 d'août.

Ne croyez pas que je vous oublie jamais. Ce n'est pas pour être meilleur que les autres que je vous dis ceci, mais parce que je ne serai jamais assez heureux pour que la tête me tourne. J'ai reçu deux de vos let-

---

gens de qualité entrassent dans la compagnie colonelle pour y porter le mousquet. Il y en eut jusqu'à soixante, dont plusieurs ont été depuis officiers généraux, comme MM. d'Albret, de Feuquières, de Crenan, la Rochefoucauld, etc.... Le régiment fit sa première campagne en 1667, et se distingua fort aux siéges de Tournai, de Douai, de Lille.... » Le marquis de Dangeau le quitta en 1670, pour aller ambassadeur extraordinaire en Suède; il fut remplacé par l'ancien lieutenant-colonel Martinet, qui fut tué en 1672.

5. La paix de Breda, entre l'Angleterre, la France et la Hollande, fut signée le 31 juillet de l'année 1667.

Lettre 94. — Publiée pour la première fois dans le recueil de *Lettres inédites de Mme de Sévigné* (Klostermann, p. 283; Bossange, p. 297). Cette lettre a été écrite, comme la précédente, en 1667, au cours de la guerre dite *des droits de la Reine*. Le 16 mai de cette année, les armées françaises avaient envahi les Pays-Bas espagnols, et au commencement de juillet, après avoir pris Binch, Charleroi, Ath, Tournai, Douai, Courtrai, Oudenarde, le Roi avait mis le siége devant Lille, que défendait le comte de Brouai. La lettre de la Rochefoucauld est postérieure de deux jours seulement à l'ouverture de la tranchée, qui se fit le 18 août. La place se rendit le 28. Voyez *Montglat*, tome III, p. 143-145.

1. Les deux éditions antérieures ont ici, comme plus haut (p. 184, ligne 1), et évidemment d'après les autographes, *l'Isle*, pour *Lille*.

tres depuis quatre jours, et il ne se peut rien ajouter à
vos soins. Je crois que vous serez bien étonné de savoir
que je suis volontaire depuis six semaines, et que je fais
tout comme ceux qui se portent bien. Monsieur le Duc[2]
nous a fait grand'peur : il a eu la fièvre deux fois vingt-
quatre heures, continue et très-violente; elle le quitta
hier. Je ne sais si on le portera à Tournai, ou s'il demeurera au camp. J'ai été d'avis que l'on prît par écrit
l'avis des médecins et qu'on le suivît exactement. M. de
Briolle[3] m'a dit qu'il se serviroit de cela pour demander
un congé. Apparemment ce mal n'aura pas de suite, et
vous serez libre de venir ou de ne venir pas. Je ne doute
pas que Monsieur le Prince ne soit parti sur le bruit
de la maladie; mais je crois qu'il ne continuera pas son
voyage, sachant que Monsieur son fils se porte mieux[4].

Puisque vous voulez savoir des nouvelles de mon
abbaye, j'ai eu celle de Fonfrède[5], en Languedoc, avec
l'économat; elle vaut quinze mille livres de rente[6];
elle est pour celui de mes enfants que vous connoissez

2. Henri-Jules de Bourbon, duc d'Enghien, fils du grand Condé.
Né en 1643, il avait épousé, en 1663, Anne de Bavière, fille du
prince Palatin du Rhin; il mourut en 1709.

3. Voyez la *lettre* précédente, note 1.

4. Le prince de Condé, depuis sa rentrée en France, avait vécu
dans la retraite à Chantilly. Il ne prit point part à la campagne de
1667, dirigée par Turenne, d'Aumont et Créquy, sous le commandement de Louis XIV, et ne fut rappelé aux armées qu'au commencement de l'année suivante (1668), pour faire la conquête de
la Franche-Comté, qu'il accomplit en quinze jours.

5. L'abbaye de Fontfroide, de l'ordre de Cîteaux, fondée au
douzième siècle, dans le diocèse de Narbonne (Aude), à dix kilomètres de cette ville : voyez le *Gallia christiana*, tome VI,
col. 198-216; et l'*Étude historique sur Fontfroide*, par M. E. Cauvet,
1875. Il en existe de magnifiques restes, l'église, le cloître, etc.

6. Les *Mémoires pour servir à l'histoire du Languedoc*, par Bas-
ville, Amsterdam, 1736 (p. 62), n'attribuent à cette abbaye qu'un
revenu de neuf mille livres. L'addition de l'*économat* expliquerait

et qui se nommoit M. d'Anville[7]. Il ne se peut rien ajouter à la manière, et tout s'est passé là-dessus comme je le pouvois souhaiter. Je suis venu ici ensuite, et on me traite assez bien. Je crois que je demeurerai cet hiver à Paris, et qu'au printemps j'irai jouir des douceurs de la campagne ; je n'en sais pas davantage. J'ai parlé à Monsieur le Prince de ce qu'il me doit, et je vous assure que j'en ai eu bien de la peine. Il m'a promis, le plus solennellement du monde, de me payer en la manière que vous savez[8] ; je lui en ferai ressouvenir[9]. Adieu : conservez-moi votre amitié, et croyez que je serai, toute ma vie, plus à vous que personne du monde.

elle cette différence de la rente? Voyez l'*Étude* citée, de M. Cauvet, p. 579 et note 1. Au treizième siècle, les consuls de Narbonne l'évaluaient (*ibidem*, p. 121) à vingt-cinq mille livres tournois.

7. Henri-Achille, dit l'abbé de Marcillac, né en 1642, abbé de Fontfroide, puis de la Chaise-Dieu, mort en mai 1698. Il fut nommé abbé de Fontfroide en 1667. « Il avoit, dit Dangeau rapportant sa mort (tome VI, p. 349), douze mille écus de rente en deux abbayes, dont la plus considérable étoit la Chaise-Dieu. » Plus loin (p. 397), il nous apprend que les deux abbayes furent données, au mois d'août 1698, à un oncle du défunt, et ajoute : « Elles valent trente mille livres de rente. » Le *Dictionnaire des bienfaits du Roi*, de l'abbé de Dangeau, nous apprend que l'abbé de Marcillac avait en outre deux pensions, l'une sur l'abbaye de Molême et l'autre sur Sainte-Colombe-lez-Sens.

8. Il s'agit du remboursement des prêts et avances remontant au temps de la Fronde de Bordeaux : voyez les *Mémoires*, p. 194 et note 5. Lenet dit dans les siens (p. 421) : « Elle (*la princesse de Condé*) lui donna (*à la Rochefoucauld*), comme elle fit encore au duc de Bouillon, une reconnoissance signée de sa main de la somme à quoi se montoient les frais et avances qu'ils avoient faits pour son service, au paiement desquelles sommes Monsieur le Prince a pourvu depuis d'une manière fort lente et après de grandes sollicitations. »

9. On dit : *il m'en ressouvient*, et *je m'en ressouviens*. Le verbe est employé ici comme impersonnel ; de là le pronom au cas indirect *lui* : « je ferai qu'il lui en ressouvienne. »

95. — A LA COMTESSE DE CLERMONT[1].

A Chambord[2], ce 24 de septembre 1669.

Forcez un peu votre paresse, Madame la Comtesse, je vous supplie, et donnez-moi de vos nouvelles; j'ai fort envie d'en savoir; je vous en demande de tout mon cœur, et si vous êtes *sourds rochers*[3], vous serez dans votre tort. Pour peu que vous soyez curieuse de ce qui

Lettre 95. — D'après un autographe, qui appartenait à M. le marquis Gaëtan de la Rochefoucauld-Liancourt.

1. Probablement Marie Vignier, qui, veuve d'Urbain de Créquy, avait épousé, en 1623, François, comte de Clermont et de Tonnerre. Elle mourut en 1679, à l'âge de soixante-seize ans.

2. Dans l'original, *Chambor*, qui est également l'orthographe de Moréri. On écrivait aussi *Chambort*, *Chambourg* ou *Chamborg*. « Le 13 de ce mois (*septembre*), dit la *Gazette de France* (année 1669, p. 926 et 927), Leurs Majestés allèrent voir Madame à Saint-Cloud, pour prendre congé de Son Altesse Royale; et, le 16, accompagnées de Monsieur, et de grand nombre des principaux seigneurs et dames de la cour, Elles partirent pour aller coucher à Chastres, et, de là, continuer leur route à Chambort, à dessein d'y passer le reste de la belle saison, dans les divertissements que leur peut offrir un si agréable lieu. » La cour arriva le 19 à Chambord (*ibidem*, p. 951); Leurs Majestés avaient amené avec elles « la Troupe du Roi. » Le retour au château de Versailles eut lieu le 17 octobre. On voit, par les *Mémoires de Mademoiselle* (tome IV, p. 165 et 166), et aussi par la *Gazette* (octobre 1670), que la cour retourna l'année suivante à Chambord. Elle y était allée également l'année précédente : voyez une lettre de Pellisson à Mlle de Scudéry (*OEuvres diverses*, 1735, tome II, p. 402-411). Le château de Chambord, reconstruit par François Ier, donné en 1626, avec le comté de Blois, en augmentation d'apanage, par le roi Louis XIII à son frère Gaston d'Orléans, avait fait retour à la couronne par la mort de ce dernier prince (1660). Ce fut à Chambord que la troupe de Molière représenta, pour la première fois, la comédie de *Pourceaugnac*, le 6 octobre 1669 (*Gazette* du 12, p. 990), et, l'année suivante, *le Bourgeois gentilhomme*, le 13 octobre 1670 (*Gazette* du 18, p. 1003 et 1004). Voyez *le Château de Chambord*, par M. L. de la Saussaye (12e édition, Blois, 1875), p. 55.

3. Citation de quelque pièce de poésie ou plutôt de quelque opéra ou intermède.

se passe ici, je vous l'aurai bientôt appris : on y joue, on y chasse, et l'on s'y ennuie, au moins moi, indigne, pauvre gentilhomme limousin. Molière joua hier soir *l'École des maris*⁴, que je ne vis point; mais, en récompense, j'allai chez M. de Créqui⁵, avec Monsieur l'abbé, qui nous assura qu'il alloit pousser Monsieur le Comte. Que fera-t-il, le pauvre homme? car on le pousse encore quelque autre part que je sais. Il est vrai que ce diable de rival est ici, et *malheur aux absents!* S'il ne fait effort, et s'il ne profite de ce voyage ici, ses affaires iront mal⁶; mais que m'importe et à vous aussi?

Adieu, je suis votre obéissant; cet *aunéissant* M. de Buffara diroit-il mieux⁷?

96. — AU COMTE DE GUITAUT.

Je ne vous pardonnerai jamais la trahison que vous

---

4. Le *Registre de la Grange* (voyez le *Molière* de notre collection, tome II, p. 345, note 2) ne mentionne pas nommément cette représentation de *l'École des maris*. On y lit seulement, au sujet du voyage à Chambord de septembre et octobre 1669 : « On y a joué, entre plusieurs comédies, le *Pourceaugnac* pour la première fois. »

5. François de Créquy, marquis de Marines, né vers 1624, lieutenant général en 1655, général des galères en 1661, maréchal de France en 1668, mort en 1687. Nous avons vu plus haut (note 1) que la comtesse de Clermont était alliée, par son premier mariage, à la famille de Créquy.

6. Allusion à quelques intrigues de galanterie et de cour.

7. Une note ajoutée à l'autographe dit que Buffara était intendant des biens de la comtesse de Clermont. — Le mot *aunéissant* veut-il dire : « parlant comme un habitant de l'Aunis »? ou bien la Rochefoucauld se moque-t-il de Buffara, parlant du nez peut-être, et altérant ainsi le mot *obéissant?*

Lettre 96. — Publiée pour la première fois dans le recueil de *Lettres inédites de Mme de Sévigné* (Klostermann, p. 286; Bossange, p. 300). On peut conjecturer, d'après le contenu, que cette lettre est de la fin de 1669 : voyez les notes qui suivent.

LETTRES.   199

me fîtes hier. Vous saviez bien l'envie que j'avois de voir $\overline{1669}$
Mme de Guise¹, et vous n'eûtes pas la charité de m'avertir que j'étois devant elle. C'est à vous à lui demander pardon pour moi d'avoir manqué en tant de manières au respect qu'on lui doit. Réparez cela le mieux que vous pourrez. Je vous disois bien que je n'aurois pas le courage aujourd'hui d'aller à la fête; mais si vous voulez me mander à quelle heure Monsieur le Duc² sera habillé, je m'y trouverai, et de là j'irai au Palais-Royal pour voir le reste³. Je suis le plus aise du monde d'avoir trouvé Madame votre femme en bien meilleur état que je ne pensois. Faites-lui bien des compliments pour moi, et assurez-la que je l'aimerai bientôt autant que vous⁴.

1. Élisabeth d'Orléans, fille puînée de Gaston d'Orléans et d'Élisabeth de Lorraine, née le 26 décembre 1646; elle avait épousé, le 15 mai 1667, Louis-Joseph de Lorraine, sixième duc de Guise, qui était né en 1650, et qui mourut en 1671. « Comme elle n'étoit pas toujours à la cour, dit sa sœur de père, la grande Mademoiselle (*Mémoires*, tome IV, p. 74 et 75), on ne la voyoit guère et on ne parloit guère d'elle. Aussi elle avoit demeuré à Luxembourg quelque temps après son mariage, et M. de Guise à l'hôtel de Guise; puis elle étoit allée aux Tuileries, où Mlle de Guise logeoit à la Volière; mais le Roi reprit cette maison. Elle alla à l'hôtel de Guise, où on avoit fait raccommoder les appartements. »
2. Le duc d'Enghien : voyez ci-dessus, p. 195, *lettre* 94, note 2.
3. La Rochefoucauld fait peut-être allusion aux fêtes que l'on donna au prince de Toscane, Cosme III (le beau-frère de Mademoiselle), quand il vint à Paris à la fin de 1669. « Je ne fus point à Forges à cause de lui, dit Mademoiselle (tome IV, p. 73 et 74). On le régala fort; on lui donna des comédies...; à Versailles, on fit une grande fête.... » Elle ajoute qu'elle-même lui en donna une où l'on joua « *Tartuffe*, qui étoit la pièce à la mode. »
4. Il s'agit ici, non plus de la première femme de Guitaut, Madeleine de la Grange, qui était morte en 1667 (voyez ci-dessus, p. 191-193, les *lettres* 92 et 93), mais de la seconde, Élisabeth-Antoinette de Verthamon, qu'il venait d'épouser en cette même

97. — AU COMTE DE GUITAUT.

Ce 26 d'août, à la Terne[1].

Vous m'avez fait un plaisir sensible, et il n'y a que vous de qui je le puisse attendre. Mon fils m'a expliqué la chose et la part que vous y avez. Rien au monde n'est mieux. Je m'en vais à Barèges. Je voudrois y recevoir de vos nouvelles et de l'état de la santé de Madame votre femme[2]. Trouvez moyen, je vous conjure, de me faire savoir ce qui vous regarde : il n'y a personne au monde, sans exception, à qui cela touche tant qu'à moi. Je vous écrirai quand je pourrai; faites-en de même. J'ai passé à Lille[3] où j'ai fait vos compliments et vos excuses. On vous prépare de grands reproches. J'ai dit tout ce que j'ai pu ; mais on ne se paye pas de médiocres raisons. Au reste, je crois que Madame la Comtesse[4] est une ingrate, car je n'ai point vu de tableau, et si[5]

---

année 1669, date probable de la lettre 96. Nous voyons dans le *Nobiliaire de Guienne et de Gascogne*, par M. O'Gilvy, à la Généalogie de la famille de Verthamon (tome II, 1858, p. 242), que le contrat de ce second mariage fut signé le 25 octobre 1669.

LETTRE 97. — Publiée pour la première fois dans le recueil de *Lettres inédites de Mme de Sévigné* (Klostermann, p. 275 ; Bossange, p. 290).

1. Sur la Terne, voyez ci-dessus, p. 42, *lettre* 14 et note 4.
2. Nous ne saurions dire s'il est ici question de la première ou de la seconde femme de Guitaut. Dans le premier cas, que rend assez probable la mention, qui suit, de la ville de Lille (comparez les *lettres* 86 et 94, p. 184 et 194), la lettre serait antérieure à la fin de 1667 ; dans le second, il faudrait la placer après octobre 1669 : voyez la note 4 de la *lettre* précédente.
3. La Rochefoucauld a probablement écrit *l'Isle*, comme ci-dessus, dans les lettres auxquelles nous venons de renvoyer.
4. Est-ce la comtesse de Guitaut ? Dans la *lettre* 101, à Mme de Sévigné, p. 205, c'est Mme de la Fayette qui est ainsi nommée simplement *la Comtesse*.
5. Et cependant.

j'ai sollicité de toute ma force. Je finis par où j'ai commencé : croyez fermement que vous m'avez fait un grand plaisir, et que je le sens bien. Aussi, Dieu vous le rende. Bonsoir.

98. — A LA MARQUISE DE SABLÉ. 1669

J'AI bien cru, Madame, que vous auriez la bonté de me plaindre dans[1] la perte que j'ai faite, et que vous auriez quelque compassion de la destinée d'une personne qui vous a toujours tant honorée, et à qui vous avez toujours tant témoigné d'amitié. J'ai dit à ma mère[2] et à ma femme l'honneur que vous leur faites : elles vous en rendent mille grâces très-humbles. Pour moi, Madame, je crois que vous me faites bien la justice de croire que je reçois comme je dois toutes vos bontés, et que je suis, plus que personne du monde,

Votre très-humble et très-obéissant serviteur,

LA ROCHEFOUCAULD.

A Vertœil, le 26 d'octobre 1669.

Suscription : A Madame Madame la marquise de Sablé.

LETTRE 98. — D'après l'original autographe, qui nous a été communiqué par feu M. le duc de la Rochefoucauld-Liancourt. Deux feuillets in-4°. Cette lettre a été publiée dans les éditions de 1818, p. 235, de 1825, p. 475, de 1869, p. 348, et par V. Cousin, dans *Madame de Sablé*, p. 520. — Gourville dit dans ses *Mémoires* (p. 408) qu'en octobre 1669, se rendant à Madrid, il passa par Verteuil, où il porta « la nouvelle de la mort de Mme la princesse de Marcillac. » Il ajoute : « Je trouvai que M. de la Rochefoucauld ne marchoit plus : les eaux de Barèges l'avoient mis en cet état. »

1. Dans les imprimés, on a substitué *de* à *dans*; et, trois lignes plus bas, placé *tant* après *témoigné*.

2. L'*m* de *mère* corrige *f*[*ame*]. Trois lignes plus bas, il y a deux *vous* après *que*, le second biffé.

99. — A LA MARQUISE DE SABLÉ.

Si vous pouviez me devoir des excuses, ce seroit de celles que vous venez de me faire et de la méchante opinion qu'il me semble que vous avez de moi. J'irai bientôt vous en faire mes plaintes, et vous demander la continuation de mes anciens droits, qui sont d'être chassé de chez vous sans façon. Sans cela, je ne serois jamais[1] en repos, et je sais trop bien qu'on incommode souvent, quand on est persuadé de n'incommoder jamais[2]. Il me parut que vous fûtes bien contente de Mme de Montespan[3]; j'en ferai ma cour[4] auprès d'elle. Je l'ai déjà faite auprès de M. le Grand Prieur[5], sur tout ce qu'il a fait pour M. le bailli de Valançay[6]. J'aurai

---

LETTRE 99. — *Portefeuilles de Vallant*, tome II, fol. 252 et verso, autographe; cachets conservés; au dos : « Rochefoucauld. » Publiée dans les éditions de 1818, p. 234, de 1825, p. 473, de 1869, p. 345, et dans *Madame de Sablé*, p. 519. — On voit, par le contenu, que cette lettre n'a pu être écrite ni avant 1667, année où le commandeur de Souvré, frère de Mme de Sablé, eut le titre de Grand Prieur, ni après 1670, année de sa mort. Par ce qui est dit de Mme de Montespan il devient probable que la date n'est point antérieure à 1668.

1. *Jamais* est suivi du mot *assez*, biffé.
2. C'est, presque littéralement, la *maxime* 242 (tome I, p. 130). Rapprochez aussi de la *maxime* 622 (*ibidem*, p. 262), et de la 2de des *Réflexions diverses* (p. 282-286).
3. La célèbre Françoise-Athénaïs de Rochechouart, marquise de Montespan, née en 1641, mariée, en 1663, à Henri-Louis Pardaillan de Gondrin, marquis de Montespan. Sa grande faveur auprès de Louis XIV commença en 1668. Elle mourut en 1707.
4. Dans l'original, *ma court*. — A la ligne suivante, *faite* surcharge un mot illisible.
5. Voyez, outre la note préliminaire de cette lettre-ci, la note 2 de la *lettre* 52, p. 129.
6. Henri d'Estampes de Valençay, neveu de Mme de Puisieux. Né en 1603, il fut chevalier de Malte, grand prieur de Champagne et bailli conventuel de l'ordre. Il remplaça, en 1670, Jacques de Souvré dans le Grand Prieuré de France, et mourut à Malte en 1678.

l'honneur de vous voir et de vous entretenir sur cela, dès que je serai revenu[7] de Saint-Germain.

---

100. — A LA MARQUISE DE SABLÉ. 1671

Vous me regagnez toujours quand il vous plaît, Madame, et il y a quelque chose de si vif dans les reproches que je vous fais, que j'ai souvent peur de m'y méprendre moi-même, et de me trouver trop sensible au bien et au mal que je reçois de vous. Quoi qu'il en soit, Madame, je suis touché au dernier point des bontés que vous me faites l'honneur de me témoigner sur ce qui m'est arrivé[1], et la part que vous y prenez en augmente encore le prix.

J'irai vous rendre mes très-humbles devoirs. Je vous

---

7. *De retour*, au lieu de *revenu*, dans les éditions de 1818 et de 1825.

Lettre 100. — *Portefeuilles de Vallant*, tome II, fol. 156, autographe; cachets conservés; au folio de suscription (157): « M. de la Rochefoucault. » La lettre est suivie (fol. 158) de six *maximes* transcrites de la main de Vallant, avec cette mention au dos : « *Maximes* de M. de la Rochefoucault, 1667. » Le tout, lettre et maximes, a été publié dans les éditions de 1818, p. 229, de 1825, p. 465, et de 1869, p. 332; la lettre seule dans *Madame de Sablé*, p. 513. Nous donnons les *maximes* à la suite de la lettre, c'est-à-dire à la place qu'elles ont dans les *Portefeuilles*; mais on peut induire de la comparaison de la date 1667 avec nos notes 1 et 3, que nous inclinons fort à en supposer l'envoi, s'il est bien daté, antérieur de quelques années à la lettre.

1. On voit que le duc répond à un compliment de congratulation; c'est peut-être à la *lettre* 23 de *l'appendice* 1 (ci-après, p. 279 et 280), que nous croyons écrite en 1671. Voyez p. 215, note préliminaire de la *lettre* 107, quelles occasions se présentèrent de le féliciter au sujet de faveurs accordées aux siens.

1671

demanderois mille pardons de m'en acquitter si mal[2], si vous ne saviez que je n'ai que trop de légitimes excuses[3].

Ce samedi.

Suscription : Pour Madame la marquise de Sablé.

« Les passions ne sont que les divers goûts de l'amour-propre[4].

« La fortune nous corrige plus souvent que la raison[5].

« L'extrême ennui sert à nous désennuyer[6].

« On loue et on blâme la plupart des choses parce que c'est la mode de les louer ou de les blâmer[7].

« Ce n'est d'ordinaire que dans de petits intérêts où nous consentons[8] de ne point croire aux apparences[9].

« Quelque bien qu'on nous dise de nous, on ne nous apprend rien de nouveau[10]. »

---

2. Dans l'édition de 1869, *de m'acquitter si mal*; et, à la ligne suivante, *que de trop légitimes excuses.*

3. En 1671, il souffrait plus qu'auparavant de la goutte : « Le pauvre homme, dit de lui à sa fille Mme de Sévigné (tome II, p. 439), est très-mal de sa goutte, bien pis que les autres années. »

4. C'est la *maxime* 531 (tome I, p. 230); voyez aussi la *maxime* 564 (*ibidem*, p. 247).

5. C'est une variante à la *maxime* 154 (*ibidem*, p. 93). Elle est précédée, dans la copie de Vallant, d'abord, de ce commencement de phrase, biffé : « Le goût plus fort ou plus foible fait tout.... », et de cet autre, effacé également, où deux mots sont soulignés, comme il suit : « C'est *par hasard....* »

6. *Maxime* 532 (tome I, p. 230). — 7. *Maxime* 533 (*ibidem* et note 1).

8. *Consentons* est écrit sur *ne voulions*, biffé. — On a ainsi modifié la phrase dans les trois imprimés de 1818, 1825 et 1869 : « Ce n'est que dans les petits intérêts que nous consentons.... » A la maxime suivante, ils s'accordent à omettre *nous* devant *dise.*

9. Variante, incomplètement relevée au tome I (p. 154 et note 1), à la *maxime* 302 : *consentons* (leçon du manuscrit autographe), pour *prenons le hasard*, et de plus *point*, pour *pas.*

10. *Maxime* 303 (*ibidem*, p. 154 et note 2).

LETTRES.

101. — A LA MARQUISE DE SÉVIGNÉ.

1673

A Paris, le 9ᵉ février 1673.

Vous ne sauriez croire le plaisir que vous m'avez fait de m'envoyer la plus agréable lettre qui ait jamais été écrite : elle a été lue et admirée comme vous le pouvez souhaiter. Il me seroit difficile de vous rien envoyer de ce prix-là; mais je chercherai à m'acquitter, sans espérer néanmoins d'en trouver les moyens, dans le soin de votre santé, car vous vous portez si bien que vous n'avez pas besoin de mes remèdes.

Madame la Comtesse[1] est allée ce matin à Saint-Germain remercier le Roi d'une pension de cinq cents écus qu'on lui a donnée sur une abbaye; cela lui en vaudra mille avec le temps, parce que c'est sur un homme qui a la même pension sur l'abbé de la Fayette[2] : ainsi ils sont quittes présentement, et, quand ce premier mourra, la pension demeurera toujours sur son abbaye. Le Roi a même accompagné ce présent de tant de paroles agréables, qu'il y a lieu d'attendre de plus grandes grâces. Si je suis le premier à vous apprendre ceci, voilà déjà la lettre de M. de Coulanges[3] à demi

LETTRE 101. — Publiée d'abord par le chevalier de Perrin, à la page 4 du premier supplément à son édition de 1734, lequel parut en 1751. C'est, dans la collection des *Grands écrivains*, la lettre 314 de la correspondance de Mme de Sévigné (tome III, p. 188-190).

1. Mme de la Fayette : voyez p. 200, lettre 97, note 4.

2. Louis Motier, fils aîné de Mme de la Fayette. Il fut pourvu de plusieurs abbayes, entre autres de celles de la Grènetière, dans le diocèse de Luçon, et de Valmont, dans le diocèse de Rouen ; son grand-oncle, François de la Fayette, évêque de Limoges, qui avait été premier aumônier d'Anne d'Autriche, se démit, en sa faveur, de celle de Dalon, dans le diocèse de Limoges, au mois de décembre 1675.

3. Probablement la fameuse lettre écrite à Coulanges le 22 juillet 1671, et dite « des foins ou de la prairie ; » elle se trouve au tome II

payée; mais qui nous payera le temps que nous passons ici sans vous⁴? Cette perte est si grande pour moi, que vous seule pouvez m'en récompenser; mais vous ne payez point ces sortes de dettes-là; j'en ai bien perdu d'autres, et, pour être ancien créancier, je n'en suis que plus exposé à de telles banqueroutes.

L'affaire de M. le chevalier de Lorraine⁵ et de M. de Rohan est heureusement terminée; le Roi a jugé de leurs intentions, et personne n'a eu dessein de s'offenser⁶.

Monsieur le Duc⁷ est revenu; Monsieur le Prince

des *Lettres de Mme de Sévigné* (p. 291-293). Nous voyons, par un billet de Mme de Coulanges, qui est au tome III du même recueil (p. 198 et 199), et qui est daté du 10 avril 1673, que, dans les premiers mois de l'année où écrit la Rochefoucauld, on demandait des copies de cette lettre aux amis de l'illustre épistolière; on peut supposer qu'on lui en demandait aussi à elle-même. — Philippe-Emmanuel, marquis de Coulanges, maître des requêtes, auteur d'un recueil de chansons (1698), né vers 1631, mort en 1716, était cousin germain de Mme de Sévigné. Il avait épousé Marie-Angélique du Gué, fille du sieur du Gué-Bagnols, maître des requêtes, mort en 1657. Sur les Coulanges, voyez la *Notice biographique* de M. P. Mesnard, au tome I des *Lettres de Mme de Sévigné*, p. 9 et suivantes.

4. Mme de Sévigné était alors en Provence, auprès de sa fille, Mme de Grignan.

5. Le favori de Monsieur, Philippe, chevalier de Lorraine, second fils du célèbre comte d'Harcourt. On sait qu'il fut soupçonné d'avoir pris part à l'empoisonnement auquel on attribua la mort de Madame Henriette d'Angleterre, duchesse d'Orléans : voyez les *Mémoires de Mademoiselle*, tome IV de l'édition de M. Chéruel, *appendice* VII (p. 551-558). Né en 1643, il mourut en 1702.

6. Il s'agit ici de ce jeune et brillant chevalier Louis de Rohan, qui eut la tête tranchée l'année suivante (27 novembre 1674), pour avoir formé le projet de soulever la Normandie et de livrer Quillebeuf aux Hollandais et aux Espagnols. Il s'était vanté faussement d'avoir, un jour, étant à cheval, frappé de sa canne le chevalier de Lorraine; il fut obligé de se rétracter.

7. Le duc d'Enghien : voyez ci-dessus, p. 195, *lettre* 94, note 2, et p. 199, *lettre* 96, note 2.

arrive dans deux jours[8] : on espère la paix ; mais 1673 vous ne revenez pas, et c'est assez pour ne rien espérer[9].

Quoi que vous me disiez de Mme de Grignan[10], je pense qu'elle ne se souvient guère de moi; je lui rends cependant mille très-humbles grâces, ou à vous, de ce que vous me dites de sa part. Ma *mère*[11] est un miroir de dévotion : elle a fait un cantique pour ses ennemis, où la reine de Provence[12] n'est pas oubliée. Embrassez Monsieur l'abbé[13] à mon intention, et dites-

8. Ces deux princes revenaient de la campagne inaugurée par le fameux passage du Rhin.

9. On n'eut pas la paix en effet ; il n'y eut que l'électeur de Brandebourg, Frédéric-Guillaume, qui, voyant les progrès des armes françaises en Westphalie, abandonna momentanément ses alliés les Hollandais, pour conclure un acte de neutralité (avril 1673). Condé, fort goutteux alors, fut envoyé en Hollande contre Guillaume d'Orange. Les événements les plus importants de la nouvelle campagne furent, en 1673, la prise de Maestricht, et, en 1674, la bataille de Senef.

10. Marguerite-Françoise de Sévigné, née en 1648, morte en 1705. Elle s'était mariée, en 1669, au comte de Grignan, lieutenant général de Provence. La Rochefoucauld l'appelait « la troisième côte de M. de Grignan, » parce que celui-ci l'avait épousée en troisièmes noces. Voyez *Mme de Sévigné*, lettre du 4 décembre 1668, tome I, p. 530.

11. Françoise de Montallais, veuve depuis 1665 de Jean de Bueil, comte de Marans, grand échanson de France. Elle appelait la Rochefoucauld son *fils* (*Lettres de Mme de Sévigné*, tome II, p. 140-142, et p. 179). Mauvaise langue et criarde, elle avait mérité que Mme de Sévigné et sa fille lui appliquassent le sobriquet de *méchante fée Merlusine*. Elle avait été la maîtresse de Monsieur le Duc, dont elle eut, en 1668, une fille, légitimée en 1693, et qui épousa, en 1696, Armand de Madaillan de Lesparre, marquis de Lassay, auteur d'un livre de mélanges, intitulé : *Recueil de différentes choses*.

12. Mme de Grignan : voyez *Mme de Sévigné*, tome II, p. 46, note 4 ; p. 140 et 141, notes 4 et 5.

13. Christophe de Coulanges, abbé de Livry, oncle de Mme de Sévigné, dont il avait aussi été le tuteur ; voyez la *Notice* (p. 23 et 24) en tête du tome I des *Lettres de Mme de Sévigné*.

lui qu'après le marquis de Villeroy[14], je suis mieux que personne auprès de M. de Coulanges[15].

Si vous avez des nouvelles de notre pauvre Corbinelli[16], je vous supplie de m'en donner : j'ai pensé effacer l'épithète, mais j'apprends toujours, à la honte de nos amis, qu'elle ne lui convient que trop.

14. François de Neufville, marquis et plus tard duc de Villeroy, maréchal de France en 1693, puis nommé, dans le testament de Louis XIV, gouverneur de Louis XV; on l'appelait souvent *le Charmant* (Lettres de Mme de Sévigné, tome III, p. 162, 163, etc.).

15. Sur les rapports du marquis de Villeroy avec M. et Mme de Coulanges, voyez les *Lettres de Mme de Sévigné*, tome III, p. 74 et p. 97.

16. Sur Corbinelli, voyez ci-dessus, p. 146, *lettre* 63, note 5. Nous savons par Mme de Sévigné (tome III, p. 190 et p. 211) que Corbinelli était fort pauvre, et que le cardinal de Retz (*ibidem*, tome V, p. 506, 510 et 511, 562-564) lui fit une pension de deux cents pistoles.

102. — MADAME DE ROHAN, ABBESSE DE MALNOUE[1], 1674
AU DUC DE LA ROCHEFOUCAULD.

[1674.]

Je vous renvoie vos *Maximes*, Monsieur, en vous en rendant mille et mille grâces très-humbles. (*Voyez le reste de la lettre, dans notre tome I, p. 387-389*[2].)

Lettre 102. — Voyez, au tome I, la note 1 de la page 387, dont il faut modifier ainsi le commencement : « Revue sur la copie qui est dans le tome XIII (n° actuel 5422), in-f°, des *Papiers de Conrart*, à la Bibliothèque de l'Arsenal, p. 1183 et 1184. » La lettre est intitulée, en tête de la copie : « Lettre de Madame de Rohan, abbesse de Malnoue, à M. le duc de la Rochefoucauld, en lui renvoyant les maximes précédentes. » Ces maximes ont été mal reliées dans le manuscrit : elles y sont placées aux pages 1185 et 1186, après notre *lettre* 103 ; et elles devraient être ou avant notre *lettre* 102, ou à la suite, avant la réponse de la Rochefoucauld (103). Ce sont, d'après l'ordre de notre édition, les maximes 342-385 ; entre la 366ᵉ et la 367ᵉ est intercalée une maxime posthume (556) ; à la place des 372ᵉ et 375ᵉ sont les deux maximes supprimées 640 et 641. Cette copie des maximes nous offre quelques variantes, qui n'ont pas été indiquées au tome I : 355, « dont on est affligé quelque temps » ; 356, « On ne loue d'ordinaire » ; 357, « des petites choses » (voyez la note 3 de la page 169) ; 359, « jaloux de ce qui donne sujet de l'être » ; 365, « la raison doit nous rendre ménagers de notre bien et difficiles à tromper, et il faut que la nature nous fasse naître vaillants et sincères » ; 556 (posthume), « que lorsqu'on ne parle que de peur de se taire » ; 363, « que nous les voulons bien montrer ». Devant plusieurs maximes sont des chiffres se rapportant sans doute au texte manuscrit que l'auteur avait communiqué à Mme de Rohan.

1. Sur l'abbesse de Malnoue et sur la date probable de cette lettre et de la suivante, voyez au tome I, p. 387, note 1, et p. 388, note 6.

2. Dans notre texte de la lettre, au tome I, il faut lire, p. 387, ligne 4 : « en vous en rendant », et supprimer la note 2 ; p. 388, ligne 20, lire : « L'accent du pays où l'on est né » ; p. 389, fin : « tout ce qu'on peut dire de plus avantageux », et supprimer la note 7.

103. — LE DUC DE LA ROCHEFOUCAULD A MADAME DE ROHAN.

[1674.]

Quelque déférence que j'aie à tout ce qui vient de vous, je vous assure, Madame, que je ne crois pas que les *Maximes* méritent l'honneur que vous leur faites. Je me défie beaucoup de celles que vous n'entendez pas, et c'est signe[1] que je ne les ai pas entendues moi-même. J'aurai l'honneur de vous en dire ce que j'en ai pensé, dans un jour ou deux, et de vous assurer que personne du monde, sans exception, ne vous estime et ne vous respecte tant que moi.

---

104. — A LA MARQUISE DE SABLÉ.

Je vous envoie, Madame, les maximes que vous voulez avoir. Je n'en ai pas assez bonne opinion pour croire que vous les demandiez par une autre raison que par cette politesse qu'on ne trouve plus que chez vous. Je sais bien que le bon sens et le bon esprit convient[1] à

Lettre 103. — Revue sur la copie qui se trouve au tome XIII (p. 1184) du recueil in-f° des *Papiers de Conrart*, à la Bibliothèque de l'Arsenal; publiée, à la suite de notre *lettre* 102, dans l'édition de 1869, p. 356. C'est la réponse à la *lettre* précédente.

1. On a ajouté à tort *un* devant *signe*, et, à la ligne suivante, supprimé *en* devant *dire*, dans l'édition de 1869.

Lettre 104. — *Portefeuilles de Vallant*, tome II, fol. 152, autographe; rien au dos; cachets à demi lacérés. Publiée dans les éditions de 1818, p. 227, de 1825, p. 462, de 1869, p. 328, et dans *Madame de Sablé*, p. 511. — Nous avons la réponse de Mme de Sablé; au lieu de la renvoyer à l'*Appendice*, nous la plaçons à la suite de cette lettre; de même qu'avant la réponse (103) du duc de la Rochefoucauld, nous avons donné son rang et son n° (102) à la lettre de Mme de Rohan.

1. Dans l'édition de 1869, on a corrigé *convient* en *conviennent*.

LETTRES.   211

tous les âges; mais les goûts n'y conviennent pas toujours, et ce qui sied bien en un temps ne sied² pas bien
en un autre. C'est ce qui me fait croire que peu de gens
savent être vieux³. Je vous supplie très-humblement de
me mander ce qu'il faut changer à ce que je vous envoie. Mme de Fontevraux⁴ m'a promis de m'avertir
quand elle iroit chez vous. Je me suis tellement paré
devant elle de l'honneur que vous me faites de m'aimer,
qu'elle en a bonne opinion de moi. Ne détruisez pas
votre ouvrage, et laissez-lui croire là-dessus tout ce qui
flatte le plus ma vanité.

Ce 2me août [1675⁵].

« La confiance fournit plus à la conversation que l'es-
prit⁶.

« L'amour nous fait faire des fautes comme les autres
passions; mais il nous en fait faire de plus ridicules⁷.

« Peu de gens savent être vieux⁸.

« La pénétration a un air de prophétie qui flatte plus

---

2. Dans l'autographe, il y a deux fois *seiet* pour *sied*.
3. Voyez ci-dessous, la troisième des *maximes* qui sont jointes à cette lettre.
4. Ce nom propre est assez difficile à déchiffrer dans le manuscrit; les éditeurs de 1818, 1825 et 1869 ont imprimé *Frontenaux*;
V. Cousin donne, comme nous, *Fontevraux*; il semble que la Rochefoucauld ait écrit *Frontevaux*. — Marie-Madeleine-Gabrielle de
Rochechouart, sœur de Mme de Montespan, célèbre par son esprit
et son savoir, fut bénite abbesse de Fontevrault (diocèse d'Angers) en février 1671. Elle mourut en 1704, âgée de cinquante-
neuf ans.
5. Cette date d'année paraît ancienne, mais non de la main de
l'auteur. — Pour les *maximes* qui suivent, nous reproduisons le texte
de 1818; le feuillet où elles sont avait déjà disparu des *Portefeuilles
de Vallant* quand V. Cousin a republié la lettre.
6. *Maxime* 421 (tome I, p. 189 et note 2).
7. Variante à la *maxime* 422 (*ibidem* et note 3).
8. *Maxime* 423 (*ibidem*, p. 190 et note 1).

notre vanité que toutes les autres qualités de l'esprit[9].

« La plupart des amis dégoûtent de l'amitié, et la plupart des dévots dégoûtent de la dévotion[10].

« Il y a plus de vieux fous que de jeunes[11].

« Il est plus aisé de connoître tous les hommes en général que de connoître un homme en particulier[12].

« On ne doit pas juger du mérite d'un homme par ses grandes qualités, mais par l'usage qu'il en sait faire[13].

« Ce qui fait que la plupart des femmes sont peu touchées de l'amitié, c'est qu'elle est fade quand on a senti de l'amour[14].

« Les femmes qui aiment pardonnent plus aisément les grandes indiscrétions que les petites infidélités[15].

« Ce qui nous empêche d'être naturels, c'est l'envie de le paroître[16].

« C'est, en quelque sorte, se donner part aux belles actions que de les louer de bon cœur[17].

« La plus véritable marque d'être né avec de grandes qualités, c'est d'être né sans envie[18].

« La foiblesse est plus opposée à la vertu que le vice[19].

« Ce qui fait que la honte et la jalousie sont les plus grands de tous les maux, c'est que la vanité ne nous aide pas à les supporter[20]. »

---

9. Variante à la *maxime* 425 (tome I, p. 190 et notes 3 et 4).
10. *Maxime* 42 (*ibidem*, p. 191 et note 73).
11. Variante à la *maxime* 444 (*ibidem*, p. 195 et note 3).
12. Variante à la *maxime* 436 (*ibidem*, p. 193 et note 2).
13. *Maxime* 437 (*ibidem* et note 3).
14. *Maxime* 440 (*ibidem*, p. 194 et note 3).
15. *Maxime* 429 (*ibidem*, p. 191 et note 5).
16. Variante à la *maxime* 431 (*ibidem*, p. 192 et note 1).
17. *Maxime* 432 (*ibidem* et note 2).
18. *Maxime* 433 (*ibidem* et note 3).
19. *Maxime* 445 (*ibidem*, p. 195 et note 4).
20. Variante à la *maxime* 446 (*ibidem* et note 5).

105. — LA MARQUISE DE SABLÉ AU DUC DE LA ROCHEFOUCAULD.

1675

C'est votre complaisance plutôt que la mienne qui vous oblige à me faire part de vos maximes, parce que je n'en suis pas digne. Je vous dirai pourtant, Monsieur, comme si je ne vous disois rien, qu'il me semble que :

Dans la première maxime, il faudroit expliquer quelle sorte de confiance, parce que celle qui n'est fondée que sur la bonne opinion que l'on a[1] de soi-même est différente de la sûreté que l'on prend avec les personnes à qui l'on parle.

La quatrième est merveilleuse, il[2] n'y a rien de mieux pénétré.

Sur la huitième, il n'y a point de vraies grandes qualités, si on ne les met en usage.

Sur la dixième, il n'y a rien de mieux trouvé.

La onzième est bien vraie, car le naturel ne se trouve point où il y a de l'affectation.

La douzième : il n'y a rien de si beau ni de si vrai.

La treizième est très-belle.

La quatorzième est bien vraie[3], car le vice se peut corriger par l'étude de la vertu, et la foiblesse est du tempérament, qui ne se peut quasi jamais changer.

Sur[4] la cinquième : quand les amitiés ne sont point fondées

---

Lettre 105. — *Portefeuilles de Vallant*, tome II, fol. 154 et 155, de la main de Vallant; au dos, cette mention, de la même main : « Maximes de M. de la Rochefoucault, en juillet[a] 1675, avec les réflexions de Madame. Ceci est copie (*sic*). » Cette réponse de Mme de Sablé à la précédente lettre de la Rochefoucauld a été publiée en note dans l'édition de 1818, p. 228, et reproduite dans celles de 1825, p. 464, de 1869, p. 331, et dans *Madame de Sablé*, p. 512.

1. Dans le texte de Cousin, *qu'on a*.

2. Les trois éditions de 1818, 1825, 1869 mettent *et* devant *il*; celle de 1869 place le dernier paragraphe : « Sur la cinquième », après celui-ci.

3. Dans les éditions de 1818, 1825, 1869 : « est très-vraie ».

4. Cette dernière observation se trouve ajoutée, comme après coup, sur le folio 155 du manuscrit.

[a] L'édition de 1869 remplace *juillet* par *août*.

1675 sur la vertu, il y a tant de [5] choses qui les détruisent, que l'on a quasi toujours des sujets de s'en lasser.

1677

106. — AU PÈRE RAPIN [1].

Je vous rends mille très-humbles grâces, mon Très-Révérend Père, de m'avoir fait un présent que j'estime infiniment. Je n'ai rien vu mieux ni plus judicieusement écrit; je souhaite que ceux qui feront l'histoire se servent de vos sages instructions [2]. Je mérite, par le goût que j'ai pour tout ce que vous faites, que vous me continuiez les mêmes grâces que j'ai jusques ici reçues de vous; je vous assure, mon Très-Révérend Père, qu'on ne peut les estimer ni vous honorer plus véritablement que je fais.

La Rochefoucauld.

Le 3 d'octobre [1677].

Suscription : Pour le Révérend Père Rapin, aux Jésuites [3].

---

5. Après *de*, il y a, dans la copie de Vallant, un mot biffé peu lisible, très-probablement *sujets*.

Lettre 106. — Vue sur un autographe faisant partie de la vente du baron de Trémont (2d *Catalogue de* 1853, p. 88); une page et demie in-4°; cachets conservés. La date de cette lettre est indiquée par celle d'un livre du P. Rapin : voyez ci-après, note 2.

1. Sur le P. Rapin, voyez plus haut, p. 187, *lettre* 88, note 1.

2. L'ouvrage du P. Rapin dont il s'agit ici est l'*Instruction pour l'histoire*, qui fut publiée en 1677, in-12. Voyez ce qu'en dit Mme de Sévigné, tome V, p. 531 et 535.

3. La maison professe des Jésuites était située dans la rue Saint-Antoine, là où est maintenant le lycée Charlemagne. Voyez Sauval, *Antiquités de Paris*, tome II, p. 143; et la notice historique intitulée : *Les Jésuites de la rue Saint-Antoine.... et le Lycée Charlemagne...*, par M. de Ménorval, Paris, 1872, in-8°.

107. — A MADEMOISELLE DE SCUDÉRY.

J'ai bien des pardons à vous demander, Mademoiselle, de n'avoir pas mieux fait mon devoir sur le mal que vous avez eu ; je ne l'ai point su du tout, et je suis si peu en état de faire ce que je voudrois, que vous aurez sans doute la bonté de ne pas croire que ce soit ma faute si je suis quelquefois si longtemps sans avoir l'honneur de vous voir. Après vous avoir dit mes raisons, souffrez, Mademoiselle, que je vous rende mille très-humbles remerciements de votre souvenir, et de la part que vous prenez si obligeamment à ce qui nous est arrivé : c'est un nouveau sujet de joie pour moi, qui ne m'est pas moins sensible que le premier. Croyez, s'il

Lettre 107. — Vue sur un autographe qui faisait partie de la collection de M. Gilbert ; cachets conservés. Elle ne se trouve pas, non plus que la *lettre* 110, dans la Correspondance de Mlle de Scudéry, publiée par MM. Rathery et Boutron : voyez la note préliminaire de la *lettre* 108. — Les dates des *lettres* 107-116 sont ou inconnues ou très-douteuses. Peut-être, dans celle-ci, la Rochefoucauld fait-il allusion par ces mots : « ce qui nous est arrivé, » soit au don de l'abbaye de Fontfroide (voyez p. 195, *lettre* 94 et note 5), soit à la faveur qui valut à son fils le gouvernement du Berry, avec le titre de duc et une nouvelle pension : la lettre, dans ce dernier cas, serait de 1671 (voyez *Mme de Sévigné*, tome II, p. 334, 348, 438 et 439). Elle serait d'octobre 1672, s'il s'agissait de la charge de grand maître de la garde-robe, donnée au même prince de Marcillac (voyez l'extrait du *Dictionnaire des bienfaits du Roi*, de l'abbé de Dangeau, cité à l'*appendice* ix de la *Notice biographique*, p. cxv, et les *Portefeuilles de Vallant*, tome VII, fol. 183). Nous ne supposons pas qu'il faille descendre jusqu'à l'année 1679, qui fut marquée par un double « sujet de joie, » le don de la charge de grand veneur (*Mme de Sévigné*, tome V, p. 550), et le mariage du petit-fils de notre auteur, François de la Roche-Guyon, avec Madeleine le Tellier de Louvois, mariage qui eut lieu à la fin de 1679, et qui avait été proposé par Gourville dès 1671, comme nous l'apprend ce dernier dans ses *Mémoires*, p. 445 et 446. — Voyez, à l'*appendice* i de ce volume (p. 279), une lettre de félicitation de Mme de Sablé, que nous n'avons datée qu'approximativement.

vous plaît, Mademoiselle, que vous n'aurez jamais de bonté pour personne qui vous estime et qui vous honore tant que je fais, ni qui soit si passionnément

Votre très-humble et très-obéissant serviteur.

La Rochefoucauld.

A Paris, le 22 d'août.

Permettez-moi[1] de vous envoyer une lettre pour M. de Pellisson[2], et de vous supplier très-humblement de la lui faire tenir.

Suscription : Pour Mademoiselle de Scudéry.

1. Cette dernière phrase est en post-scriptum dans l'original.
2. Paul Pellisson-Fontanier, né, en 1624, à Béziers, mort à Paris, en 1693, grand ami de Conrart, de Ménage, et surtout de Mlle de Scudéry, qui, on le sait, se montra pour lui d'un dévouement inaltérable. Pourvu d'une charge de secrétaire du Roi en 1652, il publia, cette même année, une *Histoire de l'Académie françoise*, qui le fit nommer, par une faveur exceptionnelle et unique, membre surnuméraire de cette compagnie, où il n'y avait pas alors de fauteuil vacant. Premier commis de Foucquet, puis conseiller d'État (1660), il fut enveloppé en 1661 dans la disgrâce du Surintendant et jeté à la Bastille, où il demeura jusqu'en 1666. C'est là qu'il composa ses éloquents *Mémoires* en faveur de Foucquet, outre son poëme d'*Eurymédon*, dédié à Mlle de Scudéry, et qui est peut-être l'ouvrage dont la Rochefoucauld parle plus bas, dans la lettre 110. Voyez les pages que V. Cousin lui a consacrées dans son ouvrage sur *la Société française au dix-septième siècle*, tome II, p. 196-221; et la thèse de doctorat de M. Marcou, intitulée : *Étude sur la vie et les œuvres de Pellisson*, Paris, 1859. Ses OEuvres diverses ont été publiées en 1735, 3 vol. in-12, Paris, Didot.

108. — A MADEMOISELLE DE SCUDÉRY.

Puisque les reproches que Mme du Plessis[1] vous a faits m'ont valu la plus agréable et la plus obligeante lettre du monde, je devrois, ce me semble, Mademoiselle, lui laisser le soin de vous faire paroître combien je suis touché, pour m'attirer encore de nouvelles grâces ; mais, quelque avantage que je pusse[2] recevoir par là, je ne puis me priver du plaisir de vous témoigner moi-même ma reconnoissance, et de vous dire la joie que j'ai de croire avoir un peu de part en votre amitié. Je ne parlerois pas si hardiment si j'avois moins de foi en vos paroles, et c'est par cette confiance seule que je me tiens si assuré de la chose du monde que je souhaite le plus. Je suis ravi de la belle action de Monsieur de Savoie[3] ; j'espère que la clémence viendra à la mode, et que nous ne verrons plus de malheureux. J'écrirai à un de nos amis[4], et je vous supplierai même de lui vou-

---

Lettre 108. — Vue sur l'autographe, qui faisait partie de la collection de M. Feuillet de Conches ; 4 pages in-4° ; cachets conservés ; en tête, d'une autre main, se trouve cette mention : « 9bre. » Elle a été publiée par MM. Rathery et Boutron, dans l'ouvrage intitulé : *Mademoiselle de Scudéry, sa vie et sa correspondance*, Paris, 1873, 1 vol. in-8°, p. 498. — Tout ce que nous pouvons dire de la date de cette lettre, c'est qu'elle est antérieure à 1675, année de la mort du duc de Savoie : voyez ci-après, la note 3.

1. Dans l'original, *du Plesseis*. — Isabelle de Choiseul, fille de Charles, marquis de Praslin et seigneur du Plessis-Saint-Jean, maréchal de France et gouverneur de Saintonge, mort en 1626. Née en 1610, elle avait épousé Henri de Guénegaud, seigneur du Plessis et de Fresne, secrétaire d'État depuis 1643, mort en 1676, un an avant sa femme. Voyez ci-dessus, p. 124, lettre 48, note 3.

2. Dans l'édition de MM. Rathery et Boutron : « que j'en puisse ».

3. Charles-Emmanuel II, duc de Savoie, né en 1634, marié, en 1663, à Françoise d'Orléans, mort en 1675.

4. *Nos* ou *vos*, dans l'autographe. — Cet ami est sans doute Pellisson : voyez les *lettres* 107 et 110.

loir faire tenir ma lettre, puisque vous me le⁵ permettez. Faites-moi l'honneur de croire, Mademoiselle, que j'ai plus d'estime et de respect pour vous que personne du monde, et que je suis passionnément

Votre très-humble et très-obéissant serviteur.

LA ROCHEFOUCAULD.

Le 12 de novembre.

Suscription : Pour Mademoiselle de Scudéry.

---

109. — A MADEMOISELLE DE SCUDÉRY.

JE vous suis sensiblement obligé, Mademoiselle, de votre souvenir et du présent que vous me faites ; rien n'est plus beau que ce que vous m'avez envoyé, et rien au monde ne me peut toucher davantage que la continuation de vos bontés. J'en recevrai une marque qui me sera très-considérable, si vous me faites obtenir quelque part dans l'amitié de M. Renier[1] : personne

---

5. *Le* est en interligne.

LETTRE 109. — Vue sur un autographe de la collection de M. Chambry. Elle a été publiée par MM. Rathery et Boutron, p. 499 de leur recueil. Nous ne saurions déterminer exactement la date. Le « présent » dont il est parlé est sans doute quelque ouvrage de Mlle de Scudéry (autre que ses grands romans d'*Ibrahim*, du *Grand Cyrus*, de *Clélie* ou d'*Almahide*), soit *les Femmes illustres* qui parurent en 1665, soit *Mathilde d'Aguilar*, ou *Célanire*, qui sont l'un et l'autre de 1669.

1. Peut-être, comme l'a supposé M. Rathery, s'agit-il ici de Regnier-Desmarais, littérateur et grammairien, né en 1632, reçu, en 1670, à l'Académie française, dont il fut élu, en 1684, secrétaire perpétuel, mort en 1713. Il était un des correspondants de Mlle de Scudéry. Voyez dans le recueil de MM. Rathery et Boutron (p. 497 et 498) une lettre de lui à elle, où il se montre grand admirateur de son talent.

assurément ne l'estime plus que moi. Je vous dois déjà tant de choses, que j'espère que vous voudrez bien que je vous doive encore celle-ci. Je vous demande encore d'être persuadée de mon respect et de ma reconnoissance, et que je suis plus qu'homme du monde[2] votre très-humble et très-obéissant serviteur.

La Rochefoucauld.

Ce 7 de décembre.

Suscription : Pour Mademoiselle de Scudéry.

---

110. — A MADEMOISELLE DE SCUDÉRY.

Je vous suis sensiblement obligé de votre lettre et de vos présents : je vous assure, Mademoiselle, que j'ai reçu l'un et l'autre avec toute la reconnoissance qui vous[1] est due de tant de bontés. Tous les maux que j'ai eus[2] depuis trois mois me rendent cette grâce encore plus chère. J'avois admiré à Paris ce que vous m'avez envoyé; je le trouve encore plus beau à cette heure. Il est vrai que je suis si prévenu pour M. de Pellisson[3] que je me devrois être suspect à moi-même sur ses ouvrages, si je ne me trouvois en cela de l'avis de tout le monde. Croyez, s'il vous plaît, que personne ne vous honore tant

---

2. Dans l'édition de MM. Rathery et Boutron : « plus que personne du monde ».

Lettre 110. — Revue sur l'autographe, qui se trouve dans la bibliothèque V. Cousin. Deux feuillets in-4°; cachets conservés.

1. La Rochefoucauld avait écrit d'abord *que je*; il a corrigé *que* en *qui* (*quy*) et *je* en *vous*.

2. Dans l'autographe, *eu*, sans accord.

3. Voyez p. 216, la note 2 de la *lettre* 107.

que moi, et[4] ne peut être si véritablement que je suis votre très-humble et très-obéissant serviteur.

La Rochefoucauld.

Ce 30 de décembre.

Suscription : A Mademoiselle Mademoiselle de Scudéry.

III. — AU MARQUIS DE FEUQUIÈRES[1].

Ce 21me janvier.

Monsieur,

Je fais une profession trop particulière de vous honorer pour ne prendre pas toute la part imaginable à la perte que vous avez faite[2]; j'en ai appris la nouvelle si

---

4. *Et* surcharge *ni* (*ny*).

Lettre III. — Vue sur l'autographe, qui appartenait à Mme la comtesse Boni de Castellane. — Voyez ci-après, dans la note 2, une conjecture sur la date de la lettre.

1. Isaac de Pas, marquis de Feuquières, fils de Manassès de Pas. L'abbé Antoine Arnauld, son cousin, parle fréquemment des Feuquières dans ses *Mémoires*, et les peint d'une phrase caractéristique en disant (p. 360 et 361) : « Il y a de certaines familles privilégiées où l'on ne trouve presque jamais de rebut : celle de Pas-Feuquières peut passer pour être de ce nombre. Tous ceux que j'ai connus de ce nom ont eu un talent particulier pour la guerre, et c'est proprement le caractère de cette maison. » Lieutenant général des armées, conseiller d'État, gouverneur du Verdunois, Isaac de Pas fut envoyé comme vice-roi en Amérique (1660), chargé, en 1672, de négociations en Allemagne, et nommé, la même année, ambassadeur en Suède, puis, en 1685, à Madrid, où il mourut en 1688. Il avait épousé Anne-Louise de Gramont, fille du maréchal de ce nom. Voyez les *Lettres inédites des Feuquières*, publiées en 1845, 5 vol. in-8°, par Étienne Gallois, avec une *Notice* très-détaillée.

2. Cette perte est peut-être la mort du quatrième fils du marquis de Feuquières, Henri de Pas, chevalier de Malte, et capitaine de vaisseau, tué en Sicile en 1676. Voyez une lettre de lui, au tome II (p. 62 et 63) du recueil mentionné à la fin de la note précédente.

douteusement que je me flatte encore de quelque espérance; quoi qu'il en soit, je vous supplie très-humblement de croire que personne ne peut entrer plus que moi dans vos sentimens, ni être si véritablement que je suis,
  Monsieur,
    Votre très-humble et très-obéissant serviteur.
         La Rochefoucauld.

---

112. — A MADEMOISELLE DE SILLERY.

Paix! chut! lisez ma lettre tout bas; prenez garde que personne ne vous la voie lire; les murailles parlent. N'en dites mot à âme vivante; ma sœur mourroit de mort subite si elle savoit le malheur qui est arrivé. Vraiment! c'est bien pis que le Chevalier, c'est bien pis que si ses filles avoient fait faux bond, que si elle l'avoit fait elle-même : Dieu me pardonne, et elle aussi! Enfin que vous dirai-je? Paris va abîmer.... Mais par où abîmera-t-il? Vous croyez sans doute que c'est par le Marais du Temple[1] : point du tout, ma mie; c'est....

Lettre 112. — Nous ne savons où se trouve l'original de cette lettre, que nous donnons d'après le texte du *Petit Magasin des Dames*, 1806, p. 111; elle a été reproduite dans les éditions de 1818, p. 235, de 1825, p. 475, et de 1869, p. 349, ainsi que par Cousin, dans *Madame de Sablé*, p. 521. Elle est adressée par notre auteur à sa nièce, fille du marquis Louis Brûlart de Sillery : voyez ci-dessus, p. 176, la note préliminaire de la *lettre* 83, où nous avons fait, au sujet de l'authenticité, des réserves qu'il convient, croyons-nous, de répéter ici.

1. Il y avait, entre le faubourg Saint-Martin et le faubourg du Temple, un terrain marécageux, qui donnait son nom à la rue des Marais, dite autrefois « des Marais du Temple, » laquelle, dans la seconde moitié du dix-huitième siècle, n'était encore bordée que d'un petit nombre de constructions.

l'oserai-je prononcer? Taisez-vous, bouchez toutes les fenêtres, éteignez les bougies, fermez les yeux, lisez à tâtons.... C'est par le faubourg Saint-Jacques. Nous sommes tous perdus. L'eussiez-vous cru? Par le faubourg Saint-Jacques[2]! Quel faubourg, grand Dieu! A qui se fiera-t-on? Mais par qui le crime a-t-il été commis? Un disciple de Baron[3], un ami de la vérité, un demi-père de l'Église, P.... D.H.P. a été trouvé couché entre deux draps, non-seulement avec une femme, mais avec deux, dont l'une étoit sa cousine germaine, et l'autre sa pénitente. Toutes les bonnes âmes ont quitté le quartier, et l'on croit qu'on va raser le faubourg.

---

113. — A LA MARQUISE D'HUXELLES[1].

Je serois ravi de vous pouvoir croire, mais je n'ai

---

2. Les couvents étaient nombreux dans le faubourg Saint-Jacques, et beaucoup de laïques pieux y habitaient.

3. C'est-à-dire un dominicain. Vincent Baron, né en 1604, mourut en 1674. Entré dans l'ordre de Saint-Dominique, il fut élu, en 1657, prieur de la maison du noviciat, fondée, en vertu de lettres patentes de 1632, dans le faubourg Saint-Germain, et auprès de laquelle fut bâtie plus tard l'église de Saint-Thomas d'Aquin.

Lettre 113. — D'après une copie conservée à la Bibliothèque de l'Arsenal, *Belles-lettres françaises*, n° 3202 (ancien 369), 1 vol. in-4°, fol. 3 et 4. Il est impossible de deviner à quel propos le libraire Barbin est ici nommé et de quel livre il s'agit. Serait-ce du roman, *la Princesse de Clèves*, publié en 1678? — Au verso de la couverture du recueil manuscrit d'où nous tirons cette lettre, se lit cette note écrite et signée par le marquis de Jarzé : « Ce livre m'a été laissé par testament par [Marie] de Bailleul, marquise d'Huxelles, morte au mois de mai (*avril*) 1712 (*voyez la fin de la note* 1), qui m'honoroit de son amitié depuis vingt ans, et dont le mérite a été reconnu de tout ce qu'il y a eu de plus honnêtes gens à la cour pendant qu'elle a vécu. A Paris, ce 12e juin mil sept cent douze.

« Jarzé. »

1. Marie de *ou plutôt* le Bailleul, fille du président de ce nom,

garde : je sais que l'on vous a rendu ses devoirs, et je le sais comme un jaloux qui craint qu'on n'y ait pas manqué. Je vous sacrifierai Mme de Chavigny², quand vous voudrez. La victime n'est pas jeune, mais excusez, le sacrificateur ne l'est pas aussi. Je n'ai pas entendu parler de Barbin ni de livre. Je sais que la faute vient de lui, et vous êtes la plus spirituelle et la meilleure amie du monde. C'est dommage que vous ne soyez que cela.

---

114. — A MADEMOISELLE D'AUMALE¹.

Vertœil, le 4 de décembre.

HÉLAS ! je croyois que vous étiez au milieu des pompes et des félicités de la cour, et je n'ai rien su de l'état où vous avez été. Personne assurément n'a osé me l'apprendre. Cette excuse est bonne pour me justifier au-

---

avait épousé, en février 1644, François de Brichanteau, marquis de Nangis, puis, en secondes noces, le 5 octobre de l'année suivante, Louis-Chalon du Blé, marquis d'Huxelles, lieutenant général des armées, qui mourut en 1658, au moment où il venait d'obtenir le brevet de maréchal de France. La marquise, qui passait pour être très-galante et avait été fort distinguée par le surintendant Foucquet, était en correspondance avec un grand nombre des personnages les plus considérables de son temps. Elle mourut le 29 avril 1712, âgée de quatre-vingt-six ans.

2. Probablement Anne Phélypeaux, veuve, depuis 1652, du comte de Chavigny, morte le 3 janvier 1694, à l'âge de quatre-vingt-un ans.

LETTRE 114. — *Portefeuilles de Vallant*, tome II, fol. 181 et 182, autographe. Deux feuillets in-4°; un seul cachet conservé ; au dos : « Rochefouc. à Mlle d'Aumale. » Publiée dans les éditions de 1818, p. 223, de 1825, p. 454, de 1869, p. 314, et dans *Madame de Sablé*, p. 507. Cette lettre, comme en avertit V. Cousin, avait disparu des *Portefeuilles de Vallant*. Elle a été récemment restituée et remise à sa place.

1. Voyez p. 182, *lettre* 86, note 1.

près de vous, mais elle ne me justifie pas auprès de moi, et mon cœur, qui me dit tant de belles choses de vous, devroit bien aussi me dire quand vous êtes malade. Pour moi, Mademoiselle, je n'ai pas eu la goutte depuis que vous m'avez défendu de l'avoir, et le respect que j'ai pour vous a plus de vertu que Barèges. Je ne sais si le remède n'est point pire que le mal, et si je ne vous prierai point à la fin de me laisser ma goutte. Après tout, je serai dans trois semaines à l'Isle[2]; vous ne vous aviserez jamais de m'écrire avant que je parte ; mais[3] tout au moins mandez-y l'état de votre santé. J'espère que je vous porterai assez de nouvelles de ce lieu-là pour faire ma cour auprès de vous et pour faire peur à vos voisins[4]. Grands Dieux ! qu'ai-je pensé faire? J'allois finir ma lettre sans mettre votre très-humble, très-obéissant et très-fidèle serviteur,

La Rochefoucauld.

Suscription : A Mademoiselle Mademoiselle d'Aumale.

---

115. — A LENET.

J'espère vous voir si tôt, que j'ai pensé ne vous point écrire; je ne le fais aussi que pour vous dire la joie que

---

2. Ceci nous donne-t-il la date de la lettre? La Rochefoucauld annonce-t-il ainsi d'avance son voyage en Flandre pour prendre part au siége de Lille? En ce cas, elle serait probablement de juillet 1667 : voyez la note préliminaire de la *lettre* 94, ci-dessus, p. 194.

3. Il y a, devant *mais*, un mot biffé.

4. Le mot *voisins* est suivi du parafe final, ce qui explique l'exclamation et toute la phrase qui suivent.

Lettre 115. — *Manuscrits de Lenet*, tome XXIV, fol. 152, autographe; rien au dos. Deux feuillets in-4°; cachets conservés.

j'ai eue[1] de voir M. de Selaure[2] en passant; il n'a jamais voulu se reposer ici, quelque prière que je lui en aie faite. Il me rendit une de vos lettres, et une de Monsieur le Prince; je ne lui ai[3], comme vous savez, point fait réponse, tant je suis honnête homme; mais c'est qu'il a toujours été par voie et par chemin, et que je pars dans six jours pour aller à Paris. Je serois au désespoir de vous trouver parti pour votre Bourgogne[4], car je me propose une grande joie de vous embrasser, et de vous assurer que je suis à vous, sans réserve[5].

Je suis chargé de toute ma famille de vous faire mille très-humbles compliments.

A Vertœil, le 17 de décembre.

Suscription : Pour Monsieur l'Énet.

---

116. — A MONSIEUR ***.

Je me sers aussi de cette occasion, Monsieur, pour vous envoyer des vers latins qu'un de mes amis[1], qui

---

1. *Eu*, sans accord, dans l'original.
2. Ou de Selore : quelque gentilhomme bourguignon? Il y a une localité de ce nom en Bourgogne (Saône-et-Loire), dans la commune de Saint-Yan, canton de Paray-le-Monial.
3. Il y avait d'abord *je n'ay* ; la Rochefoucauld a ajouté un *e* à *n*. et mis en interligne *lui* (*luy*) après *ne*, et *point* après *savez*. Deux lignes plus loin, il y a *qu'il*, écrit sans apostrophe : un *i* a été substitué à *e*, et *l* ajouté après coup. Un peu après, *six* est écrit *sis*.
4. *Bourgongne*, dans l'autographe. On sait que Lenet fut procureur général au parlement de Dijon, sa ville natale.
5. La phrase qui suit est en post-scriptum, après un parafe.

Lettre 116. — *Portefeuilles de Vallant*, tome II, fol. 161, autographe; rien au dos. Ce billet, sans adresse ni date, est criblé de ratures.

1. Les mots *a fait* (sic) sont écrits ici une première fois et biffés.

est avocat du Roi à Clermont en[2] Auvergne, a faits pour le Louvre et à la louange du Roi[3]. Il voudroit bien savoir s'ils sont dignes[4] d'être présentés[5]. Je prends, Monsieur[6], la liberté de vous les envoyer, comme à la personne du monde que je crois la plus capable d'en juger.

Je n'entends pas assez le latin pour oser m'en mêler.

———

Au sujet d'un extrait du roman de Zayde *qui se trouve dans les* Portefeuilles de Vallant *(tome II, fol.* 162 *et* 163*), extrait écrit de la main de la Rochefoucauld et que V. Cousin et, après lui, l'éditeur de* 1869 *ont pris pour un billet adressé à Mme de la Fayette, voyez ci-dessus, la* Notice sur les Lettres, *p.* 10 *et* 11.

2. Les mots *avocat du Roi à Clermont en,* sont en interligne; il y avait d'abord : « qui est d'Auvergne ».

3. Après *Roi,* est effacé : *En cas qu'on en demande.*

4. Ce commencement de phrase est en interligne, au-dessus de : *Comme je n'entends,* biffé.

5. A la suite de *présentés,* sont encore biffés ces mots : *Comme je n'entends pas le latin.*

6. *Monsieur,* en interligne.

APPENDICE

AUX LETTRES DE LA ROCHEFOUCAULD.

I

(Voyez la *Notice* sur les *Lettres*, p. 9.)

---

1. — LE COMTE FRANÇOIS V DE LA ROCHEFOUCAULD
A ARNAULD D'ANDILLY [1].

CE n'est pas comme *Qui quoi* [2] que je vous écris; tous mes

LETTRE 1. — D'après une copie de la main de M. Gilbert; rien dans ses papiers ne nous apprend qui était le possesseur de l'original. La lettre est antérieure à la fin de 1619, puisque le père d'Arnauld d'Andilly (voyez ci-après la note 6) y est mentionné comme encore vivant. Elle est bien de François V de la Rochefoucauld, père de notre auteur, chef de la famille depuis la mort de François IV (décédé dès 1591), et possesseur de Verteuil, d'où la lettre est datée. François V était né en 1588, la même année qu'Arnauld d'Andilly, que, dans la première phrase, il traite de camarade. Il n'avait encore que le titre de comte; la date de l'érection de la Rochefoucauld en duché est 1622.

1. Robert Arnauld d'Andilly, fils aîné d'Antoine Arnauld l'avocat, et frère du grand Arnauld. Né en 1588, il se retira dans sa cinquante-huitième année, c'est-à-dire en 1646[a], à Port-Royal-des-Champs, où il mourut en 1674. Il fut tour à tour commis du surintendant des finances Henri de Schonberg, attaché au duc d'Orléans, conseiller du Roi en ses conseils, intendant de l'armée d'Allemagne en 1634. Il a laissé des *Mémoires* publiés sous la rubrique de Hambourg, 1734, 2 volumes in-12. On a vu dans la *Notice* qui est en tête de notre tome II (particulièrement aux pages VIII et IX) que la Rochefoucauld le consultait sur ses écrits.

2. *Qui quoi* était vraisemblablement un sobriquet par lequel,

---

[a] Date à substituer à celle de 1642, donnée au tome II (p. VIII, note 1) : voyez Sainte-Beuve, *Port-Royal*, tome II, p. 250.

camarades m'ont trop oublié pour me pouvoir souvenir d'eux avec honneur ; c'est seulement pour vous dire que j'ai changé de folie, et que l'agriculture tient aujourd'hui la place de toutes les autres que vous connoissez. Je vous demande donc un jardinier qui ait toutes les qualités nécessaires pour gouverner mes arbres[3]. Je prétends le nourrir et lui donner les gages dont vous conviendrez avec lui ; mais il faut que ce soit un grand personnage, car j'ai trois ou quatre maisons[4] sur lesquelles il aura une autorité absolue[5], et il ira de l'une à l'autre faire exécuter à ceux qui seront sous sa charge tout ce qu'il jugera à propos. Sérieusement, je vous supplie très-humblement d'employer même Monsieur votre père[6], pour vous aider à bien choisir. Je crois que je ferois bien aussi de m'adresser à lui, pour vous obliger à me pardonner la liberté que je prends de vous donner mes commissions ; mais je ne puis toutefois me résoudre à vous en faire bien régulièrement des

dans l'enfance, la première jeunesse, les camarades désignaient l'auteur de la lettre, peut-être pour des habitudes de curiosité, de fréquente interrogation. La camaraderie dont il parle ici ne pouvait remonter au collége. Arnauld d'Andilly, qui, au reste, comme nous l'avons fait remarquer, était exactement du même âge que le comte de la Rochefoucauld, avait été élevé dans la maison paternelle ; et le comte aussi, très-probablement. « Mon père, dit le premier dans ses *Mémoires* (tome I, p. 90, édition de 1734), ne voulut pas me mettre au collége parce qu'il savoit combien l'on y apprend de choses que l'on seroit heureux de n'avoir point sues. »

3. Arnauld d'Andilly était fort compétent dans les choses de l'horticulture ; on le surnommait le « savant jardinier », et lui-même, à la veille de sa retraite, s'intitulait par avance, selon le témoignage de Fontaine dans ses *Mémoires* (tome I, p. 289, Utrecht, 1736), le *Surintendant des jardins* (de l'abbaye). Voyez le *Port-Royal* de Sainte-Beuve, tome II, p. 254-264 ; et M. Varin, *la Vérité sur les Arnauld*, tome I, p. 37.

4. Voyez la *Notice biographique*, p. VII et note 1.

5. Dans l'original : *une authorité apsolue*.

6. Le célèbre avocat Antoine Arnauld, issu d'une noble et ancienne famille d'Auvergne, né en 1560, mort au mois de décembre 1619. Il eut vingt-deux enfants, dont Arnauld d'Andilly, nous l'avons dit, était l'aîné.

excuses, ni à finir ma lettre avec toute la cérémonie que je dois.

LA ROCHEFOUCAULD.

A Vertœil, ce 24° juin.

Suscription : A Monsieur Monsieur d'Andilly.

---

2. — LE DUC FRANÇOIS V DE LA ROCHEFOUCAULD AU CARDINAL DE RICHELIEU.   1637

MONSEIGNEUR,

Si vous ne m'aviez fait l'honneur de donner quelque approbation à mes derniers déportements[1] et que vous n'eussiez daigné les faire agréer au Roi[2], je n'oserois supplier Votre Éminence de me procurer de nouvelles grâces; mais votre bonté m'ayant paru si avantageusement que je puis dire avec vérité que ma maison et ma famille, qui ont l'honneur de vous appartenir, vous doivent leur salut, j'ose, en la vouant éternellement à tout ce qu'il vous plaira en ordonner, requérir encore Votre Éminence, avec toute sorte de respect et d'humilité, qu'il lui plaise que, sous sa protection, j'obtienne que

---

LETTRE 2. — Vue sur l'autographe, aux Archives nationales, *Recueil sur la pairie*, tome X, KK 601, in-folio, fol. 97; cachets à demi conservés.

1. *Déportements*, dans le vieux sens général d' « actions, » de « conduite mauvaise ou bonne. » Voyez les exemples cités, à l'article de ce mot, dans le *Dictionnaire de M. Littré.*

2. On a vu dans les *Mémoires* (p. 19 et 20) qu'en 1632, année où la révolte de Gaston, duc d'Orléans, « fit périr le duc de Montmorency sur un échafaud, » le père de notre auteur « se trouva exposé, comme la plus grande partie de la cour, à la persécution du Cardinal; il fut soupçonné d'être dans les intérêts de Monsieur, et il eut ordre d'aller dans une maison qu'il avoit auprès de Blois. » On a vu, en outre, par l'*Apologie de M. le prince de Marcillac* (tome II, p. 450 et note 1), que, dans la même année 1632, le duc fut forcé de se démettre du gouvernement de Poitou. Sa disgrâce (*Mémoires*, p. 27) ne cessa que vers le temps où il écrivit cette lettre.

le Roi ait agréable que, me disposant à l'aller servir comme il me sera ordonné, que je puisse, en prêtant le serment de duc et pair au Parlement, recevoir l'effet d'un honneur qu'il m'a fait il y a quinze ans³. Je renouvelle cette instance sur l'avis que j'ai eu que Sa Majesté vouloit honorer quelqu'un de cette dignité, et aussi que, n'ayant de passion que celle que je dois avoir pour mon maître et pour mon bienfaiteur, j'ose espérer que vous agréerez qu'il ne reste plus de marque de malheur en ce que vous avez conservé, et si le peu de mérite qui est en ma personne ne me laissoit celui de pouvoir assez dignement vous servir, je mettrai en ma place sept garçons⁴, assez bien nés, grâces à Dieu, qui, chacun en [leur] condition, s'attacheront inviolablement à ce devoir; et l'aîné, que vous avez comblé d'honneur, a une passion si forte pour cela qu'il ne souhaite rien à l'égal de vous témoigner par les très....⁵ qu'il reconnoît vous devoir tout. Pour moi, Monseigneur, je supplie très-humblement Votre Éminence de croire que si vos commandements ou les occasions m'en donnent jamais les moyens, vous connoîtrez par les effets que je suis véritablement et à toute épreuve,

    Monseigneur,

        Votre très-humble, très-obéissant et très-fidèle serviteur,

                          LA ROCHEFOUCAULD.

AV erteuil, le 13ᵉ juin⁶ 1637.

Suscription (d'une écriture différente) : A Monseigneur Monseigneur l'éminentissime cardinal duc de Richelieu.

3. On a vu plus haut que François V avait été fait duc et pair en 1622; mais les lettres d'érection ne furent vérifiées que quinze ans après; il prêta serment le 24 juillet 1637.

4. Il y a bien *sept*, et non *cinq*; pourtant le P. Anselme (tome VI, p. 428 et 429) ne donne que quatre frères à François VI, l'aîné, notre auteur, alors âgé de vingt-quatre ans. Il faut conclure de ce défaut d'accord que deux des garçons sont morts après le 13 juin 1637 sans laisser de souvenir. François VI avait en outre sept sœurs. Voyez, au tome I, p. xcvii, la *Généalogie*, dans l'*appendice* II de la *Notice biographique*.

5. La reliure empêche ici de lire un mot, surmonté d'un autre.

6. *Juin* surcharge un mot biffé, sans doute *may*.

3. — LA DUCHESSE DE LA ROCHEFOUCAULD A***.

1637

J'avois été jusques à aujourd'hui dans la [1] croyance d'une visite de haut appareil, Mme de Chevreuse ayant écrit à mon fils[2], en passant par Rufec, qu'elle alloit à Xaintes, pour une affaire d'importance et en diligence, et qu'elle le prioit de lui envoyer un carrosse, et qu'au retour elle me verroit[3]. Mon

LETTRE 3. — Revue sur l'autographe, aux Archives des affaires étrangères, *France*, 1637, tome 86, fol. 49 et 50; cachets conservés. Publiée pour la première fois par V. Cousin dans *Madame de Chevreuse* (2de édition, 1862, *Appendice*, p. 430). Il est probable qu'elle est adressée par la duchesse de la Rochefoucauld, Gabrielle du Plessis de Liancourt, mère de notre auteur, à son mari François V, qui se trouvait alors à Paris (voyez ci-après, p. 240, la note 1 de la *lettre* 4). — Sur la fuite en Espagne de la duchesse de Chevreuse, voyez les *Mémoires*, p. 33-37; et la fin du chapitre III, ainsi que *l'appendice*, du livre de V. Cousin que nous venons de citer. — Il y a aux Archives des affaires étrangères, et dans la *Collection du Puy*, à la Bibliothèque nationale, un bon nombre de pièces de l'enquête que le cardinal de Richelieu fit faire sur la fuite de la duchesse de Chevreuse; dans deux de celles que nous reproduisons à la suite de cette lettre de la duchesse de la Rochefoucauld, notre auteur et son père se trouvent très-mêlés à l'affaire; elles ont été déjà publiées, de même que nos *lettres* 3 et 4, par V. Cousin dans *l'appendice* au chapitre III de *Madame de Chevreuse*, mais, contrairement à son exactitude ordinaire, avec diverses altérations de texte, que nous avons eu soin de corriger. Ces pièces sont, on le verra, de curieux témoignages de la négligence incorrecte et obscure avec laquelle, en ce temps-là, des personnages considérables, un magistrat haut placé, un grand seigneur, rédigeaient des écrits de ce genre où la clarté, la sobre netteté sont si nécessaires. Plus étrange encore et d'un style vraiment incroyable est la relation de l'archevêque de Tours, qui fait partie du dossier de la même enquête (*ibidem*, fol. 77 et 78), mais que nous n'avons pas à reproduire, parce qu'elle ne concerne en rien la Rochefoucauld.

1. *La* est en interligne.
2. Voyez ci-après, p. 233, la relation du président Vignier; et au tome II, p. 34, note 2, un billet de Mme de Chevreuse au prince de Marcillac, qui, de tout ce qui est dit ici, ne contient que la demande du carrosse.
3. Dans l'autographe, *vairoit*; plus loin, *soubçonné*; *voudre* (sic),

carrosse est revenu aujourd'hui, et [j']ai su qu'elle a pris un chemin tout contraire à celui qu'elle avoit mandé⁴. Ainsi j'ai soupçonné qu'elle eût quelque autre pensée, et qu'il étoit à propos de vous en donner avis⁵, ce que je fais par ce porteur, que j'envoie exprès, de peur que mon paquet se perdît à la poste, et que vous vous fâchassiez, si je manquois à vous avertir de cela. Vous jugerez mieux que moi si la chose peut être de conséquence⁶. Qu'elle en soit ou n'en soit pas, je voudrois bien qu'elle se fût avisée d'aller par un autre pays que celui-ci, ou que Rufec n'eût point été dans le voisinage de Verteuil⁷, car une plus fine que moi y eût été de même trompée. Encore que je n'aie su qu'après que le carrosse a été parti qu'elle l'avoit demandé, et, quand elle me l'eût demandé, je lui eusse de même envoyé, croyant, aussi bien que mon fils l'a cru, que c'étoit une civilité qui ne se pouvoit pas refuser et qui n'importoit à personne, sachant assez qu'elle a des affaires avec Monsieur son mari qui ne regardent que leurs seuls intérêts⁸, et peut-être n'est-ce que cela : je m'en remets au jugement de ceux qui ont meilleure vue.

De Verteuil, ce 13 septembre⁹ [1637].

pour *voudrois* ; *peis*, pour *pays* ; *regarde*, pour *regardent* ; *nesse*, pour *n'est-ce*.

4. Voyez sur l'itinéraire de Mme de Chevreuse, ci-après, les annexes A et B à cette *lettre* 3.

5. A la suite de *donner avis* (*donne[r]*, biffé), il y a *avertir*, mais qui semble biffé aussi.

6. Elle fut en effet de conséquence. On a vu, par les *Mémoires*, p. 35-39, que la participation du prince de Marcillac à la fuite de Mme de Chevreuse donna lieu à une enquête officielle, et amena même l'emprisonnement dudit prince : voyez ci-après, p. 242 et note 16.

7. Ruffec (Charente) n'est qu'à six kilomètres de Verteuil. — L'orthographe de l'original est ici *Verteuil*, et plus bas, à la date, *Verteuil* ; voyez ci-dessus, p. 230 ; et p. 15, note *a*.

8. Mme de Chevreuse était alors en procès avec son mari, pour être séparée de biens d'avec lui, procès qu'elle gagna : voyez l'ouvrage cité de Cousin, p. 136.

9. Il y a bien, à la date, 13, et non, comme dans le texte de Cousin, 19.

APPENDICE I.

RELATION DU PRÉSIDENT VIGNIER.

.... Aujourd'hui, huitième jour du mois de novembre mil six cent trente-sept, en continuant notre information et procès-verbal, sommes arrivés au bourg de Verteuil, à l'hôtellerie où pend pour enseigne le Dauphin : d'où nous nous serions transportés au château dudit lieu, où nous aurions dit à M. le duc de la Rochefoucauld, pair de France, et à M. le prince de Marcillac, son fils, que nous avions reçu ordre de nous transporter en ce lieu, pour leur donner communication de la commission de laquelle il a plu à Sa Majesté de nous honorer, donnée à Saint-Germain-en-Laye, le vingt-sixième octobre de la présente année, laquelle nous leur aurions fait lire, afin qu'ils eussent à nous répondre sur le contenu en icelle.

Puis, ayant fait savoir audit sieur duc les choses que Sa Majesté nous auroit ordonné de lui dire de vive voix, il nous auroit fait réponse qu'il rédigeroit par écrit celles qui étoient venues à sa connoissance du contenu en notredite commission, puis les remettroit entre nos mains, pour être envoyées à Sa Majesté.

Et, pour le regard de M. le prince de Marcillac son fils, il se seroit offert de répondre et nous dire ingénuement tout ce qu'il sauroit de cette affaire. Sur quoi, serions venus ensemble en notredit logis, et, après avoir d'icelui pris le serment en tel cas requis et accoutumé, nous a dit que, la veille de la fête de Notre-Dame de septembre dernier[1], le nommé Hilaire, valet de chambre de Mme la duchesse de Chevreuse, lui auroit apporté une lettre de ladite dame, laquelle il nous a représentée et mise[2] entre les mains, par laquelle, entre autres choses, elle le prie de lui envoyer secrètement un carrosse et prompte-

---

Lettre 3, *annexe* A. — Copié sur l'original, aux Archives des affaires étrangères, *France*, 1637, tome 86, fol. 16-18. — Sur le président Vignier, du parlement de Metz, que le cardinal de Richelieu avait chargé de l'enquête sur la fuite de Mme de Chevreuse, voyez au tome II, p. 36 et note 2.

1. C'est-à-dire le 7 septembre, veille de la fête de la Nativité de la sainte Vierge.

2. Dans l'original, *représenté*, et *mis*, sans accord.

ment, pour la mener à Xaintes pour des affaires d'importance, lesquelles elle lui communiqueroit à son retour qu'elle viendroit voir Mme de la Rochefoucauld. Ensuite de quoi, il lui envoya un carrosse tiré par quatre chevaux, conduit par un cocher nommé Pierre, et suivi d'un postillon nommé Villefagnan. Et, outre cela, ledit Hilaire lui demanda quatre chevaux de selle, lesquels il lui fit donner et fit conduire par un sien valet de chambre nommé Thuillin[3] et ledit Hilaire, lequel lui laissa la haquenée de ladite dame, le priant de la garder jusques à son retour, depuis lequel temps et départ de ladite dame il n'auroit ouï parler d'elle que par le retour dudit Thuillin, qui fut sept ou huit jours après, lequel il[4] lui ramena deux de ses chevaux, et lequel arriva un jour devant ledit carrosse, ayant laissé ladite dame à Douzain[5], une lieue de Castillonnet, et ledit carrosse demi-lieue au deçà de Mussidan. Et, trois semaines après, arriva le nommé Malbasty[6], lequel dit avoir laissé ladite dame à Bannières[7], laquelle lui auroit commandé de revenir apporter une lettre à Monsieur l'archevêque de Tours[8], et des compliments et assurances de sa santé à lui déposant : laquelle lettre il auroit envoyée[9] audit sieur archevêque par un laquais du sieur d'Estissac[10]. Et, pour justifier de tout ce que dessus, offre ledit sieur nous représenter les susdits

3. Voyez ci-dessus, *lettre* 6, p. 25 et note 1.
4. Ce second *il*, incorrect, est omis dans l'édition de Cousin.
5. Douzains, commune de l'Agenois, dans le canton de Castillonnès, arrondissement de Villeneuve (Lot-et-Garonne). Mussidan, nommé ensuite, est plus au nord ; c'est un chef-lieu de canton de l'arrondissement de Ribérac (Dordogne).
6. Voyez ci-dessus, *lettre* 6, p. 26 et note 6 ; et ci-après, à l'*appendice* II, p. 282 et note 1.
7. C'est-à-dire à Bagnères (de Luchon), chef-lieu de canton de l'arrondissement de Saint-Gaudens (département de la Haute-Garonne), voisin de la frontière d'Espagne et des divers lieux nommés par l'archevêque de Tours dans la relation mentionnée plus haut (p. 231, fin de la note préliminaire).
8. Bertrand d'Eschaux : voyez au tome II, p. 33, note 3 ; et V. Cousin, *Madame de Chevreuse*, p. 115.
9. Dans l'original, *envoyé*, sans accord.
10. Benjamin de la Rochefoucauld, baron d'Estissac, oncle

APPENDICE I.

Thuillin et Malbasty, pour être par nous ouïs, et nous conduire par les lieux où a passé ladite dame; et que ce qui a empêché lui déposant de dire les choses ci-dessus au nommé la Grange, qui lui apporta un mémoire et une lettre de la part du sieur de Boispillet[11], lesquels il nous a mis entre les mains, et même audit Boispillet, c'est qu'il le trouva si extravagant, qu'il ne crut pas que les choses qu'il pourroit lui confier pussent produire aucun bon effet, outre qu'il avoit déjà donné avis à Monsieur le duc son père, qui étoit à la cour, de tout ce qu'il a ci-dessus dit, pour en informer le Roi et Son Éminence, auxquels seuls il croyoit avoir à rendre compte de ses actions.

Et sur ce que nous l'avons enquis s'il n'avoit pas vu ladite dame duchesse sur le chemin de Ruffec à la Terne[12], et envoyé un des siens pour faire sortir tous ceux qui étoient dans ladite maison de la Terne, et s'il n'y avoit pas mené ladite dame, donné la collation, et séjourné avec elle deux heures, nous auroit dénié tout ledit fait et soutenu calomnieusement avoir été inventé par ledit Boispillet, en haine du peu de cas qu'il auroit fait de lui : ce qui est tellement vrai, qu'il se justifiera, par témoignage[13] de tous les domestiques de sa maison et par quantité d'habitants dudit Verteuil, gens de bien et sans reproche, que non-seulement il ne sortit point de la maison et bourg dudit Verteuil, le jour qu'il envoya son carrosse à ladite dame, mais même de plus de huit en suivant; déclarant qu'il consent être déclaré convaincu de toutes les choses ci-dessus esnommées, s'il se trouve un seul homme de bien qui die l'avoir vu, pendant ledit jour que passa ladite dame et les huit suivants, hors le susdit lieu de Verteuil.

Et sur ce que nous l'aurions enquis s'il n'auroit point donné quelqu'une de ses maisons pour retraite à ladite dame

---

paternel de notre auteur (voyez tome II, p. 313, et note 1 de la page 182). C'est de lui qu'est signée la dernière lettre de l'*appendice* II. Son fils eut le titre de marquis.

11. Boispillet, Boispillé ou Boispille, intendant de la maison de Chevreuse, envoyé à la fugitive par son mari : voyez au tome II, p. 35 et note 4.

12. Voyez ci-dessus, *lettre* 14, p. 42 et note 4.

13. Dans l'original, *le* a été biffé devant *témoignage*.

ou de celles de Monsieur son père, et, entre autres villes, de Cuzac[14], nous a répondu que non, et que tant s'en faut qu'il l'eût pu audit Cuzac, que les gens de M. le duc de la Valette avec sa....[15] y étoient et sont encore logés dans le château; qu'il est bien vrai que ledit Thuillin lui a dit qu'elle avoit passé dans le bourg, mais que ce fut sans s'y arrêter, et qu'elle alla coucher à Douzain, d'où elle renvoya ledit Thuillin, et y prit en sa place Malbasty, qui y fait sa résidence ordinaire[16].

Et sur ce que nous l'aurions enquis si, à son retour de la cour, il n'auroit point vu ou fait voir ladite dame par quelqu'un des siens, ou lui auroit donné de ses nouvelles par quelque autre voie, nous a dit que non, et qu'étant à...[17], il reçut de M. de Liancourt[18] une lettre à lui écrite de la part du Roi, par laquelle il lui mandoit qu'il eût à dire au sieur de Thibaudière[19] de ne voir point ladite dame : ce qui le[20] confirma dans la résolution qu'il avoit déjà prise de ne la voir point et de ne lui faire aucuns compliments.

Et l'ayant aussi enquis si ce n'avoit pas été lui qui auroit

14. Ici et à la ligne suivante, *Cuzac* en interligne, sur *Cahuzac*, biffé. Malgré cette orthographe, conforme peut-être à la prononciation locale, il semble bien qu'il s'agit de Cahuzac, commune du canton de Castillonnès (voyez la note 5 de la lettre, et ci-après, p. 282, notes 1 et 3). On lit dans le *Mémoire de la généralité de Bordeaux*, dressé par l'intendant de Bezons en 1698 (Bibliothèque nationale, Fr. 16 763) : « M. le duc de la Rochefoucauld y possède (*dans cette généralité*) les terres de Montclar, Eschizac et Cahuzac; les deux premières et moitié de la dernière sont en Périgord; le reste est en Agenois. Ces terres sont d'une grande étendue. »

15. *Avec sa* est suivi d'un mot que nous n'avons pu lire. L'édition de Cousin passe cette incise, ajoutée après coup. — Sur le duc de la Valette, voyez au tome II, p. 256, note 5.

16. Dans l'*appendice* II, les lettres lui sont adressées à Cahuzac.

17. Encore un mot illisible. L'édition de Cousin porte : *à Clercq*(?).

18. Son oncle maternel : voyez ci-après, p. 239, note 10.

19. La Porte, dans ses *Mémoires*, p. 345, l'appelle « Thibaudière des Ageaux, gentilhomme de Poitou, » et dit qu'allant à Tours, il s'était chargé de porter un mot de la Reine à Mme de Chevreuse et de la voir pour lui donner des nouvelles. Voyez aussi les *Mémoires de Mme de Motteville*, tome I, p. 66 et 67.

20. *Le*, en interligne.

commandé au nommé Pauthet, concierge de la Terne, d'aller
guider ladite dame passant par ledit lieu, auroit dit que non,
et qu'icelle dame auroit reconnu ledit Pauthet pour l'avoir vu
autrefois chez feu Monsieur le Connétable, son premier mari, et
l'auroit prié d'aller avec elle : ce qu'il lui auroit accordé, et
d'autant plus aisément, qu'il la vit accompagnée dudit Thuillin
et dedans le carrosse dudit sieur prince de Marcillac, lequel dit
avoir ouï dire, du depuis, que ladite dame ne l'avoit emmené
qu'à cause qu'il savoit parler le langage de basque. Qui est tout
ce qu'il nous a dit savoir, et assuré ce qu'il a ci-dessus dit contenir vérité, et a signé, après lecture faite, F. DE LA ROCHEFOUCAULD.

Sur quoi, et pour exécuter le contenu en notredite commission, lui aurions fait commandement, de la part du Roi, qu'il eût à se rendre près de Sa Majesté incessamment, pour lui rendre raison de ses actions, à quoi il a dit être prêt d'obéir et de fidèlement exécuter toutes les choses qui lui seront prescrites de la part de Sa Majesté. *Signé :* F. DE LA ROCHEFOUCAULD.

[8 novembre 1637.]

RELATION DE FRANÇOIS V, DUC DE LA ROCHEFOUCAULD.

Sur ce que M. le président Vignier m'a dit, de la part du Roi, que Sa Majesté s'étonne qu'après les récentes obligations que je lui avois, j'eusse eu si peu de ressentiment[1] que je n'aie pu tirer de mon fils de Marcillac la vérité touchant le passage de Mme de Chevreuse et que je n'en aie pas informé Sa Majesté, sur quoi je lui ai fait réponse qu'étant à la cour, lors dudit passage, et en ayant eu avis par ma femme[2] et mon fils, je fus à l'instant trouver Monsieur le Chancelier[3], auquel je montrai les lettres de ma femme et de mondit fils, et la copie de la lettre que Mme de Chevreuse avoit écrite à mon fils du lieu de Ruffec ; et le lendemain je fus à Ruel[4], où je mis les susdites lettres et copie entre les mains de M. Charpentier[5], et le priai de les faire voir à Son Éminence, auquel j'eus l'honneur de parler ensuite sur le même sujet, autant qu'il me fut possible. Et, cinq ou six jours après, mon fils m'ayant dépêché un gentilhomme pour m'avertir de ce qu'il avoit appris par le retour d'un homme qui ramenoit les chevaux et qui l'avoit accompagnée[6], j'envoyai Serizay, mon secrétaire, à Charonne, où ne pouvant parler à M. Charpentier, il s'adressa à M. de Cheré, son neveu, et lui dit qu'il m'étoit arrivé un gentilhomme, que m'envoyoit mon fils, pour me dire les particularités du passage de Mme de Chevreuse et comme elle prenoit le[7] chemin d'Espagne, et le pria de le faire savoir à Son Éminence, chez qui j'allai l'après-dînée, et trouvai dans la basse-cour M. l'abbé du Dorat[8],

---

Lettre 3, *annexe* B. — Revue sur une copie, aux Archives des affaires étrangères, *France*, 1637, tome 86, fol. 211 et 212. On lit d'une autre main, en marge : « Touchant Mme de Chevreuse. »

1. Ressentiment des obligations, c'est-à-dire reconnaissance.
2. Voyez ci-dessus, *lettre* 3 de cet *appendice*, p. 231 et 232.
3. Pierre Seguier, chancelier de 1635 à 1650.
4. Voyez tome II, p. 39, note 6.
5. Un des secrétaires du cardinal de Richelieu : voyez *Madame de Chevreuse*, p. 95, note 2.
6. Voyez ci-dessus, p. 234. — Dans le manuscrit, *et quil*.
7. *Le* corrige *son*.
8. Ancien serviteur de la maison de Lorraine, trésorier de la Sainte-Chapelle : voyez V. Cousin, *Madame de Chevreuse*, p. 137.

et quelques autres, qui, avec beaucoup de froideur, me dit qu'on avoit baillé le matin un mauvais avis à Son Éminence, pource que Mme de Chevreuse n'avoit jamais pensé d'aller en Espagne, et qu'elle étoit en France et n'avoit jamais été déguisée : ce qu'il me dit si affirmativement, que je le crus, et d'autant plus que je n'avois autre avis, sinon qu'elle prenoit la route d'Espagne.

Et, le lendemain, allant chez Monsieur le Chancelier, je lui dis dans son jardin l'arrivée dudit gentilhomme, et le sujet qui l'amenoit : ce que, deux ou trois jours après, je dis aussi à M. le surintendant Boutillier[9] à Saint-Maur. Après quoi, je pris congé du Roi et de Son Éminence ; et, voyant jouer MM. de Brezé, de Liancourt et de Mortemart[10] à la paume, j'eus un coup de balle sur l'oreille qui m'arrêta quatre ou cinq jours à la chambre, en fin desquels je me mis en chemin pour venir à ma maison, demeurai douze jours par les chemins à cause de mon indisposition, et ne m'y suis rendu que depuis vingt jours, où je n'ai rien appris de plus particulier que les choses que m'avoit apportées le gentilhomme. Ce que je certifie véritable.

Fait à Vertœil, le huitième novembre 1637.

LA ROCHEFOUCAULD.

Et[11] engage ma foi et mon honneur qu'il n'est venu rien depuis à ma connoissance, sinon que c'étoit à Bannières[12] que l'homme qui étoit revenu avoit laissé Mme de Chevreuse, et

9. Bouthillier, surintendant, avec Bullion, de 1632 à 1641. — On avait d'abord écrit *l'intendant*.

10. Urbain de Maillé, marquis de Brezé, maréchal de France depuis 1632, beau-frère du cardinal de Richelieu. — Roger du Plessis duc de Liancourt, beau-frère de l'auteur de la *Relation* : voyez ci-dessus, p. 16, note 2, et p. 236, note 17. — Gabriel, marquis, puis (1650) duc de Mortemart, père de Mme de Montespan.

11. Cet alinéa et le suivant : « Fait à Vertœil.... et est encore écrit, etc. » sont réduits ainsi à un seul dans l'édition de Cousin, qui du second n'a intercalé dans le premier que la fin, de cette manière : « Et engage ma foi et mon honneur qu'il n'est rien venu depuis à ma connoissance, si ce n'est de petites particularités qui n'étoient pas de conséquence pour faire sur cela des dépêches, comme que, étant à Bannières, l'homme qui étoit venu, etc. »

12. Bagnères-de-Luchon : voyez ci-dessus, p. 234, note 7.

que Boispille avoit ramené la haquenée qu'elle avoit laissée ici[13], dont j'avois parlé à MM. de Chevreuse et de Montbazon[14].

<blockquote>Fait à Verteuil, le même jour que dessus (« et est encore écrit », ajoute le copiste) : « Si ce n'est de petites particularités qui n'étoient pas de conséquence pour faire sur elles des dépêches. »</blockquote>

Signé : LA ROCHEFOUCAULD.

4. — LE DUC FRANÇOIS V DE LA ROCHEFOUCAULD A M. [DE LIANCOURT].

Je n'ai rien à vous mander depuis ce que je vous ai écrit par le dernier courrier[1], si ce n'est qu'un jeune homme de bonne famille, de mes terres, apprenant la peine où nous étions, m'est venu trouver ce matin et m'a dit qu'étant, le 15[2] du mois passé, à Londres, dans l'hôtellerie, avec quantité de ses camarades (car il est enseigne dans un navire de guerre anglois), il y arriva un gentilhomme anglois de sa connoissance, qui leur dit à tous qu'étant, un jour ou deux devant, à Plemur[3], Mme de Chevreuse y étoit arrivée déguisée, et incontinent s'étoit fait connoître et avoit dépêché vers le roi de la Grande-

---

13. Voyez ci-dessus, p. 234.
14. Au mari et au père de Mme de Chevreuse.

LETTRE 4. — Revue sur une copie conservée aux Archives des affaires étrangères, *France*, 1637, tome 86, fol. 221 et 222. En marge, d'une autre main, se trouve cette note : « Touchant la conduite de M. de Marcillac, son fils, au passage de Mme de Chevreuse. » Cette lettre du père de notre auteur, qui paraît être adressée à M. de Liancourt son beau-frère (voyez la note 1 de la lettre 2, p. 16), a été publiée par V. Cousin dans *Madame de Chevreuse*, 2de édition, 1862, *Appendice*, p. 432 et 433.

1. Le duc François V, comme il nous l'apprend à la fin de sa *Relation* (p. 239), était rentré de Paris à Verteuil le 19 octobre.
2. Il y a bien, dans l'original, « le 15 », et plus bas, à la date de la lettre, « ce 12 ».
3. Plymouth. — Sur l'arrivée et le séjour de Mme de Chevreuse en Angleterre, voyez V. Cousin, dans l'ouvrage cité, p. 144 et suivantes. Il y faut seulement, pour la date de l'arrivée, substituer « octobre 1637 » à « commencement de l'année 1638 ».

Bretagne[4] pour recevoir ses ordres. Je vous envoie le nom de ce jeune homme en anglois et en françois[5], comme il me l'a laissé ; car il part demain pour s'en retourner en Angleterre par la Rochelle, où est le vaisseau qui l'a amené.

1637

Je lui ai donné charge de se montrer chez Monsieur l'Ambassadeur[6], afin qu'il puisse savoir de lui[7] comme il s'en retourne en ce pays-là pour ses affaires particulières, selon son dessein, et qu'il n'a autre ordre de nous que de le saluer, parce que peut-être serions-nous si malheureux qu'on soupçonneroit que cet homme, m'ayant vu et s'en retournant si promptement, auroit quelque commission, pour la décharge de mon fils[8], pour lequel ce sera quelque consolation qu'on sache la pure et naïve[9] vérité.

Je vous dirai aussi que j'ai vu hésiter M. Vignier sur la facilité et la diligence que trouva cette femme à passer de Bagnières[10] en Espagne ; et c'est en quoi seulement j'ai desiré qu'on ne dît pas que c'est un commerce quasi ordinaire, car l'on eût peut-être cru que j'eusse été bien aise de faire insérer cela dans un procès-verbal, pour taxer des personnes qu'on sait qui ne m'aiment pas, et qui me désobligent tous les jours. Mais il est très-certain que d'Espagne il vient des laines en France, et que de France il va par ce côté ordinairement des

---

4. Charles Ier, qui avait succédé à Jacques Ier, en 1625.

5. C'est-à-dire tel qu'il s'écrivait en français, d'après la prononciation : voyez au tome II, note 3 de la page 8, les deux formes *Buckingham* et *Bouquinquan*.

6. Voyez la note 1 de la *lettre* suivante.

7. La phrase n'est pas claire, mais le sens est évident : afin que l'Ambassadeur puisse savoir de ce jeune homme, de l'enseigne de vaisseau, qu'il s'en retourne, etc.

8. Faut-il rattacher ces mots à ce qui précède immédiatement : « quelque commission tendant à la décharge de mon fils » ; ou bien, ce qui, vu le style du duc, est fort possible, se rapportent-ils au commencement de la phrase : « Je lui ai recommandé de se montrer chez l'Ambassadeur, pour la décharge de mon fils » ?

9. Dans le manuscrit, *naifve*, et, deux lignes plus loin, *ésiter*, sans *h*.

10. Voyez ci-dessus, la note 7 de la page 234.

bœufs et des moutons, et bien souvent des mules, et que pour de l'argent tout se fait.

Mon fils est parti ce matin pour aller à Brouages[11], pour être là en lieu qu'on ne puisse pas dire qu'il ait eu autre intention que celle d'obéir et de recevoir la punition que son action bien vérifiée méritera[12]. Et je vous dis encore que vous pouvez sans crainte, ni pour vous, ni pour moi, ni pour lui, assurer qu'il n'a eu commerce aucun de lettres, de message, d'avis, ni de concert, quel qu'il puisse être, avec cette femme, depuis avoir parlé, à Royaumont[13], à M. de Chavigny; et de cela, j'en réponds comme assuré, n'ayant pas si mauvaise opinion de lui que je crusse qu'il me voulût engager à répondre de cela sur ma vie et sur mon honneur, s'il n'étoit vrai.

Et pour ce que dit cet imposteur de Boispillé, qu'il[14] l'a vue à la Terne, je me soumets à tout ce qui se peut imaginer d'infamies et de châtiments, si cela est; car ma femme et la sienne ne l'ont pas perdu de vue huit jours durant, et il n'est pas seulement sorti de céans durant ce temps-là; et je suis très-certain que ma femme et mes enfants ne me laisseroient[15] pas hasarder ma foi, mon honneur et mon repos, et de ma famille[16],

---

11. Brouage, petit port de mer de la basse Saintonge (Charente-Inférieure), dont un neveu du cardinal de Richelieu, le duc Jean-Armand de Maillé-Brezé, était alors gouverneur.

12. Cette punition fut un emprisonnement de huit jours à la Bastille : voyez, au tome II, les *Mémoires*, p. 37, note 5, où nous renvoyons à Cousin pour l'ordre adressé au gouverneur de la Bastille, que, du reste, nous donnons nous-même dans la *Notice biographique*, p. xviii, note 2.

13. Sur Royaumont, voyez, au tome II, la note 1 de la page 31. La Rochefoucauld rapporte, à cet endroit des *Mémoires*, qu'il fut conduit à Royaumont par son père et par le comte de Chavigny, alors secrétaire d'État des affaires étrangères, et que là il promit à l'un et à l'autre, avant de partir pour Verteuil, de n'avoir aucun commerce avec la duchesse de Chevreuse, retirée à Tours.

14. *Qu'il*, c'est-à-dire « que mon fils ». Dans l'édition de Cousin, *qu'on l'a vu*; et, un peu plus loin, *la Tesne*, comme plus haut; puis *infamie* et *châtiment*, au singulier; deux lignes plus bas, *là* est omis après *temps*.

15. *Lairoient*, dans le manuscrit.

16. Mon repos et celui de la famille. (*Édition Cousin*.)

sur une chose que l'on me déguiseroit et qui seroit toujours sue ; si ce n'étoit à cette heure, ce seroit au moins par le temps et par les diligences[17] qu'on y pourroit apporter. Ce n'est pas que mon fils soit excusable, ni envers moi, non plus que d'ailleurs, car il m'a fort peu considéré ; mais je parlerai de mon intérêt particulier quand le général sera vuidé, et je prie Dieu qu'il soit plus sage à l'avenir qu'il ne l'a été depuis deux ou trois ans, et qu'il ait[18] une meilleure ou plus heureuse conduite. Cette affaire m'embarrasse si fort que je ne puis vous écrire d'autre chose ; aussi que je m'assure que vous y ferez tout ce qui se peut, sans que je vous en mande rien[19]. Je vous donne le bonjour.

A Vertœil, ce 12 novembre 1637.

5. — LE DUC FRANÇOIS V DE LA ROCHEFOUCAULD
A M. DE LA FERTÉ[1].

1642

Il y a deux ou trois ans que mon fils de Marcillac continue un petit commerce en Angleterre, qui lui a réussi jusques à cette heure ; et il espère encore mieux sous votre protection le

---

17. Par le temps, avec les diligences. (*Édition Cousin.*)
18. Dans le manuscrit, *aye*, ici et p. 242, ligne 4.
19. Aussi je m'assure que vous y ferez tout ce qui se peut faire, sans que je vous demande rien. (*Édition Cousin.*)
Lettre 5. — Revue sur un autographe qui appartenait à M. Crapelet ; publiée pour la première fois, en 1835, dans le *Bulletin de la Société de l'Histoire de France* (tome II, p. 258 et 259), par M. Jules Ravenel, et reproduite, en partie, par MM. Ed. Fournier et Francisque Michel, dans leur *Histoire des hôtelleries, cabarets, etc.*, 1851, tome I, p. 118 ; et dans la *Notice sur la Rochefoucauld*, de M. de Barthélemy, p. 27, note 2. — Voyez au tome II, p. 40 et note 4.
1. Henri de la Ferté-Nabert, seigneur de Saint-Nectaire, ministre d'État, alors ambassadeur en Angleterre, mort en 1662, à l'âge de quatre-vingt-neuf ans. C'est le père du maréchal de la Ferté dont il est question dans les *Mémoires* (p. 401 et note 2).

succès qu'il en desire, qui est de pouvoir tirer des chevaux et des chiens pour du vin qu'il envoie. Son adresse ordinaire est : *à Monsieur Graf;* mais, dans l'incertitude du lieu où il sera, il ose prendre la liberté de vous supplier, par moi, de commander à quelqu'un des vôtres de prendre soin de ce porteur qu'il envoie pour la conduite des chevaux et des chiens qu'il espère tirer du prix de son vin.

Si, pour surcroît de faveur, vous avez agréable de vous souvenir de ce que je vous gagnai à Chantilly et m'envoyer ce qu'il vous plaira du pays où vous êtes, je le recevrai avec grande estime, et vous témoignerai toute ma vie et à tout ce qui vous appartient que je suis très-véritablement, Monsieur, votre très-humble et très-obéissant serviteur.

La Rochefoucauld.

A la Rochefoucauld[2], ce 20° février 1642.

Suscription (d'une autre main) : A Monsieur Monsieur de la Ferté, ambassadeur pour le Roi en Angleterre.

---

6. — LE DUC FRANÇOIS V DE LA ROCHEFOUCAULD
A MONSIEUR ***.

Monsieur,

Étant arrivé depuis deux jours en une maison où il y a un

---

2. Sur le château de la Rochefoucauld, voyez la *Notice biographique*, p. VII, note 1; et ci-dessus, p. 115, *lettre* 42, note 4.

Lettre 6. — D'après l'autographe conservé aux Archives des affaires étrangères, volume intitulé : *Poitou*, 1605-1650 (non paginé). Il n'y a pas de suscription indiquant le destinataire. On a vu dans la *lettre* 2 de cet *appendice* (note 2, p. 229) que le père de notre auteur, tombé en disgrâce en 1632, avait recouvré une demi-faveur cinq ans après (1637). A l'époque où cette lettre-ci nous place, François VI de la Rochefoucauld, alors suspect à Mazarin, écrit dans ses *Mémoires* (p. 92) : « Je passai beaucoup de temps à la cour dans un état ennuyeux; mon père y avoit des prétentions par lui-même; on

APPENDICE I. 245

fort grand parc bien formé¹, au lieu de me délasser d'un incommode voyage, je fus hier au rendez-vous que M. d'Argenson² et moi nous étions donné³, où j'appris que l'intention de M. de Parabère étoit véritablement de se défaire de son gouvernement de Poitou, mais qu'il en vouloit cent douze mille écus, alléguant pour cela plusieurs raisons, que M. d'Argenson s'est chargé de mander à M. le Tellier⁴, ce qu'il fera par le premier ordinaire. Je crois que ses services et les miens sont très-médiocres, qu'ils lui ont coûté du sang et de l'argent comme à moi, qu'il a onze enfants et beaucoup de dettes aussi bien que moi, et qu'à son opinion, toutes les choses étant égales entre nous, comme il dit, et ajoute, par dessus moi, la conduite de l'arrière-ban, il ne peut s'imaginer qu'on prétende lui offrir moins que ce dont il est convenu avec un autre. Pour moi, qui demeure d'accord de la force de ce raisonnement, je n'y puis opposer que mon humilité et dire tout simplement que, lorsque je lui ai donné ma démission, j'avois

lui faisoit quelquefois de petites grâces, en lui disant qu'elles lui étoient faites uniquement à sa considération, et que je n'y avois aucune part. » Sur le comte de Parabère et sur les négociations relatives au rachat du gouvernement de Poitou, dont il est parlé dans cette lettre-ci, voyez, au tome II (p. 450-453), un passage de l'*Apologie*; et la *lettre* qui suit. Le prince de Marcillac n'obtint la permission d'acheter le gouvernement de Poitou qu'en 1646, au prix de trois cent mille livres : voyez les *Mémoires*, p. 96 et note 7; et l'*Histoire du Poitou* à laquelle nous renvoyons ci-après, dans la note 5.

1. Il s'agit ici du parc de Vauguay, attenant au château de Verteuil : voyez la *Notice biographique*, p. VII, note 1.

2. Le comte René de Voyer de Paulmy d'Argenson, né en 1596, conseiller au Parlement en 1620, conseiller d'État en 1625, maître des requêtes en 1628, plus tard intendant des provinces réunies de Touraine, Berry, Angoumois, Limousin, Marche et Auvergne. En 1650, il fut nommé ambassadeur à Venise, où il mourut au mois de juillet de l'année suivante.

3. *Donnés*, dans l'autographe.

4. Alors (depuis 1643) secrétaire d'État à la guerre, ayant dans son département les affaires du Poitou, que nous voyons plus tard dans celui du secrétaire d'État à la marine.

ma maison pour prison, que je n'ai jamais eu la liberté de faire aucun marché ni condition avec lui, que j'étois interdit de ma charge, que feu M. de Vignole[5] la faisoit en ma place et en tiroit les émoluments, que les officiers de Blois qui assistèrent à notre contrat sont témoins des lois qui m'étoient imposées et de la sévérité avec laquelle M. de Parabère me traita, que le gouvernement valoit plus qu'il ne vaut, puisqu'il n'y avoit pas alors de retranchement sur les appointements et sur les gardes, comme il y a présentement, qu'il y avoit en ce temps la guerre civile, et qu'à cette [heure] il n'y a, grâces à Dieu, aucune apparence d'y en avoir; ainsi, que demandant à la Reine qu'il lui plaise de me rétablir en ma charge, si elle m'en juge digne, je crois que M. de Parabère n'est pas en droit de me demander autre chose que la même que j'ai eue de lui, et c'est ce que je suis prêt d'exécuter, qui est de lui donner le même argent que j'ai eu de lui, et avec les mêmes conditions, tant pour l'argent comptant que pour les sûretés qu'il pourra desirer raisonnablement, jusques à la concurrence de deux cent cinquante mille livres[6].

C'est donc à vous, Monsieur, à parachever votre ouvrage, si vous trouvez mes raisons aussi bonnes que je le souhaite bien fort; car, de m'être venu ennuyer ici, avec plusieurs autres incommodités du chaud et de la poussière, et n'achever pas cette affaire, je repasserois à Poitiers avec grande honte, et tous les pauvres gens seroient bien fâchés d'avoir fait tant de démonstration de leur joie à mon arrivée. Considérez avec tout cela que je vous ai déjà donné beaucoup de peine, et que celle de lire souvent de longues lettres comme celle-ci ne seroit pas petite, et que j'en aurois une très-grande si j'étois contraint de vous en importuner sur toutes nos disputes entre M. de Parabère et moi, et je reconnois bien qu'après tant d'obligations que ma maison et moi vous avons, il faut une fois finir de vous persécuter, pour n'avoir dans la bouche aussi bien que dans le cœur [que] des sentiments et des reconnoissances de ce que nous vous devons; et comme nous ne pouvons que vous aimer et

---

5. Voyez Thibaudeau, *Histoire du Poitou* (1840), tome III, p. 275.
6. Voyez, au tome II, à l'endroit déjà cité de l'*Apologie*, p. 453.

que, Dieu merci, vous n'avez pas besoin de notre service, reccvez agréablement ce qui est en notre pouvoir, et croyez qu'il vous est donné de bon cœur et avec loyauté, et que, de tous ceux qui se disent vos serviteurs obligés et fidèles, nul ne peut être avec tant de zèle et de passion,

Monsieur,

Votre très-humble et très-obéissant serviteur.

LA ROCHEFOUCAULD.

A Vertœil, le 20ᵉ juillet 1644.

---

7. — LE COMTE D'ARGENSON AU DUC FRANÇOIS V DE LA ROCHEFOUCAULD.

MONSIEUR,

J'aurois tout quitté ici pour aller encore parler à M. de Parabère, bien qu'il soit fort important d'achever promptement le département des tailles, où nous travaillons, si je n'avois cru qu'il étoit absolument nécessaire de savoir auparavant vos intentions sur ce que M. le Tellier m'a écrit, par une dépêche du 28 du mois passé, deux jours devant la sienne du dernier du même mois, qui accompagne celle du Roi qu'il vous a plu de m'envoyer, que[1] quand Sa Majesté m'a mandé qu'Elle trouve bon que M. de Parabère tire une plus grande récompense[2] que celle des deux cent cinquante mille livres, c'est pourvu que vous en conveniez, et que ce soit de vos deniers, et que Sa Majesté n'a jamais entendu et n'entend pas que ce soit aux

---

LETTRE 7. — D'après une pièce qui est aux Archives des affaires étrangères, volume *Poitou*, 1605-1650 : voyez la *lettre* précédente. Le comte d'Argenson était, comme il nous l'apprend, occupé, à Thouars, de la répartition de la taille.

1. *Que* dépend de *m'a écrit*, dont le sépare une longue incise. La dernière phrase de l'alinéa est encore plus embarrassée : voyez ci-après, la note 3.

2. C'est le mot du temps pour prix d'une charge, d'un office, prix payé comme dédommagement de la cession. Voyez au tome II, p. 448 et note 1, un emploi remarquable du verbe *récompenser*.

dépens du Roi, et qu'il sera bien à propos que je vous le fasse entendre de la sorte à chacun de vous, si j'ai à entrer plus avant dans votre accommodement. Ce sont les mêmes termes de cette dépêche qui m'ôtent tout sujet de rien faire espérer à M. de Parabère du côté de la cour ensuite de ce traité, dont je ne puis d'ailleurs lui parler qu'aux termes qui me sont prescrits par la dernière dépêche de Sa Majesté, où[3] encore que l'on écrive assez clair par ces paroles qui m'ordonnent de lui faire connoître que Sa Majesté sera bien aise que votre traité s'achève, et qu'il y apporte, de son côté, toutes les facilités raisonnables, et que l'ordre qu'il aura eu de demeurer en Poitou[4] lui en doive faire penser davantage, je doute fort qu'il veuille consentir à passer un traité conforme à celui que vous avez fait ensemble à Blois, et pour le même prix, sans un ordre plus exprès, ou bien il seroit devenu d'autre sentiment que je ne l'ai trouvé la dernière fois.

Néanmoins, si vous êtes résolu de ne lui donner rien au-dessus des deux cent cinquante mille livres et de ne rien aussi changer à votre traité ancien, j'irai le voir et lui parler, lorsque j'aurai su de vos nouvelles. Que si vous vous résolvez à lui donner quelque chose de plus que les deux cent cinquante mille livres, je ménagerai ce qu'il vous plaira de me prescrire avec plus de soin que s'il avoit à sortir de ma bourse. Cependant j'envoie à M. de Parabère la dépêche du Roi qui lui ordonne de demeurer en Poitou pour son service, de crainte qu'il partît pour Paris, et lui fais aussi connoître comme l'intention de Sa Majesté est que votre traité s'achève et qu'il y apporte de son côté toutes les facilités, pour les considérations que je lui ai fait entendre autrefois, et je prends l'excuse véritable de ne pouvoir l'aller entretenir de quelques jours, à cause du département des tailles que je fais en ces élections, et que je ne puis quitter sans faire un préjudice notable aux affaires du Roi.

3. Cet adverbe relatif forme une construction plutôt latine ou grecque que française. Le sens est, en coupant et dégageant la phrase : « Quoique, dans cette dépêche, on s'exprime assez clairement quand on m'ordonne, etc., je doute fort que.... »

4. Au manuscrit, ici et plus bas, *Poictou*, puis, dans le post-scriptum, *Poictiers*.

Je suis, avec la passion que je dois, Monsieur, votre très-humble et très-obéissant serviteur.

Signé : Argenson.

Thouars, 11 octobre 1644.

Je[5] vous écris d'autre main pour vous donner moins de peine à lire ma mauvaise écriture. J'ai eu bien du regret que Mme de Puizieux[6] ait passé à Poitiers sans qu'elle m'ait donné le moyen de la voir, n'ayant su son arrivée qu'après son partement, lorsqu'elle est allée vous visiter.

---

8. — LE CARDINAL MAZARIN AU PRINCE
DE MARCILLAC.

9 septembre 1648.

(Voyez les *Mémoires*, au tome II, p. 105, note 3.)

---

9. — DÉPÊCHE A M. LE DUC FRANÇOIS V
DE LA ROCHEFOUCAULD.

Sur ce que M. le prince de Marcillac, son fils, s'étoit jeté dedans Paris durant les mouvements, et [pour] le convier de demeurer dans son devoir.

Mon cousin, j'ai reçu avec beaucoup de surprise et de déplaisir la nouvelle de la mauvaise résolution que le prince de

---

5. Ceci est écrit en travers, le long de la page, de la main de d'Argenson ; tout ce qui précède la signature est de la main d'un secrétaire.
6. Voyez ci-dessus, *lettre 67, p. 155, note 1.*
Lettre 9. — D'après une copie conservée à la Bibliothèque nationale, *Manuscrits le Tellier*, Fr. 4179, fol. 25 v° et 26 ; une autre copie est aux Archives nationales, *Registres du secrétariat de la Maison du Roi*, O¹ 12, fol. 173 v°. — Le prince de Marcillac était arrivé du Poitou à Paris en décembre 1648 ; puis, après être allé à Saint-Germain avec la cour, il en était revenu, à la suite du prince

1649

Marcillac votre fils a prise en se jetant dans le parti qui a éclaté à Paris contre mon service, et parce que je ne doute pas que vous n'en soyez de votre part très-sensiblement touché, puisque vous avez plus de connoissance que personne des devoirs de sa charge et des obligations pour lesquelles il étoit tenu à me servir inviolablement, que je sais bien que vous êtes fort éloigné d'avoir de pareils sentiments, j'ai bien voulu vous dépêcher exprès le sieur de Palluau[1], abbé de..., pour vous témoigner les miens sur ce sujet et vous convier d'employer votre crédit et celui de vos amis, dans ma province de Poitou, pour la continuer dans l'obéissance qui m'est due, empêcher que l'exemple du gouverneur[2] n'attire à son parti ceux qui choisiroient le trouble : ce que je me promets de votre prudence et affection à mon service, et d'autant plus que je me tiens assuré que vous serez bien aise de faire voir avec éclat, en ce rencontre, que vous ne désapprouverez pas moins que moi-même la conduite de votre fils, en quoi les services que vous me rendrez me seront très-considérables ; et me remettant audit sieur abbé de ce que je pourrois ajouter à cette lettre, je prie Dieu qu'il vous ait, mon cousin, en sa sainte et digne garde.

Écrit à Saint-Germain en Laye, le 17ᵉ janvier 1649[3].

de Conty et du duc de Longueville, qui se jetèrent dans la capitale la nuit du 9 au 10 janvier 1649. Voyez, au tome II, les *Mémoires*, p. 108 et suivantes, et l'*Apologie de M. le prince de Marcillac*, écrite peu de temps après cette dépêche.

1. L'abbé de Palluau, conseiller d'État, maître de chambre du cardinal Mazarin : voyez les *Mémoires de Mme de Motteville*, tome III, p. 291.

2. C'est, nous l'avons dit, en 1646 que la charge de gouverneur du Poitou était passée aux mains du prince de Marcillac.

3. A la Bibliothèque nationale, il y a, à la suite de cette pièce, une autre dépêche, du même jour, adressée au marquis des Roches-Baritault, lieutenant général en Poitou, lui annonçant cet envoi de l'abbé de Palluau au duc de la Rochefoucauld, et lui faisant savoir qu'il a été écrit « de semblables lettres et pour le même sujet » au marquis de Montausier, gouverneur de Saintonge et Angoumois, et au comte de Jonzac, « lieutenant de Sa Majesté èsdits lieux. » — Dans un tome suivant des *Manuscrits le Tellier* (Fr. 4181, fol. 143

et 144), se trouve une autre dépêche, de 1650, au même des Roches-Baritault, intitulée : « A M. des Roches-Baritault, sur la rébellion du prince de Marcillac, » et conçue en ces termes :

1649

« Monsieur le marquis des Roches-Baritault, la conduite du prince de Marcillac, depuis que j'ai fait arrêter les personnes de mes cousins les princes de Condé, de Conty et duc de Longueville [a], m'ayant obligé à le comprendre dans la déclaration que j'ai fait expédier le premier du mois contre ceux qui se sont retirés d'auprès de moi sans congé, par laquelle je les ai déclarés criminels de lèse-majesté s'ils ne se rendoient pas, quinze jours après la publication d'icelle, près de moi ; et ledit prince de Marcillac n'étant pas rentré jusques à présent dans son devoir, j'ai bien voulu vous le faire savoir par cette lettre et vous dire, par l'avis de la Reine régente Madame ma mère, que, conformément à la déclaration, dont copie sera ci-jointe, vous ayez non-seulement à ne point reconnoître ledit prince de Marcillac en qualité de gouverneur de ma province de Poitou, mais aussi à ne pas souffrir qu'il entre ni qu'il demeure en l'étendue de votre charge et que vous teniez la main que les gouverneurs des places ni mes officiers et sujets ne le reconnoissent et ne lui obéissent pour quelque cause et sous quelque prétexte que ce puisse être : de quoi me reposant particulièrement sur votre affection et bonne conduite accoutumée à mon service, je ne vous ferai la présente plus longue que pour prier Dieu qu'il vous ait, Monsieur le marquis des Roches-Baritault, en sa sainte garde.

« Écrit à Rouen, le 12e février 1650. »

Il y a une copie de cette dépêche au Dépôt de la guerre, volume 120, fol. 146 et 147, et une autre aux Archives nationales, à l'endroit cité, fol. 174 v°; cette dernière n'a point la date, de jour et de lieu, et elle est intitulée : « Dépêche à M. des Roches-Baritault, lieutenant général en Poitou, pour ne point reconnoître M. le prince de Marcillac gouverneur de ladite province, à cause de sa défection. » — Voyez, dans l'*appendice* v, 2° (p. civ), de la *Notice biographique*, l'indication de divers autres documents se rapportant à la rébellion de notre auteur et à cette époque de sa vie qui commence en janvier 1649.

---

[a] Le 18 janvier 1650 : voyez les *Mémoires*, p. 170 et suivantes. La déclaration de lèse-majesté du 1er février, dont il est parlé ensuite, fut enregistrée au Parlement le 7 février : voyez *ibidem*, la note 3 de la page 174.

10. — LE MARQUIS DE SILLERY AU DUC FRANÇOIS VI DE LA ROCHEFOUCAULD[1].

A Madrid, ce 5 [août 1650].

Il y a longtemps que vous n'avez reçu de mes lettres, parce qu'il y a longtemps que je n'ai trouvé le moyen de vous écrire, et que, de plus, je sais que mes dernières ne vous seront pas rendues plus tôt que celle-ci ; j'en sais à cette heure les raisons, mais il seroit long et inutile de les vous dire. Vous n'apprendrez donc maintenant que ce qu'il est nécessaire que vous sachiez, et, avec tout cela, cette lettre ne sera pas courte. Ma plus grande peine est de savoir l'état de vos affaires, dans la crainte que j'ai que l'arrivée de Sa Majesté vers vos quartiers[2] ne les ait gâtées[3]. Si cela est, il le faudra souffrir, comme, jusques à cette heure, l'on a bien souffert d'autres choses. Mais aussi, si tant étoit que tout fût encore en assez bon état, il y auroit espérance de quelque consolation.

Je m'en vas vous parler franchement et selon la vérité, et avec d'autant plus de hardiesse que je suis certain que vous êtes assez persuadé de mes intentions pour savoir qu'elles n'ont pas d'autre but que celui de votre bien, et que mes grands et petits intérêts sont tout à fait renfermés là dedans. Il faut donc que vous sachiez que je suis ici il y a près de quatre semaines. Les huit premiers jours se sont passés à

Lettre 10. — D'après l'autographe, conservé à la Bibliothèque nationale, *Manuscrit Clairambault* 460, p. 21-32 ; traces de trois cachets. — Nous rappelons qu'à la date de cette lettre, le titre de duc appartenait à notre auteur, son père étant mort le 8 février 1650.

1. Sur le marquis de Sillery, beau-frère de la Rochefoucauld, voyez les *Mémoires*, p. 127 et note 3. Sur son envoi en Espagne et celui du marquis de Sauvebœuf, du baron de Baas et de Mazerolles, et sur les négociations dont ils furent chargés par les Frondeurs, voyez *ibidem*, p. 195 ; les *Mémoires de Lenet*, p. 293-296 et *passim*; et ci-dessus, la *lettre* 12, p. 38 et note 4. La Rochefoucauld était alors à Bordeaux.

2. La cour étoit arrivée le 1er août à Libourne : voyez les *Mémoires*, p. 197 et suivantes.

3. Ces quatre derniers mots corrigent : « n'ait gâté toutes vos affaires ».

écouter des promesses, et à recevoir des marques d'une
extrême passion à nous aider de tout le pouvoir que le roi
d'Espagne a entre ses mains. Je ne vous ferai point de discours inutiles, mais je vous dirai simplement que les paroles que l'on m'a données m'ont réjoui autant que vous le pouvez penser, et je vous les ai débitées selon cela. Après [4] avoir passé ici huit ou dix jours, j'ai cru qu'il n'étoit pas besoin de demeurer : ce me sembloit inutile, et j'ai moi-même demandé mon congé. C'est alors que l'on a commencé à me déguiser les choses, et à me faire connoître que l'on seroit bien aise que j'attendisse huit ou dix jours. Ce terme m'a semblé un peu long; mais, après avoir fortement représenté quelques raisons, il a fallu que j'aie témoigné de souffrir de bon cœur un retardement lequel j'ai connu que, de façon ou d'autre, je ne pouvois éviter. Vous noterez que, dans ce temps-là, j'ai toujours été seul, et lorsque enfin l'impatience m'a pris, l'on m'a fait savoir l'arrivée de MM. de Sauvebœuf et de Mazerolles à Saint-Sébastien [5]. Le premier, comme vous savez, est demeuré malade et n'a encore pu venir; Mazerolles est venu, après avoir séjourné sept jours à Saint-Sébastien; son arrivée a scandalisé et tellement refroidi cette cour, joint que, dès Saint-Sébastien et même sur les vaisseaux, il a tenu des discours tellement imprudents, et qui marquoient même quelque chose de plus, que je puis vous assurer que si le malheur eût voulu que j'eusse été parti d'ici, sans contredit toutes vos affaires étoient perdues. Je vous verrai, s'il plaît à Dieu, bientôt, et je vous ferai connoître si clairement la vérité de ce que je vous dis, que vous n'aurez aucun lieu d'en douter. De plus, je suis obligé de vous dire que l'on s'est encore fort étonné de ce que l'on n'a pu faire demeurer à Bordeaux dom Joseph [6], et depuis l'on a paru si retenu que moi-même j'en ai été surpris; car enfin il ne faut pas que vous vous attendiez à recevoir des secours qui ne soient très-froids, à moins que vous ne fassiez trouver bon que, sous prétexte de recevoir les propo-

1650

---

4. Il y a *En*, biffé, devant *Après*; et, plus loin, *ici* (*icy*), après *demeurer*.
5. Ville forte d'Espagne, chef-lieu du Guipuscoa.
6. Dom Joseph Osorio : voyez au tome II, p. 190, note 6.

sitions pour la paix, un ministre d'Espagne puisse résider avec vous. Vous n'en sauriez avoir un plus commode que M. de Batteville[7], et vous voyez bien que je n'use pas ma rhétorique pour vous le persuader. Je sais que la connoissance que vous avez de mes intentions pour vous est la plus forte manière de dire[8] dont je me puisse servir. Mais, encore une fois, soyez assuré que jamais vos affaires n'iront le train qui est nécessaire qu'elles aillent, si cela n'est : je parle des générales et des particulières; mais lorsque cela sera, vous n'avez plus rien à craindre, vous, car l'on vous aidera de toutes choses. Mais, au nom de Dieu, songez bien à vous, et y faites bien songer M. de Bouillon. Vos intérêts sont tellement joints, et par inclination et par nécessité, que des deux je n'en fais qu'un. Prenez bien garde que l'on ne vous trompe et que, sans que vous vous en aperceviez, de petits intérêts particuliers ne gâtent la plus importante affaire de l'Europe. Je vous dis encore une fois que, sans moi, tout étoit perdu. Vous ne m'avez jamais reconnu assez de vanité, pour me vanter d'une telle chose, si elle n'étoit, et, de plus, je ne suis pas si mal habile que je voulusse vous parler si hardiment dans une chose de telle conséquence, à moins que de vous pouvoir faire voir clairement la vérité de mon dire. Cependant, à l'heure que je vous parle, toutes choses sont en très-bon état, et l'on est résolu de bien faire. Mazerolles en rend un compte exact, et qu'il a été obligé de me faire voir. Je pense que les choses seront exécutées selon la lettre qu'il en écrit, mais non pas selon ce qu'il mandera, comme je crois, en particulier, et que je ne verrai pas, ni vous aussi. Ce n'est pas qu'il n'y ait deux lettres, une à Madame a Princesse pour Monsieur, et une autre qu'il écrit à M. Lenet, que j'ai aussi vues, et que vous verrez; mais soyez assuré qu'il y en aura une troisième que ni vous ni moi ne verrons. L'intérêt joue ici son jeu, mais il n'y a pas trouvé son compte, et, grâce à Dieu, tout est en bon état. Je vous expliquerai tout cela si clairement, que vous en serez satisfait, et pourvu que vos affaires ne soient pas

---

7. Sur le baron de Vatteville (ici et *lettre* 11, *Batteville*; plus loin, dans celle-ci, trois fois *Bateville*), voyez ci-dessus, p. 50, note 4.

8. *De dire* est en interligne.

sans remède, vous devez vous assurer que nous en trouverons de bons avec l'aide de Dieu. Mais, encore une fois, soyez assuré que sans M. de Bateville, vous ne faites rien, et que l'on vous laissera débattre, mais sans secours qui vous puisse apparemment garantir d'une perte inévitable. Nous partirons d'ici lundi, tous ensemble, pour Saint-Sébastien, et pourvu que semblables accidents n'arrivent plus, j'espère que tout ira très-bien. Il n'y a point d'homme au monde aisé à tromper comme vous, et, pour vous dire la vérité, c'est grande pitié que vous ne puissiez jamais vous résoudre à y regarder un peu de plus près. Tout le monde est aujourd'hui éveillé pour cela : dites-le bien à M. de Bouillon, il le sait assez, mais d'en faire souvenir toujours il n'est que bon. Enfin tout l'effet qu'a fait d'avoir renvoyé dom Joseph et d'avoir envoyé Mazerolles, a été que vous aurez quinze jours plus tard ce que je pense qui ne vous fait déjà que trop de besoin, et que, s'il fût arrivé ici seul, vous pouviez, sur ma parole, aller chercher fortune ailleurs. Je parle ainsi hardiment à cause de ma netteté et des assurances que j'ai que je dis la vérité, et une vérité qui est si forte que tout ce qu'il y a d'honnêtes gens en Espagne qui ont connoissance de l'affaire seront obligés de porter témoignage pour elle. Je vous en dirois vingt fois davantage ; mais je réserve les preuves à notre première vue, que je souhaite avec autant de passion qu'il est possible. Je vous donne le bonsoir.

Depuis ma lettre écrite, M. de Mazerolles a reçu une lettre de Bordeaux, de M. Lenet, par laquelle il est dans l'espérance [9] de recevoir une somme d'argent que M. de Mazerolles et M. de Baas ont mandé être partie de Saint-Sébastien ; mais en cela ils ont été trompés, et l'arrivée du premier sur le bruit du changement général du traité, et avec cela l'impossibilité qu'a trouvée [10] dom Joseph de rester à Bordeaux, ont, dès ce jour-là, arrêté toutes vos affaires, qui ne commencent à marcher que d'aujourd'hui. Si vous êtes encore en état d'être secourus de vaisseaux et d'argent, je vous dis que dom Joseph s'en va

9. C'est-à-dire par laquelle on voit que M. Lenet est dans l'espérance. Voyez les lettres de Mazerolles et de Lenet données en note à la page 326 des *Mémoires de Lenet*.

10. Dans l'original, *trouvé*, sans accord.

n 650 partir pour vous porter[11] cent mille écus en diligence, et nous partirons d'ici lundi pour Saint-Sébastien, et prendrons les vaisseaux et frégates, et vous porterons le reste de ce qui est dû par le traité, et quelque chose de plus, le tout porté par M. de Bateville. Que si l'arrivée du Roi vous a déjà rendu ce secours inutile, ne vous en prenez qu'à vous-même, ou à ceux qui ont cru que la présence d'un ministre ne les laisseroit pas en liberté faire les choses à leur fantaisie, ni exercer à leur mode les belles charges dont les titres sont seulement ridicules. Voilà l'effet d'un petit intérêt particulier, dont je ne me mettrois guère en peine, si vous n'étiez peut-être, à l'heure que je parle, en état d'en être aux dernières extrémités. Que si votre bonne fortune fait tant que vous ayez pu vous maintenir dans ce fâcheux incident, je crois qu'ensuite toutes choses iront à souhait; mais, encore une fois, je vous dis que l'on vous a fait un mauvais tour; car pourquoi faire sonner le mot de changer un traité, où, sur le moindre ordre que vous m'eussiez envoyé, ou à M. de Baas, toutes choses eussent été faites, et sans perdre le temps, et sans donner soupçon aux Espagnols de peu de foi et de quelque légèreté? Tout cela ne sera rien, pourvu que vous n'en ayez point pâti jusques à cette heure : c'est ce que je souhaite le plus au monde, et que toutes choses vous succèdent aussi heureusement que vous le méritez. Les Catalans sont révoltés contre les François[12]; la nouvelle en vient d'arriver, et ils en ont déjà fait grand massacre : les troupes et le pays sont contre eux, ainsi ils sont tous perdus. De plus, l'on a vu, il y a plus de douze jours, l'escadre qui doit aller à Bourdeaux, aux côtes de Catalogne, qui s'en va gagner le détroit. Ainsi je pense que les vaisseaux seront à Bourdeaux aussitôt que nous ; et, quand cela tarderoit davantage, nous irons toujours, plus forts qu'il ne faut pour être, en attendant, maîtres absolus de la rivière. Faites donc tous vos efforts pour vous maintenir, et, à cette arrivée du Roi, gardez-vous des trahisons, et croyez sur ma parole que vous ne vous sauriez passer du baron de Bateville, ni pour l'intérêt général, ni pour le vôtre particulier, et pour celui de M. de

11. Devant *porter*, est biffé *mener*.
12. Voyez les *Mémoires de Montglat*, tome II, p. 234 et 235.

méchant : il a été à deux doigts de sa mort par une esquinan- 1652
cie, dont il se porte mieux⁶. Mgr de la Rochefoucauld a été
malmené trois ou quatre jours, mais, par ses dernières lettres, il se porte mieux ; il est arrivé à Damvilliers deux heures
après Monsieur le Prince, qui ne lui a jamais tant témoigné de
bonté, d'amitié et de confiance sur toutes sortes de chapitres.
Il affecta fort d'exagérer publiquement la netteté et la beauté
du procédé⁷ de M. de la Rochefoucauld : enfin il n'oublia rien
de tout ce qui pouvoit faire paroître la joie qu'il avoit de le
voir dans ce pays-là. J'ai reçu un homme exprès de M. de la
Rochefoucauld, qui me marque les intentions de Son Altesse
sur la paix, qu'il témoigne desirer, pourvu qu'on veuille bien
commencer par la générale et conclure en deux heures, sans
aucune négociation, où il ne veut⁸ jamais retomber. Devant
que j'arrive à lui, je serai plus savant des intentions de la cour
ou, pour mieux dire, du Cardinal : je vous en manderai des
nouvelles et vous envoirai un chiffre par le premier courrier.
Il se forme une puissante cabale contre M. le Tellier, qui se
croit assez bien appuyé auprès de la Reine pour y pouvoir résister. Vous jugez bien que cela même ne plaira pas au Cardinal. Je n'écrirai point à notre ami⁹, et je prétends que ceci
soit pour vous deux. Vous seriez d'injustes créatures l'un et
l'autre, si vous ne m'aimiez pas, et si vous n'étiez persuadés
que personne au monde ne vous est plus acquis.

Suscription : A Monsieur Monsieur Lenet, à Bourdeaux.

6. Le marquis de Châteauneuf (voyez les *Mémoires*, p. 19, note 2)
mourut l'année suivante, le 26 septembre.
7. Voyez, dans la note 1 de la page 212 de notre tome II, un
passage des *Mémoires de Lenet*, où celui-ci se sert de cette même
expression : « la netteté de son procédé, » en parlant de la conduite du duc de la Rochefoucauld pendant le siége de Bordeaux,
en 1650.
8. Le mot *veut* est écrit au-dessus de *devoit*, biffé.
9. Cet ami est-il M. de Marchin ? Voyez le post-scriptum de la
lettre précédente et la fin de la *lettre* suivante. — Il semble que l'*y*
qui, dans l'original, termine *amy*, ait été substitué à *ie*.

274   LETTRES.

20. — LA DUCHESSE DE LA ROCHEFOUCAULD A LENET.

Ce 25ᵉ décembre 1652.

MONSIEUR,

Lorsque j'ai reçu votre lettre, j'en avois reçu une autre[1] qui m'ordonnoit de vous écrire pour vous faire[2] cent mille compliments....[3] Si je savois des nouvelles assurées, je ne plaindrois pas ma peine de vous en mander; mais, comme je ne sors presque point, je ne sais que ce que tout le monde sait. La prison de M. le cardinal de Retz ne fait plus aucun bruit[4], et tous les raisonnements que l'on en avoit voulu tirer touchant Monsieur le Prince ne s'appuient point, de sorte que les choses vont toujours leur même train. L'on assure Bar repris par M. de Turenne[5]; il a perdu devant plus de douze cents hommes, et sa cavalerie fort ruinée. Toutefois l'on parle qu'il va pourtant assiéger Rethel ou Sainte-Menehould[6]. S'il l'entreprend, il achèvera de ruiner son armée. Celle de Monsieur le Prince, Fuensaldagne

---

LETTRE 20. — *Manuscrits de Lenet*, tome VI, fol. 201 et 202, autographe.

1. Du duc de la Rochefoucauld, qui était alors à Damvilliers : voyez la suite de cette lettre et la *lettre* précédente.

2. L'orthographe n'est pas plus correcte que dans les lettres précédentes de la duchesse : *fere* (pour *faire*); plus loin, *penne*, *appuie* (pour *appuient*), *iver*, *issi*, *raconte* (pour *racontent*), *sermont*.

3. Nous omettons ici huit lignes pleines de noms fictifs que l'absence de toute clef rend inintelligibles en grande partie, même si l'on se reporte aux traductions des passages chiffrés contenues dans quelques autres de nos lettres.

4. Voyez ci-dessus, p. 272, la note 3 de la *lettre* précédente.

5. La nouvelle était vraie; la reprise de Bar-le-Duc est du 17 décembre; le cardinal Mazarin y avait assisté.

6. Dans l'autographe, *Meneou*, et, à la ligne suivante, *Fontsaldaigne*. — Le grand froid empêcha les deux sièges. Rethel fut pris par Turenne, aidé du maréchal de la Ferté, le 8 juillet de l'année suivante, et Sainte-Menehould capitula le 25 novembre : voyez ci-dessus, p. 116, la note 7 de la *lettre* 42. — On a publié récemment, dans *le Cabinet historique* (tome XXV, p. 49-74, et tome XXVI, p. 49-82), les *Mémoires d'Hippolyte Thibaut, prêtre à Sainte-Menehould*, sur les deux sièges de cette ville en 1652 et 1653.

y étant joint, comme il s'avance pour cela, sera de plus de sept mille hommes de pied et de dix mille chevaux. C'est M. de la Rochefoucauld qui me le mande, et que Monsieur le Prince n'a pas une place qui vaille Damvilliers, ni qui serve comme celle-là. M. de Sillery n'a pourtant pas eu un sol depuis qu'il y est, et c'est ce que l'on voudroit fort que sût M. le prince de Conty, non pas pour lui en demander ni pour se plaindre, mais seulement pour qu'il[7] sût qu'il n'a pas confié sa place à un homme qui oublie son devoir, quoique l'on ne lui ordonne rien. Je pars dans huit jours, pour aller aider à M. de la Rochefoucauld à passer son hiver à Damvilliers. Depuis qu'il y est, sa santé est si mauvaise, qu'il a cru que je lui pouvois aider, en quelque petite chose, à supporter son chagrin. En quelque part où je sois, je vous assure que je conserverai chèrement la mémoire de toutes les bontés que vous avez pour nous, et j'espère, Monsieur, que vous me conserverez l'honneur de vos bonnes grâces. Je vous supplie que M. de Marchin sache que je lui demande la même chose. Je vous manderai des nouvelles du lieu où je vas, et vous nous en donnerez des vôtres. Gaultier, qui est à Bordeaux, nous les fera tenir ici, car celui à qui l'on les adresse y demeure. Je vous écris étant avec des personnes qui racontent le sermon et m'en font parler, de sorte que je ne sais pas bien ce que j'écris. Excusez-moi donc et me croyez, comme je dois,

Monsieur,

Votre très-humble et très-affectionnée servante,

A. DE VIVONNE.

7. Dans l'original, *pour qui*; à la ligne suivante, les deux mots *rien de* sont biffés après *oublie*.

1654

21. — LE PRINCE DE CONTY[1] AU DUC
DE LA ROCHEFOUCAULD[2].

Au camp de Saint-Jordy[3], ce 17e septembre [1654].

Quoique j'eusse résolu de faire réponse à votre lettre et de

Lettre 21. — Revue sur la copie qui est à la Bibliothèque de l'Arsenal, *Belles-lettres françaises*, n° 3202 (ancien 369), in-4°, fol. 45 et 46, avec cette mention en tête : « Feu M. le prince de Conty à M. le duc de la Rochefoucauld. » Cette lettre se trouve, à la date de 1654, avec quelques légères différences de texte, dans les *Mémoires de Gourville* (p. 290 et 291), où elle est précédée de ces mots : « Il (*le prince de Conty*) écrivit à M. de la Rochefoucauld la lettre dont voici la copie, qui m'a été remise, il y a environ trois mois, par une personne des amis de Mlle de la Rochefoucauld[a], qui l'avoit trouvée parmi des lettres que son père avoit mises à part. »

1. Le prince de Conty, après la rentrée du Roi dans Paris et la soumission de Bordeaux (voyez les *Mémoires*, p. 432), s'était d'abord retiré à la Grange, près de Pézenas, « où il s'ennuya bientôt, » dit Montglat (tome II, p. 431), et où il n'eut qu'une pensée, celle de faire au plus vite son accommodement. On sait que cette réconciliation fut scellée par le mariage de l'ex-généralissime de l'armée parlementaire avec une des nièces de Mazarin, Anne Martinozzi (22 février 1654). La même année, le prince de Conty fut nommé gouverneur de Guyenne et général de l'armée de Catalogne. Après avoir fait au delà des Pyrénées une première campagne, marquée par la prise de Villefranche (6 juillet), il s'était remis en marche pour une seconde, au mois de septembre : voyez les *Mémoires de Montglat*, tome II, p. 431, et p. 452-455.

2. La Rochefoucauld, après avoir passé la fin de l'année 1652 et l'année 1653 à Damvilliers, avait obtenu la permission de rentrer en France, grâce aux bons offices de M. de Liancourt son oncle, et de Gourville, qui raconte tout au long dans ses *Mémoires* (p. 269-273) la négociation assez difficile qu'il eut à conduire en cette occasion. Le duc, rapatrié, mais toujours en disgrâce, s'était rendu à Verteuil en Angoumois (*ibidem*, p. 274 et 283), et, pendant ce temps, Gourville, muni des pleins pouvoirs de Mazarin, avait amené, par d'habiles stratagèmes, la pacification de Bordeaux : voyez *ibidem*, p. 273-286; et la *Notice biographique*, p. LV et LVI.

3. Nous avons cherché en vain quelle localité, soit de la France

[a] Marie-Catherine, dite Mlle de la Rochefoucauld, fille aînée de notre auteur, née en 1637, morte en 1711, et enterrée à Sainte-Geneviève : voyez la *Généalogie*, à l'*appendice* II de la *Notice biographique*, p. XCVII.

APPENDICE I.

vous rendre grâces[4] de votre souvenir, j'ai présentement la tête si pleine de Gourville, que je ne vous puis parler d'autre chose. Comment! Monsieur, ce diable-là a été à l'attaque des lignes d'Arras[5] ! Sa destinée veut qu'il ne se passe rien de considérable dans le monde, qu'il ne s'y trouve, et toute la fortune du Royaume et de Monsieur le Cardinal n'est pas assez grande pour nous faire battre les ennemis, s'il n'y joint la sienne[6]. Cela nous épouvante si fort, M. de Candalle[7] et moi, que nous som-

méridionale, soit du nord de l'Espagne, ce nom pouvait ici désigner.

4. Dans le texte de Gourville, *grâce*; à la ligne suivante, *je ne puis vous*; puis, après *Comment*, est omis *Monsieur*; devant *destinée*, il y a *La* au lieu de *Sa*.

5. Tandis que Fabert et la Ferté poussaient le siége de Stenay, entrepris le 19 juin 1654, Condé et l'Archiduc, pour faire diversion, avaient investi Arras (3 juillet). Gourville fut alors chargé par Mazarin d'une mission assez épineuse : il s'agissait d'arriver jusqu'à Monsieur le Prince, pour « lui donner idée d'une souveraineté » par laquelle le Cardinal « croyoit pouvoir le tenter. » Gourville fit tout son possible « pour être pris prisonnier » et conduit ainsi au camp de Condé ; mais, suivant son expression, quelque soin qu'il eût mis à s'exposer sans escorte, il joua de malheur, et l'affaire manqua. Le 25 août, les lignes espagnoles furent forcées; on secourut Arras, et Condé et l'Archiduc se virent obligés de battre en retraite. Voyez les *Mémoires de Gourville*, p. 287-290, et ceux *de Montglat*, tome II, p. 440-448.

6. « Gourville, dit Sainte-Beuve (*Causeries du lundi*, tome V, p. 359), c'est l'homme à expédients, à moyens, à invention ; il a de l'imagination, mais sans chimère ; rien ne l'embarrasse ; il n'est pas de ceux qui engendrent le doute et le scrupule.... Il fait jaillir les ressources des difficultés mêmes. C'est un homme précieux, un homme d'or. Il est né heureux, il a une étoile ; mais ce bonheur, on le sait, se compose toujours, chez ceux qui le possèdent, de mille finesses et adresses, de mille précautions imperceptibles dont les gens malencontreux ne se doutent pas. »

7. C'était le duc de Candale, fils unique du second duc d'Épernon, né en 1627, mort en 1658, qui, sous les ordres du duc de Vendôme, avait achevé de maîtriser la Fronde en Guyenne et signé la paix de Bordeaux (30 juillet 1653). En 1654, il fut chargé d'aller en Espagne commander sous le prince de Conty: voyez les *Mémoires de Montglat*, tome II, p. 453 et 454.

mes muets sur cette matière-là. Sérieusement, je vous supplie de me l'envoyer bien vite en Catalogne, car, comme j'ai fort peu d'infanterie, et que, sans infanterie ou sans Gourville, on ne sauroit faire de progrès en ce pays[8], je vous aurai une extrême obligation de me donner lieu, en le faisant partir promptement, de faire quelque chose d'utile au service du Roi. Si je manque de cavalerie, la campagne qui vient, je vous prierai de me l'envoyer encore; car, sur ma parole, la présence de Gourville remplace tout ce dont on manque. Il est, en toutes choses, ce que les quinolas sont à petite prime[9]. Et quand j'aurai besoin de canon, je vous demanderai encore Gourville[10]. Au reste, je vous garde un commentaire assez curieux que j'ai fait sur des lettres que Mme de Longueville a écrites à Mme de Châtillon. Je prétends vous le dédier; et ainsi, devant que de le faire imprimer, je veux qu'il ait votre approbation : ce sera à notre première vue[11]. En attendant, je vous supplie d'être persuadé que je suis pour vous, comme je dois[12], dans les termes de notre traité.

ARMAND DE BOURBON.

8. Dans le texte de Gourville, *en ce pays-ci*; cinq et six lignes plus bas, « ce que les quinola sont à la petite prime ».

9. Le jeu de prime, dit la grande ou la petite prime, selon le nombre des points, se jouait à quatre cartes; le valet de cœur, carte principale de ce jeu, portait le nom de *quinola*.

10. La question de l'artillerie était particulièrement grave dans ces guerres de montagnes. On voit par les *Mémoires de Montglat* (tome II, p. 454) que Birague, chargé d'amener le canon du prince de Conty, le perdit, puis le reprit en route.

11. Sur les sentiments antérieurs du prince de Conty à l'égard de Mme de Longueville sa sœur, et sur les rivalités entre cette dernière et la duchesse de Châtillon, fort en faveur auprès de Condé, voyez les *Mémoires*, au tome II, p. 109 et suivantes, et p. 390-392, 399, 420. Le prince de Conty, qui badine ici d'un air dégagé sur le compte de Mme de Longueville, n'en subit pas moins jusqu'à la fin son irrésistible influence. Après l'avoir suivie dans la Fronde, il la suivit dans la pénitence; ce fut elle, autant que sa femme Anne Martinozzi, qui fut l'ouvrière de sa conversion, et le détermina à finir sa vie comme il l'avait commencée, par des pratiques pieuses et des études théologiques et morales.

12. Dans le texte de Gourville, *comme je le dois*.

Nous marchons après-demain pour aller attaquer une place, en Cerdaigne [13], appelée Puicerda; j'attends Gourville pour en faire la capitulation.

1654

---

22. — LA COMTESSE DE LA FAYETTE A LA MARQUISE DE SABLÉ.

[1665 ou 1666.]

(Cette lettre, qui est d'un très-grand intérêt pour l'histoire des relations de la Rochefoucauld avec Mme de la Fayette, a trouvé place dans l'*appendice* VII de la *Notice biographique*, p. CXI-CXIII.)

---

23. — LA MARQUISE DE SABLÉ A ***.

1671

[Août 1671.]

COMME je suis très-résolue de ne prendre plus de part aux maux ni aux biens de ce monde[1], j'ai été surprise de retrouver

---

13. La Cerdagne était située sur les deux versants des Pyrénées. La partie française était comprise dans le Roussillon, chef-lieu Mont-Louis; la partie espagnole dans la Catalogne, chef-lieu Puycerda, à cent dix kilomètres N. de Barcelone. Puycerda, attaqué le 13 octobre 1654, se rendit le 21 au prince de Conty, « qui demeura par cette conquête, dit Montglat (tome II, p. 454), maître de toute la Cerdagne. » Quant à Gourville, nous savons par ses *Mémoires* (p. 291-294) qu'il n'obéit point, cette année-là, à l'invitation que le duc de la Rochefoucauld était chargé par Conty de lui faire. Il passa l'hiver à Paris, et ce ne fut qu'au printemps de 1655 qu'il s'en alla en Catalogne, après avoir pris d'abord congé du Cardinal.

LETTRE 23. — Vue sur l'autographe, *Portefeuilles de Vallant*, tome II, fol. 136 et verso. Il n'y a ni suscription ni signature; mais c'est l'écriture de Mme de Sablé, et il est bien probable que c'est à notre auteur qu'elle écrit et en 1671 : voyez ci-après les notes 1, 2, 3 et 4.

1. Il semble bien que ce commencement déjà date la lettre, d'une

en moi une très-grande sensibilité pour ceux que le Roi vous a faits[2]. Je vous assure, Monsieur, que, quelque médisance que vous fassiez de moi tous les jours, je n'ai point le défaut dont je ne vous accuse plus ; car ce que j'ai trouvé dans mon cœur pour vous en cette occasion, ressemble très-fort à une très-grande amitié[3]. Je n'ai su que depuis deux jours ce que vous faites de si beau et de si extraordinaire. C'est avoir une confiance bien généreuse, et qui est même fort honorable pour Monsieur votre fils[4], car ayant, comme vous l'avez, un jugement des choses et des gens qui ne se peut jamais tromper, cela est aussi honorable qu'utile pour[5] lui[6].

manière assez large, il est vrai, et la place au temps qui a suivi la conversion de Mme de Sablé, à savoir dans les années de sa retraite au faubourg Saint-Jacques, près de Port-Royal.

2. Sans aucun doute en la personne du fils de notre auteur, le prince de Marcillac : voyez la dernière phrase de la lettre et les notes 4 et 5. — Dans l'original, *fait*, sans accord.

3. On voit dans les *lettres* 51 (p. 127 et 128), 58 (p. 138), 64 (p. 147) que la Rochefoucauld reprochait fort à Mme de Sablé sa paresse à écrire. Il va même une fois (*lettre* 79, p. 168) jusqu'à se plaindre, dans une amicale hyperbole, de sa dureté pour lui.

4. Mme de Sévigné apprend en ces termes à sa fille, le 23 août 1671 (tome II, p. 334), que la Rochefoucauld s'est démis de son titre de duc en faveur de son fils : « Mme de la Fayette vous aura mandé comme M. de la Rochefoucauld a fait duc le prince son fils, et de quelle façon le Roi a donné une nouvelle pension. » Ceci explique bien à la fois et ce passage : « ce que vous faites de si beau, etc., » et ce qui est dit dans la première phrase des « biens.... faits » par le Roi. Pour les autres faveurs successivement accordées par Louis XIV au prince de Marcillac, voyez ci-dessus, p. 215, la note préliminaire de la *lettre* 107.

5. Après *pour*, sont biffés les mots : *Monsieur votre fils*.

6. Comme nous l'avons dit plus haut (p. 203, note 1), notre *lettre* 100 de la Rochefoucauld pourrait bien être une réponse à celle-ci.

APPENDICE I.

24. — MADAME DE ROHAN AU DUC DE LA ROCHEFOUCAULD.

1674

(Voyez ci-dessus, p. 209, *lettre* 102.)

---

25. — LA COMTESSE DE LA FAYETTE A DANIEL HUET.

[1674, au plus tôt.]

(Les deux billets de Mme de la Fayette qui, datés du même jour, se rapportent à la Rochefoucauld, à son refus de « prendre place, comme dit Huet, à l'Académie, » se trouvent dans la *Notice biographique*, p. xc et xci.)

---

26. — LA MARQUISE DE SABLÉ AU DUC DE LA ROCHEFOUCAULD.

1675

(Voyez ci-dessus, p. 213, *lettre* 105.

FIN DE L'APPENDICE I.

II

(Voyez ci-dessus la *Notice* sur les *Lettres*, où nous disons (p. 9 et 10) pourquoi nous avons cru devoir donner place à ce petit nombre de billets, à la fin du volume, malgré leur insignifiance.)

1. — LE PRINCE DE MARCILLAC A MALBASTIT[1].

Malbastit[2], il me semble qu'il y a assez longtemps que j'attends mon cheval; le vôtre est tout prêt quand il vous plaira de le venir…, pourvu que vous ameniez aussi le mien. Voyez Saint-Serny le jeune, et lui dites de me renvoyer ma lice, et de me mander s'il a eu soin de faire nourrir les chiens. Si vous venez ici, vous savez le temps que je serai en état d'aller à Cahusac[3]. Faites mes compliments à tous nos Messieurs.

Marcillac.

A Vertœil, ce 9me septembre.

Suscription : A Malbastit.

Lettre 1. — Autographe. — Les cinq premières pièces de cet *appendice* II n'ont pas de date d'année ; mais nous voyons, par la signature Marcillac de la première, qu'elle est antérieure au 8 février 1650, jour de la mort du duc François V, père de notre auteur, comme le sont aussi les n°s 6 et 7 ; et, par la signature la Rochefoucauld des n°s 2-5, qu'ils sont postérieurs à cette mort.

1. Voyez p. 26, *lettre* 6 et note 6. Il est de tradition dans la famille Pol du Rival, qui réside encore à Cahuzac, qu'à l'époque où les la Rochefoucauld y vinrent de l'Angoumois et prirent possession du château et des terres, ils amenèrent, parmi leur suite, un Malbastit, à qui fut confiée l'administration des biens. Il s'est conservé plusieurs lettres où, sur l'adresse, il est qualifié « capitaine des chasses. » C'est d'un de ses descendants, Joseph Pol, sieur de Malbastit, marié en 1684, qu'est issue directement, par un fils puîné, la branche Pol du Rival, ainsi nommée d'une terre qui appartient encore à cette famille.

2. Il y a dans l'original, après ce nom, un mot rayé, illisible ; plus loin, un mot (*prendre, chercher*?) a été omis après *venir*.

3. Voyez la *Notice biographique*, p. viii (fin de la note 1 de la page vii) ; et ci-dessus, p. 236, note 14.

APPENDICE II.

2. — LE DUC DE LA ROCHEFOUCAULD A MALBASTIT.

Malbastit, incontinent après avoir reçu ce mot, faites le plus de diligence que vous pourrez, pour me venir trouver avec huit ou dix soldats au plus; mais cherchez les plus gentils garçons [1]; mais venez-moi trouver sans faire bruit et sans faire semblant de rien ni en dire rien à personne. Je mande au Bousquet qu'il vous donne de l'argent pour faire votre voyage et pour ceux que vous amènerez; mais ne faillez pas de venir. Je suis votre meilleur ami,

La Rochefoucauld.

Suscription : A Malbastit, à Cahusac.

---

3. — A MALBASTIT.

J'écris au sieur de Saint-Surin pour voir M. Talement de ma part et lui donner ma lettre. On le peut voir désormais, sans perdre du temps à envoyer ici, et je suis assuré qu'il me fera plaisir en ce qu'il pourra. Boisennier vous doit voir bientôt et savoir de vous particulièrement l'état de mes affaires et comme j'y suis servi. Je suis assuré qu'il ne tiendra pas à vous que tout n'aille bien. Soyez-le aussi de mon affection, et mandez-moi si vous êtes en repos et si personne ne vous tourmente; enfin assurez-vous que je n'oublierai jamais les services que vous m'avez rendus et que je vous le témoignerai en toutes rencontres.

Lettre 2. — Autographe; fragments d'un cachet armorié sur cire rouge. Le bas de la lettre, où se trouvait sans doute la date, et peut-être un post-scriptum, a été coupé; on y aperçoit encore le haut de quelques traits sur toute la longueur d'une ligne.

1. Dans l'original, *guarcons* (sic).

Lettre 3. — Autographe; fragments d'un cachet armorié sur cire noire.

Si vous me pouvez venir voir ce printemps, j'en serai fort aise, et cela vous rajeunira de vingt ans. Adieu.

La Rochefoucauld.

A Vertœil, ce 9me mars.

Suscription : Pour Malbastit, à Cahusac.

---

4. — A MONSIEUR ***.

Monsieur,

Il est arrivé un accident à Cahusac, sur lequel je crois que les parents d'un collecteur qui a été tué vous iront trouver pour vous demander justice, mes officiers n'étant pas compétents pour juger du fait des tailles. Je ne vous demande en cela que ce que vous trouverez raisonnable pour l'intérêt public, et de croire que j'ai tout le ressentiment que je dois des grâces que je reçois sans cesse de vous. Faites-moi l'honneur de croire que personne aussi ne peut être si passionnément que moi,

Votre très-humble et très-affectionné serviteur,

La Rochefoucauld.

Ce 20me avril.

Suscription : Monsieur (*sans nom propre à la suite*).

---

5. — A MALBASTIT.

Malbastit, je ne reçois pas vos excuses, tant pour ne me mander pas assez souvent des nouvelles du pays que pour la poursuite de l'affaire contre le sieur Cantals, où je trouve

---

Lettre 4. — Autographe.

Lettre 5. — La signature et le post-scriptum seuls sont autographes. Fragment d'un cachet armorié sur cire rouge. La mention qui est faite dans cette lettre du maréchal de Schonberg prouve qu'elle a été écrite avant le 6 juin 1656, date de sa mort.

APPENDICE II.

que vous allez trop lentement, et que le décret en devroit être fait à cette heure; et ces marchands de Paris qui étoient obligés de payer y vont bien plus vite, ayant fait saisir mes terres, et me faisant faire de grands frais qui tomberont sur eux[1]. C'est pourquoi vous ne perdrez pas une heure de temps à cette affaire, si vous voulez que j'aie de la satisfaction de vous.

Je suis bien marri du mal que vous me mandez que la sécheresse a fait aux arbres qu'on avoit plantés et à ma vigne de musquard[2]. S'il y reste quelque chose, il le faut bien conserver; et pour mon bâtiment, il le faut parachever; mais il n'y a rien de pressé, et je ne veux qu'on y emploie d'autre argent que celui que j'y ai destiné.

Je suis bien aise que le voyage que vous avez fait à Agen ait été utile pour mes terres, et je m'assure qu'aux choses qui dépendront de M. le maréchal de Schonberg[3], elles seront soulagées, et je lui en écris pour l'en prier encore. La récolte a été aussi médiocre en ce pays qu'au vôtre, et n'y a point de doute que les blés vaudront de l'argent cette année. J'écris à Bourdeaux[4] pour la force que j'y ai, et je serai bien aise qu'on témoigne à M. le curé de Saint-Capraiz[5] que je lui sais gré de ce qu'il en a écrit à Monsieur son frère.

Je suis votre meilleur ami,

LA ROCHEFOUCAULD.

1. Sur les embarras d'argent du duc de la Rochefoucauld, voyez la *Notice biographique*, p. XLIV et LVIII-LX.

2. C'est sans doute *muscat* qu'il faut lire : voyez, à la page suivante, *lettre* 6 et note 3.

3. Voyez ci-dessus, p. 122, la note 4 de la *lettre* 46. Le maréchal Charles de Schonberg (dans l'original *Chombert*) eut, après son père Henri, le gouvernement du Languedoc ; il s'en démit en 1642.

4. Dans l'original, *Buordeaux*. Le mot *force* qui suit signifie « la force de blé » et est pris au sens de *quantité* qu'il a dans la locution : *force gens*, et dans celle-ci, qui se rapproche davantage de notre exemple : « force palme et force laurier » (Malherbe, tome I, p. 113).

5. Peut-être s'agit-il du curé de l'église collégiale de Saint-Caprais, aujourd'hui cathédrale, à Agen.

Il faut nécessairement, et sans y trouver d'excuse, que vous m'envoyiez[6] un homme qui sache bien labourer et cultiver la terre. Je ne le garderai que tant qu'il voudra.

Ce dernier d'août, à Verteuil.

Suscription : A Malbastit.

---

6. — MADAME DE LIANCOURT[1] A MALBASTIT.

MALBASTIT[2], je vous envoie le porteur exprès pour vous dire que, aussitôt la présente reçue, vous achetiez ou fassiez acheter vingt ou vingt-cinq douzaines de serviettes et six nappes communes; ce n'est pas de[s] plus grosses ni des plus déliées, mais de celles du milieu; et que les envoyiez le plus promptement que pourrez, et que de bonne heure vous preniez garde d'en faire provision pour l'année prochaine, à présent qu'il y a quantités de lins et autres fileries. Je suis

Votre meilleure amie,

LIANCOURT.

On n'a donné de l'argent à ce porteur que pour aller; donnez-lui-en pour son retour.

A Verteuil, ce 19 septembre 1638.

Monsieur fait écrire à Comtal, à Breil, qu'ils ne manquent pas de faire réponse par cet homme. Mandez s'il y a du muscat[3].

Suscription : A Monsieur Monsieur Malbastit, à Cahusac.

---

6. Dans l'original, *m'envoyez*. — La date est à la marge. L'orthographe est bien *Verteuil*, à cette lettre et à la suivante.

LETTRE 6. — La signature seule et quelques mots du postscriptum sont de la main de Mme de Liancourt.

1. Voyez ci-dessus, p. 16, la note 1 de la *lettre* 2.
2. *Malbasty*, dans l'original, ici et au revers du billet.
3. *Musquad*, dans l'original : voyez la *lettre* précédente et note 2.

Je[4] donne à un messager de Verteuil[5], suivant la lettre de Madame, quarante sols, et, pour sa dépense chez Parant, quatorze sols : présents MM. de Breil et Carteil et Jean Roy. Le xxiiiie septembre 1638.

---

7. — M. DE L'HUILLERYE A MALBASTIT.

Monsieur, je vous envoie ce porteur pour vous porter des *committimus*[1] qu'on m'a envoyés[2] de Paris, et, par ce même moyen, écris au sieur de Breil d'envoyer promptement ce qu'il doit de la ferme de Labarde au terme de Noël dernier : de quoi je vous prie de solliciter, car on est pressé de le recevoir. Je vous dirai aussi que Mgr de Marcillac se plaint de vous, de ce que, vous ayant fait mander, il y a plus de six semaines, de le venir trouver, vous ne l'avez pas fait, et m'a commandé vous dire encore d'y venir. Nous reçûmes, il n'y a que deux jours, des lettres de Monseigneur, qui est, grâces à Dieu, en bonne santé, mais toujours fort affligé de la mort du pauvre petit M. de Montignac. Il m'avoit commandé en partant de vous mander de poursuivre le sieur Cantalz[3], afin de le faire payer ; mais la créance que j'avois que vous viendriez m'avoit fait différer.

On parle de l'accommodement de Mme de Chevreuse[4], et

---

4. Ces mots, de la main de Malbastit, sont, ainsi que la suscription, au revers du billet.
5. Ici *Vertiel*.
Lettre 7. — Elle a sa date d'année (1639) dans la note du porteur : voyez à la fin de la lettre. Si ce porteur est parti à la date de la lettre, le 1er février, il a mis vingt-six jours pour aller de la Rochefoucauld (Charente) à Cahuzac (Lot-et-Garonne), où la suscription nous apprend que la lettre est adressée.
1. Voyez, dans les *Dictionnaires de l'Académie* ou *de M. Littré*, la définition de ce terme d'ancienne jurisprudence.
2. Dans l'original, *envoyé*, sans accord.
3. Voyez ci-dessus, p. 284, *lettre* 5, où le nom est écrit *Cantals*.
4. Il y avait en effet, en ce temps-là, au sujet de cet accommodement, échange de communications entre elle et le cardinal de

attend-on à Paris le duc de Veymar⁵. C'est toutes les nouvelles qu'on nous mande.

Obligez-moi d'assurer M. de Cervelaurre de la continuation de mon service, et Mlle de Cervelaurre aussi, et faire mes baise-mains à MM. de Gombauld et de Libersac, et vous assurez aussi que je serai toujours

Votre très-affectionné serviteur,

DELHUILLERYE.

A⁶ la Rochefoucauld, ce 1ᵉʳ février [1639].

Ce pauvre M. Descars est mort au Cateau-Cambrésis, où il étoit en garnison.

Suscription : A Monsieur Monsieur de Malbastit, à Cahusac.

Lettre⁷ de M. de Lhuylerye et comandement de Monsignuer le prinse de Marsilliac pour l'aller truver à Verteul, se vint-sixiesme fevrier 1639, et prins pour mon voyege xii l.

---

8. — LE BARON D'ESTISSAC¹ A MALBASTIT.

MALBASTIT est chargé de M. le baron d'Estissac de faire par-

Richelieu : voyez Cousin, *Madame de Chevreuse*, p. 447 et suivantes de l'*Appendice*.

5. Le célèbre Bernard, duc de Saxe-Weimar, qui était entré au service de la France en 1634 et mourut le 8 juillet 1639, venait de prendre Brisach (14 décembre 1638). En janvier et février 1639, il s'empara de Pontarlier, de Nozeroy et du château de Joux. Richelieu désirait qu'il se rendît à Paris, mais il ne vint pas et y envoya au mois d'avril d'Erlach, pour s'excuser de n'être pas venu.

6. Au-dessus de la date est écrit : *Monsieur*, sans nom propre.

7. Nous reproduisons, dans son orthographe, cette note du porteur, écrite au revers avec la suscription.

LETTRE 8. — A ce billet, sans date ni suscription, et d'une langue tout à fait inculte, conviendrait peut-être plutôt, quoiqu'il soit signé, cet en-tête : « De la part *ou* par ordre du baron d'Estissac. » Il pourrait être de 1650 et relatif aux levées que la Rochefoucauld fit dans ses terres à l'époque des funérailles de son père (février 1650). Voyez tome II, p. 179-184, et note 1 de la page 182.]

1. Voyez ci-dessus, p. 234 et note 10.

Bouillon. Tout ce qu'on vous dira ou écrira hors cela, c'est abus[13], et, sans lui, je vous dis encore que rien ne se fera.

Suscription : A Monsieur Monsieur le duc de la Rochefoucauld.

---

11. — LE MARQUIS DE SILLERY AU DUC
DE LA ROCHEFOUCAULD.

A Madrid, ce 6 août [1650].

Celle-ci ne sera pas longue, parce que je vous ai écrit hier si amplement et de choses si nécessaires que vous sachiez, que je n'ai rien à ajouter. Mais comme je veux que vous receviez sûrement ma grande lettre, peut-être ne l'aurez-vous qu'après celle-ci, par laquelle je vous assurerai que nous partons d'ici lundi, et que les vaisseaux et l'argent sont prêts à Saint-Sébastien. Nous ferons toute la diligence possible, et si nos secours vous arrivent trop tard, vous vous en prendrez, s'il vous plaît, à vous-même, ainsi que vous verrez par ma grande lettre, et beaucoup plus clairement lorsque je vous verrai. Songez à faire recevoir le baron de Batteville à Bordeaux, et sans cela n'espérez rien : ce que je vous dis est la vérité même ; mais avec cela espérez tout. En voilà assez jusques à ce que vous receviez ma grande lettre, et que je vous voie. L'armée de mer a paru vers le détroit, et, avant cela, nous vous irons trouver, assez forts pour être maîtres et sur mer et sur la rivière. Dieu veuille qu'il soit assez à temps !

Suscription : A Monsieur Monsieur le duc de la Rochefoucauld.

13. C'est-à-dire, c'est faux : voyez le *Dictionnaire de M. Littré*, à l'article Abus, 7°.

Lettre 11. — D'après l'autographe, qui est à la Bibliothèque nationale, *Manuscrit Clairambault* 460, p. 45-48 (dont deux blanches) ; un cachet conservé. Voyez la *lettre* précédente.

1650

12. — [LA DUCHESSE DE LONGUEVILLE AU DUC
DE LA ROCHEFOUCAULD.]

[Stenay, 26 novembre 1650.]

Je n'écris point à Solon (*Montreuil*[1]) cet ordinaire[2], parce que je lui ai écrit plusieurs fois par la voie du Nonce, et qu'il ne m'a point encore fait de réponse par là, de sorte que j'en attends, devant que de lui écrire de nouveau. Je vous supplie de lui faire savoir l'état de l'affaire de M. de Lorr[aine][3], afin qu'il

Lettre 12. — Revue sur une copie conservée à la Bibliothèque nationale, *Manuscrit Clairambault* 460, p. 178 et 179; la lettre était incluse dans une autre de Mme de Longueville à la princesse Palatine, du 26 novembre 1650 (*ibidem*, p. 169-178), et annoncée ainsi : « On m'a prié de faire supplier cette lettre à M. Hesmond (*Rochef.*[a]). Je pense qu'elle est de son père ou de sa mère. » Elle a été publiée pour la première fois par V. Cousin dans le *Journal des Savants*, avril 1853, p. 237 (voyez ci-dessus, la *Notice* en tête du volume, p. 8 et 9). On sait qu'en novembre 1650, la duchesse de Longueville était à Stenay (*Mémoires*, p. 207 et note 4), et la Rochefoucauld à Verteuil (*ibidem*, p. 207, et 212, note 1). — A propos de cette lettre et de la suivante, nous renvoyons le lecteur aux articles d'avril et de mai 1853, du *Journal des Savants*, les deux derniers de la série de quatorze publiée par V. Cousin en 1851, 1852 et 1853.

1. La traduction est dans nos manuscrits, en toutes lettres ou en abrégé, au-dessus soit des pseudonymes, soit des chiffres. — Sur Montreuil ou Montreul, secrétaire du prince de Conty, voyez les *Mémoires*, p. 218, note 3. Il fut un des correspondants de Mme de Longueville pendant qu'elle était à Stenay : voyez le *Journal des Savants*, février 1853, p. 96 et note 3.

2. Dans le manuscrit, *cet ord^{re}*.

3. On lit dans les *Mémoires de Mme de Motteville* (tome III, p. 243), à la date de notre lettre : « .... Le duc de Lorraine (voyez ci-dessus, p. 66, note 16), que Mme de Longueville avoit gagné par les intelligences qu'elle avoit eues avec les Espagnols. »

[a] Voyez la note 1 qui suit. On retrouvera le nom d'*Hesmond* dans deux citations de lettres à la Palatine (p. 260, note 13, et p. 262, note 8); mais nous verrons (p. 263) Mme de Longueville, parlant à la Rochefoucauld lui-même, le désigner par le nom de *M. de Beaulieu*.

la mande à Monsieur le Prince et Conty[4]. J'ai oublié de vous prier de faire en sorte que le fils aîné de Mandane[5] (*Mme de L.*[6]) revienne du lieu où il est[7], car j'ai su qu'il n'y est pas trop bien; et puis pour mille conséquences, qui seroient trop longues à vous déduire, cela est plus à propos; il faut, s'il vous plaît, le faire agréer à Belinde (*Mme la Pr.*), et en parler à Mme de Bourgneuf[8], lui prétextant ce retour sur ce que, les espérances que l'on auroit[9] de former un parti en Normandie étant perdues présentement[10], il n'est plus nécessaire que cet enfant soit en lieu où on ne le connoisse pas; pour la raison de sa sûreté, elle n'est plus considérable, car on ne lui veut pas plus de mal qu'à son frère[11]. Vous examinerez tout cela s'il vous plaît, et en userez comme vous le jugerez le plus à propos, car je soumets mon sens au vôtre en cela, comme je ferois en toute autre chose. Je vous devrois bien faire des excuses de vous entretenir comme cela de nos affaires domestiques, et de vous en donner le soin; mais votre bonté supplée à ce que ma reconnoissance toute seule ne pourroit pas faire dignement; tout de bon, je suis honteux[12] cent fois par jour de toutes ces

1650

4. Première rédaction : *M. le P. de Conty*; *de* a été corrigé en *et*. — Les Princes avaient été transférés au Havre le 15 novembre.

5. Charles d'Orléans, né en 1646, ordonné prêtre en 1669, mort en 1694, aîné de Charles-Paris d'Orléans, comte de Saint-Paul, né en 1649, tué en 1672, au passage du Rhin.

6. *Mme de L.*, Mme de Longueville; plus bas, *Mme la Pr.*, pour Mme la Princesse (douairière). — Dans le texte de Cousin, *vienne*, au lieu de *revienne*, et, à la ligne suivante, *raisons*, au lieu de *conséquences*.

7. C'est-à-dire de Chantilly, où il était avec la princesse douairière de Condé, la princesse de Condé et le duc d'Enghien : voyez les *Mémoires*, p. 178.

8. Sur Mme de Bourgneuf, gouvernante de Mme de Longueville, voyez les *Mémoires du P. Rapin*, tome I, p. 138 et note 1.

9. Dans le texte de Cousin, *que l'on avoit*, et, deux lignes plus bas, *où l'on*, pour *où on*; puis *de la*, pour *de sa* (*sûreté*).

10. Voyez les *Mémoires*, p. 175.

11. Le comte de Saint-Paul (voyez ci-dessus la note 5) était alors chez la princesse Palatine : voyez le *Journal des Savants*, avril 1853, p. 237, note 5.

12. *Honteux*, au masculin, par feinte, quoique la suite semble

1650 fatigues que je vous donne, et cela mêle une vraie amertume dans le plaisir que me donne la manière dont vous agissez pour moi. Je vous jure au moins que ces bontés font leur effet, et un effet si tendre, dans mon cœur, qu'il me donne plus à vous que je n'ai jamais été à moi-même ; et je suis ravi d'y être autant par obligation que j'y ai été d'abord par inclination, et d'y être enfin par une union si ferme qu'il n'y ait que la seule mort qui la puisse détruire [13].

bien trahir le sexe. On verra que, dans la *lettre* suivante, Mme de Longueville se cache sous le nom de *M. du Val :* voyez ci-dessus, dans la note préliminaire de cette lettre, *prié* ; et ci-après, note 13, *ravie*, échappé par mégarde, à moins que ce ne soit une faute du copiste, dans la lettre à la Palatine.

13. Dans la lettre à la Palatine, où celle-ci était incluse, on lit ces deux passages (*Manuscrit Clairambault* 460, p. 172 et 173) : « Je suis ravie de l'intelligence des frères de Mme de Longueville avec la bonne princesse Palatine.... Je n'ai pas moins de joie de la satisfaction que Monsieur le Prince et M. le prince de Conty témoignent pour ce pauvre M. Hesmond (*Rochef.*), car enfin c'eût été une chose bien cruelle, s'ils ne lui eussent pas fait justice. » Et plus bas : « Il (*Montreuil*) pourroit beaucoup nuire à Rochefoucaut auprès des deux filles[a] de Belinde qui sont allées en province ensemble. Vous pouvez bien, je pense, savoir les sentiments de Solon là-dessus, et essayer de lui en imprimer de bons pour Rochefoucaut ; enfin cela me paroît nécessaire. » — V. Cousin remarque, à ce sujet, dans le *Journal des Savants* (avril 1853, p. 232), que la duchesse s'efforce d'acquérir à la Rochefoucauld la confiance de ses frères et surtout celle de Condé. « On sait, dit-il, que celui-ci avait vu de très-mauvais œil la liaison de sa sœur avec la Rochefoucauld, pour lequel il n'avait aucun goût ; aussi Mme de Longueville recommande-t-elle avec instance à la princesse Palatine de faire en sorte que Montreuil, chargé de la correspondance avec les prisonniers, et qui leur rendait compte de tout ce qui se passait, porte à leur connaissance les services de la Rochefoucauld. »

[a] En marge : « Je crois qu'elle veut dire : *Messieurs les Princes.* » Ce n'est pas douteux. *Je crois que* est de trop.

APPENDICE I.

13. — [LA DUCHESSE DE LONGUEVILLE AU DUC DE LA ROCHEFOUCAULD.]

[Stenay,] 16 décembre 1650.

J'appris hier la mort de Madame la Princesse[1] et aujourd'hui la défaite de M. de Turenne[2], et que l'on croit que le Cardinal va assiéger Stenay[3]. Vous pouvez juger ce que l'amitié que j'ai pour la pauvre Mme de Longueville fait en moi en apprenant ces horribles malheurs. Tout de bon, j'ai senti ces nouvelles persécutions que la fortune lui fait, avec des sentiments un peu criminels et un peu révoltés contre ma patrie. Elle me le pardonnera, s'il lui plaît, et excusera si ma tendresse pour cette malheureuse princesse, réduite à la dernière extrémité, l'emporte sur l'amour que je dois avoir pour mon pays. Mais[4], pour quitter un discours si touchant et si peu propre à vous faire, puisque vous n'êtes de rien et que votre profession vous défend les partialités, soit d'un côté, soit d'un

---

Lettre 13. — Revue sur une copie conservée à la Bibliothèque nationale, *Manuscrit Clairambault* 460, p. 201-203. En tête, d'une autre écriture, également ancienne, se trouve cette mention : « Pour M. Hesmond (*Rochef.*) Me de Long. » Cette lettre a été, comme la précédente, publiée par V. Cousin dans le *Journal des Savants*, avril 1853, p. 238.

1. La princesse douairière de Condé était morte le 2 décembre, à Châtillon-sur-Loing. Voyez les détails que donne à ce sujet Mme de Motteville dans ses *Mémoires*, tome III, p. 241-245.

2. Sur la bataille de Rethel, livrée le 15 décembre, c'est-à-dire la veille même du jour où Mme de Longueville écrivait cette lettre, voyez les *Mémoires*, p. 215 et 216; et ci-dessus, p. 43, la note 4 de la *lettre* 15.

3. Voyez les *Mémoires*, p. 217.

4. Au sujet du passage qui suit, Cousin fait cette remarque : « Ici une phrase mutilée et corrompue dans le manuscrit; » et, omettant ce qui lui paraît altéré, il imprime : « Mais je quitterai ce discours et vous dirai que M. du Val.... » Nous conservons le texte, et ne croyons pas qu'il y ait corruption; le tour : « si peu propre à vous faire », serait aujourd'hui et peut-être même était alors peu élégant, mais le sens est clair : « si peu propre à vous être fait, que je ne devrais pas vous faire, à vous. »

1650

autre, je quitterai ce discours, et vous dirai que M. du Val (*Mme de Long.* [5]) avoit si bien fait que 18 (*Tur.* [6]) n'avoit rien à prétendre dans la maison de 14 (*la Moussaye*[7]) ; son légitime héritier (*Chamilly*) n'en étoit point entré en possession non plus, et tout dépendoit de M. du Val (*Mme de Long.*) ; 24 (*Gourville*) vous contera ce détail, qui étoit assurément un récit qui vous eût plu, si la chose eût pu subsister, ce qu'elle eût fait, sans le procès que 23 (*Condé*), contre toute forme de justice, nous a intenté, et a gagné si entièrement que je doute qu'on laisse trois jours seulement M. du Val (*Mme de Long.*) chez lui. Il ne sait point encore ce qu'il deviendra[8], mais il

5. Voyez ci-dessus, la note 12 de la page 259.

6. Turenne.

7. Le marquis de la Moussaye (voyez les *Mémoires*, p. 168, note 2) venait de mourir. Cet ami et officier de Condé était, dit Cousin (*Journal des Savants*, à l'endroit cité), « un compagnon d'enfance de la duchesse, » laquelle fut très-affectée de sa mort. Voyez à ce sujet (*ibidem*, février 1853, p. 96 et 97) une lettre de Mme de Longueville à Montreuil, du 11 novembre 1650. — La maison de la Moussaye, c'est Stenay. Quand il mourut, la duchesse, dit encore Cousin (*ibidem*, p. 96), « se trouva fort embarrassée. Le comte (Nicolas Bouton) de Chamilly, le père de celui qui devint maréchal de France, était désigné par son grade et ses services pour succéder à la Moussaye ; il était brave et capable, mais, dans ce temps d'intrigues et de soupçons, où personne n'avait confiance ni dans les autres ni dans soi-même, on croyait avoir quelques raisons de craindre qu'il ne fût en intelligence avec la cour. Mme de Longueville proposa donc à son frère de remplacer provisoirement la Moussaye par un autre de leurs amis, Arnauld, mestre de camp des carabiniers. » (Voyez notre tome II, p. 218, note 2.) Mais le prince de Condé, dont le refus est exprimé cinq lignes plus bas par le mot de *procès*, donna le gouvernement de Stenay au comte de Marsin ou Marchin (tome II, p. 321).

8. Dans une autre lettre, adressée à la Palatine (*Journal des Savants*, avril 1853, p. 236), la duchesse écrit : « On croit que les François pousseront leur pointe, et iront droit à Stenay, de sorte que l'on croit que Mme de Longueville sera contrainte à une seconde fuite. Je vous laisse, s'il vous plaît, le soin de mander le détail de mes nouvelles à M. Hesmond (*Rochef.*), car je ne puis lui écrire que ce billet. »

pense qu'il pourra bien aller chez le frère de 22 ou chez la belle-mère de ma cousine [9] : le premier [10] gîte paroît le plus probable, pour cent raisons ; mais comme rien de tout ce qui regarde M. du Val (*Mme de Long.*) ne se conduit par là, mais seulement par une étoile enragée, qui renverse avec rien la dernière puissance [11] quand elle est favorable à M. du Val (*Mme de Long.*), il ne peut répondre de ce qu'il deviendra. Je pense que sa règle infaillible sera de faire ce qu'il pourra ; s'il en peut suivre une autre, ce sera celle qui lui montrera que M. de Beaulieu (*Rochef.*) sera le plus aise d'une chose que d'une autre. Au moins assurez-l'en, et que, jusques au dernier moment, M. du Val (*Mme de Long.*) aura les sentiments que je vous dis dans le dernier trouble : il considérera toujours M. de Beaulieu (*Rochef.*), et fera, s'il peut, ce qui lui pourra plaire davantage, et, s'il ne le peut pas, il sera plus désespéré de cette sorte de malheur que des autres, quelque grands et incompréhensibles qu'ils soient ; car je rentre en matière pour vous dire que jamais procès n'a paru plus juste et mieux appuyé que le nôtre, et que ce n'est que notre étoile qui en a donné le gain à nos ennemis.

Adieu, je vivrai et mourrai à vous. J'ai reçu votre lettre du 28 novembre.

20 [12].

1650

9. Le manuscrit ne nous donne point ici de traduction. La duchesse de Longueville ne fut pas contrainte à une nouvelle fuite ; elle quitta Stenay, le 7 mars 1651, pour aller à Paris, où elle arriva le 13.

10. Dans le texte de Cousin, *ce premier.*

11. C'est-à-dire la plus grande, la plus forte puissance. « Dernier, dit l'Académie (1694), se prend aussi quelquefois pour ce qu'il y a de plus grand en chaque genre, soit bon ou mauvais ; » et elle cite pour exemples (en bonne part) : « C'est un homme de la dernière valeur, de la dernière bravoure. »

12. « Ce chiffre 20, comme le dit Cousin en note (*ibidem*, p. 238), désigne Mme de Longueville. »

14. — LE PRINCE DE CONDÉ AU DUC DE LA ROCHEFOUCAULD.

[1650.]

Je vous ai si peu rendu de services, que je ne puis assez m'étonner de tout ce que vous avez fait pour moi. C'est un effet de votre générosité que je n'oublierai jamais; je vous en demande, Monsieur, la continuation, et que vous vouliez bien avoir créance à ce que M. Lenet, que je sais être fort de vos amis, vous fera savoir de ma part. Il m'a mandé, et j'ai su d'ailleurs, toutes les obligations que je vous ai. Je vous assure et vous proteste que je ne serai jamais ingrat, et que je suis pour toute ma vie à vous du meilleur de mon cœur.

15. — LE ROI AU DUC DE LA ROCHEFOUCAULD, POUR LUI PERMETTRE DE REVENIR EN COUR PRÈS DE LEURS MAJESTÉS.

Mon cousin, ayant trouvé bon, par l'avis de la Reine régente Madame ma mère, que vous veniez en cette ville et près de moi, j'ai bien voulu vous en donner la permission par cette lettre, et vous dire que vous partiez, pour cet effet, lorsque vous le desirerez, du lieu où elle vous sera rendue, et vous rendiez à ma cour, où vous demeurerez jusques à nouvel avis; et la présente n'étant pour autre fin, je prie Dieu qu'il vous ait, mon cousin, en sa sainte et digne garde.

Écrit à Paris, le 27ᵉ janvier 1651.

Lettre 14. — Ce billet, écrit par Condé à la fin de 1650, de sa prison du Havre, où il avait été transféré le 25 novembre de cette année, est extrait des *Mémoires de Lenet* (p. 491 et 492); nous n'en avons pas retrouvé l'original dans ses *Manuscrits*. Voyez ci-dessus, p. 43, note 4, et p. 44, note 9.

Lettre 15. — D'après deux copies, dont l'une est au Dépôt de la Guerre, volume 126, fol. 42, l'autre à la Bibliothèque nationale, Fr. 4182, fol. 37 v°. — La Rochefoucauld était arrivé à Paris au commencement de janvier. « Il y demeura, dit-il, toujours caché chez la princesse Palatine » (voyez notre tome II, p. 220 et note 1), et vit plusieurs fois le cardinal Mazarin, la nuit et en secret (*ibidem*,

APPENDICE I.

16. — LA DUCHESSE DE LA ROCHEFOUCAULD[1] A LENET. 1652

Ce ....^me juillet[2] [1652].

Monsieur,

J'ai ordre de M. de la Rochefoucauld de vous mander de ses nouvelles, et de vous assurer qu'il se porte un peu mieux. Vous devez en quelque façon vous en réjouir, car vous n'avez point de serviteur plus affectionné. Je ne vous mande point de nouvelles; car je ne sais chose du monde, si ce n'est que personne ne croit plus la paix[3]. C'est une chose qui m'afflige tellement, que je ne trouve de consolation qu'en l'honneur que je reçois de ceux qui prennent part en tous mes maux; vous croyez bien, Monsieur, que vous êtes des plus considérables, et que je serai toute ma vie, comme je dois,

Monsieur,

Votre très-humble et très-affectionnée servante,

A. DE VIVONNE.

Suscription : A Monsieur Monsieur Lainé.

---

p. 222). Il ne parle pas dans ses *Mémoires* de cette lettre royale du 27 janvier; toutefois nous le voyons rentré officiellement en relations avec la cour au commencement de février, et, le 11, il part de Paris, avec le secrétaire d'État la Vrillière, pour aller au Havre faire sortir les Princes de prison (*ibidem*, p. 233). Mais Mazarin y arriva (le 13), avant cette ambassade, qui rencontra les prisonniers délivrés et leur libérateur sur la route de Rouen. Pour ces dates, voyez les *Mémoires de Retz*, tome III, p. 267 et note 4.

LETTRE 16. — *Manuscrits de Lenet*, tome XXV, fol. 267 et 268, autographe; cachets conservés; au dos, la mention : « Mme la duchesse de la Rochefoucault. »

1. Andrée de Vivonne, femme de notre auteur : voyez la *Notice biographique*, p. XI et XII.
2. Le chiffre de la date de jour est caché par une tache d'encre; on peut conclure de la première phrase que la lettre a été écrite postérieurement au combat du faubourg Saint-Antoine (2 juillet), où la Rochefoucauld fut blessé grièvement à la figure : voyez les *Mémoires*, p. 409 et 410.
3. Il y a bien dans le manuscrit *la paix*, et non *à la paix*.

17. — GOURVILLE A LENET.

A Paris, ce 28 juillet [1652].

Je crois que vous aurez reçu une de mes lettres, par laquelle je vous mandois ce que je savois de nouvelles. Ce qui s'est passé depuis[1] sont des choses si publiques que je ferois conscience de vous donner la peine de les lire peut-être pour la dixième fois; mais comme vous n'êtes, possible, pas si bien informé de ce qui se passe à Pontoise, je vous en veux mander ce que j'en sais certainement. Il s'y forme une cabale forte contre le Cardinal, et M. de Villeroy[2] n'oublie rien pour le servir à point auprès du Roi. Le Premier Président même a dit tout haut que si Monsieur le Cardinal ne se retiroit bientôt, il supplieroit le Roi de trouver bon qu'il se retirât lui-même[3], et qu'il ne pouvoit point tenir une place si considérable que la sienne dans un conseil duquel les résolutions iroient enfin à la perte de sa patrie. Le Cardinal a voulu obliger ce qu'il y a de gens du Parlement à tenir un parlement à Pontoise, et les envoya chercher pour les en presser horriblement. Ces efforts furent inutiles, et ils dirent toujours qu'ils ne se désuniroient point de leur compagnie[4]. Le Cardinal se mit dans une si[5] furieuse colère qu'il en a été trois jours malade, et en fut encore saigné devant hier.

Je vois moins d'apparence à la paix que jamais, et je suis

Lettre 17. — De la main de Gourville, et signée de l'initiale G. — *Manuscrits de Lenet*, tome XXV, fol. 265 et 266; au dos, la mention : « M. de Gourville pour (*c'est-à-dire au nom de*) M. le duc de la Rochefoucault. » La clef du chiffre, vers la fin de la lettre, est en interligne, de la main de Lenet : voyez ci-dessus, la *lettre* 21 et la fin des *lettres* 23, 24 et 26.

1. Dans l'original, *despuis*.
2. Nicolas de Neufville, marquis, puis duc de Villeroy, gouverneur de Louis XIV (mars 1646), maréchal de France (octobre 1646), ministre d'État (1649).
3. Le mot *même* (*mesme*) est en interligne.
4. On sait cependant qu'un certain nombre de membres se désunirent, quelques jours après, de leur compagnie : voyez ci-dessus, p. 58, *lettre* 22 et note 11; p. 61, *lettre* 23 et note 2.
5. *Si*, en interligne.

persuadé, comme je l'ai toujours été depuis que j'ai vu le pèlerin[6], qu'il ne s'en veut point aller, seulement pas pour un jour, et qu'il n'a dit qu'il étoit d'accord de s'en aller que pour faire croire à tout le monde que ce sont des intérêts particuliers qui empêchent la paix, et non pas son éloignement[7]. Cette affaire ici s'engage d'une si jolie façon, que je ne sais quand nous[8] pourrons trouver jour d'en sortir.

L'on me mande encore de la cour que Adamas (*Viole*)[9] est fort brouillé avec Astropol (*Monsieur le Prince*), et que Pollux (*Viole*) est aussi perdu dans l'esprit de Rosanire (*Monsieur le Prince*), et cela se voit plus clairement après un éclaircissement qu'ils ont eu ensemble devant Bérénice (*Mme de Châtillon*). L'on dit aussi qu'Adamas (*Viole*) et la Tortue (*M. de Chavigny*) ne sont pas trop bien ensemble. Pour Pollux (*Viole*), je le crois assez brouillé avec Diane (*M. de la Rochefoucauld*) et la Sangsue (*M. de Nemours*). Bérénice (*Mme de Châtillon*) est toujours de même avec Astropol (*Monsieur le Prince*).

Voilà tout ce que vous en aurez pour ce soir, et si M. de Marchin est à votre portée, peut-être sera-t-il assez curieux pour vouloir voir ceci. Il y a peu de personnes pour qui j'aie plus de respect. Je crois qu'il seroit étonné, s'il me voyoit si ardent à lui faire ma cour ; mais plus d'une raison m'y oblige[10],

---

6. Rapprochez de la note 33 de la *lettre* 24, ci-dessus, p. 68, 69 ; et voyez au tome V du Molière de notre collection la note 4 de la page 82 (*Dom Juan*, acte I, scène 1).

7. Il s'en alla pourtant peu de temps après la date de cette lettre, le 19 août. — Dans l'original, *eslongnement*.

8. Après *nous*, il y a *verrons*, biffé.

9. Voyez ci-dessus, lettre 21, p. 53 et note 7. — Cet alinéa chiffré, tel qu'il est traduit dans l'original, a, pour accroître l'obscurité, deux noms (*Adamas* et *Pollux*) pour Viole, deux (*Astropol* et *Rosanire*) pour Condé, lequel a déjà de même une double désignation (*Astropol* et *Didon*) dans la lettre 24, p. 68. Si nous rapprochons la lettre 24 de cette lettre-ci et de la *lettre* 23, p. 62, nous trouvons aussi deux noms pour la Rochefoucauld : *Diane* et *Florestant* ; et, dans un autre chiffre (voyez ci-dessus, p. 258, note *a*), deux autres : M. Hesmond et M. de Beaulieu.

10. Ce qui suit, après le mot *oblige*, a été ajouté par Gourville en haut des deuxième et troisième pages, à contre-sens de l'écriture du reste de la lettre.

et plus de cent à vous être plus acquis que personne du monde, et votre très-humble et très-obéissant serviteur. — G.

M. de la Rochefoucauld va toujours de mieux en mieux, et vous fait mille compliments[11].

---

18. — LA DUCHESSE DE LA ROCHEFOUCAULD A LENET.

Ce 29ᵉ novembre [1652].

Monsieur,

La continuation de votre maladie me donne beaucoup de déplaisir[1] et très-grande curiosité de savoir de vos nouvelles.

---

11. Dans les *Manuscrits de Lenet*, d'où est tirée cette lettre, ainsi que tant d'autres de notre recueil, il s'en trouve deux, autographes, écrites à Lenet par Honoré Courtin (voyez ci-dessus, p. 74, la note 8 de la *lettre* 26), qui, par leurs dates, 18 [septembre] et 2 octobre [1652], se placent entre cette *lettre* 17 et la *lettre* 18. L'une est au tome VI, fol. 15 (elle a été insérée par M. Paulin Paris dans son commentaire de Tallemant des Réaux, tome V, p. 302); l'autre est au tome X, fol. 11 et 12 [a]. Elles sont relatives aux dissensions de la petite cour du prince de Conty à Bordeaux, et très-vives contre Sarasin, secrétaire des commandements de ce prince, et protégé par Mme de Longueville. Il y est parlé de la Rochefoucauld comme étant très-irrité, lui aussi, contre Sarasin, que Courtin appelle un *dangereux ennemi*. « Je dis dangereux, ajoute-t-il, à cause de la protection qu'il a (*de Mme de Longueville*); si elle lui manquoit, il ne seroit pas fort à craindre, et je pourrois tenir les manteaux [b] de MM. de la Rochefoucauld et de Guitaut, qui ont dessein de faire tomber quelque grêle sur ses épaules. »

Lettre 18. — *Manuscrits de Lenet*, tome X, fol. 244 et 245, autographe, sans suscription.

1. L'orthographe de la duchesse se distingue par cette liberté, alors si commune, dont les exemples abondent dans certaines de nos lettres : voyez, entre autres, la *lettre* 3 de cet *appendice*, ci-

---

[a] La première n'a pas de suscription; celle de la seconde est : « A Monsieur Monsieur l'Ainé, conseiller du Roi en ses conseils d'État et privé, à Bordeaux. »

[b] Sur cette locution : « tenir les manteaux » de ceux qui commettent un acte de violence et s'en rendre ainsi complice, le faciliter, comme saint Paul qui tenait les manteaux des Juifs lapidant saint Étienne, voyez le *Dictionnaire de M. Littré*, à l'article Manteau, 1°, et l'exemple de Voltaire qui y est cité.

C'est pourquoi j'ai ouvert la lettre que vous avez fait l'honneur d'écrire à M. de la Rochefoucauld, où je vois que vous ne vous lassez point de l'obliger, et, quoique vos propres maux soient très-grands, vous ne laissez pas de sentir ceux de vos serviteurs. En vérité, Monsieur, cela est bien extraordinaire, et il faut que votre vertu soit bien épurée, puisque l'acharnement que l'on a contre M. de la Rochefoucauld et son malheur ne vous donne point plus mauvaise opinion de lui. Après l'épreuve d'une aussi longue persécution que celle qu'il souffre, je veux croire que le monde de votre cour[2] se repentira quelque jour d'en user comme ils font, et il nous est bien avantageux que nos intérêts soient soutenus par une personne comme vous. Je ne prétends pas vous faire des compliments de tout le passé : je vous demande seulement la continuation de vos bontés.

J'envoirai votre lettre à M. de la Rochefoucauld, qui est bien près de Monsieur le Prince, s'il n'est déjà arrivé auprès de lui[3]. Vous avez bien su comme il avoit demandé une sûreté pour demeurer ici se faire traiter, ou un passe-port pour aller chez lui en attendant la saison de travailler à ses yeux ; mais l'on n'a pas jugé à propos de faire ni l'un ni l'autre sans qu'il signât l'amnistie[4]. Il a donc mieux aimé s'en aller, avec un œil dont il ne voit pas à se conduire, et avec l'autre fort menacé du même mal, que de faire ce que la cour demandoit de lui ;

1652

---

dessus, p. 231, note 3. Elle écrit : *beaucoub de deplesir* ; quatre lignes plus bas, *lessez*, pour *laissez* ; puis *soiet*, pour *soit* ; *envoiré*, pour *envoirai* ; *lamnestie*, pour *l'amnistie* ; *penne*, pour *peine* ; *fally*, pour *failli* ; *change* et *porte*, pour *changent* et *portent* ; *plaisent*, pour *plaisant* ; *cette état* ; *ors*, pour *hors*.

2. La cour frondeuse de Bordeaux : voyez p. 268, la note 11 de la *lettre* précédente.

3. Il était parti le vendredi 22 novembre, huit jours avant la date de cette lettre-ci : voyez ci-dessus, les *lettres* 40 et 42, et particulièrement, p. 116 et 118, les notes 6 et 13 de la 42e.

4. C'est-à-dire se soumît aux conditions imposées par la déclaration d'amnistie que le Roi avait envoyée de Compiègne immédiatement avant sa rentrée à Paris, laquelle avait eu lieu le 21 octobre. Voyez les *Mémoires de Mme de Motteville*, tome IV, p. 34 ; et *Madame de Longueville pendant la Fronde*, p. 273 et 274.

et ce n'a pas été sans beaucoup de peine que ses amis lui ont fait avoir un passe-port pour aller joindre Monsieur le Prince. Enfin il l'a eu, et, après avoir eu la peine de se cacher une nuit dans Paris et en avoir passé une aux champs[5] sans se coucher, pour être plus prêt à se sauver, il est parti, et s'en va droit à l'armée de Son Altesse, où il séjournera deux jours au plus ; de là, il ira à Damvilliers pour voir sa sœur[6], qui a failli à mourir. Il n'y séjournera que fort peu et prendra sa route à Bruxelles, en attendant que les choses changent ou qu'il soit en état de servir : car présentement une seule matinée de brouillard seroit capable de le rendre aveugle. Il a plus de coiffes et de bonnets que les vieilles n'en portent, et des lunettes avec des verres : enfin cela est plaisant de le voir équipé comme il est. Pour moi, j'ai toute la douleur que je puis avoir de l'avoir vu partir en cet état. Il a envoyé quérir mon fils[7], qui n'aura pas été trop longtemps hors du service, puisqu'il n'y a pas deux mois que Monsieur le Prince est parti, et Monsieur son père ne l'avoit envoyé chez lui que pour lui donner un peu de repos, après une aussi rude campagne que celle qu'il avoit faite et une aussi grande maladie que celle qu'il a eue[8]. Je vous mande tout ce détail, Monsieur, parce que je suis persuadée que vous l'aurez agréable. Si je savois quelque nouvelle, je vous en ferois part ; mais je ne songe plus qu'à me retirer à la Rochefoucauld[9]. En quelque lieu que je sois, vous y aurez toujours,

Monsieur,

Une très-humble et très-affectionnée servante,

A. de Vivonne.

5. Voyez ci-dessus, la note 13 de la *lettre* 39, p. 110 et 111.

6. Marie-Catherine de la Rochefoucauld, mariée au marquis de Sillery, gouverneur de la place de Damvilliers, duquel nous donnons deux lettres (10 et 11) dans cet *appendice*.

7. Le prince de Marcillac. Gourville écrit, le 17 novembre (ci-dessus, p. 116), qu'il ira le quérir « cette semaine ; » et l'abbé Viole, le 24 novembre (*ibidem*, note 6), que la Rochefoucauld « a envoyé Gourville en Poitou pour *le* quérir. »

8. La petite vérole : voyez les *lettres* 22 et 24, p. 59 et 63.

9. C'est ce que dit aussi (p. 116) la *lettre* 42, déjà citée.

APPENDICE I. 271

Trouvez[10] bon, je vous supplie, de faire part de ce que je vous mande à M. de Marchin.

1652

19. — GOURVILLE A LENET.

A Paris, le 11ᵉ décembre 1652.

Je ne puis pas m'empêcher de vous témoigner encore que j'ai été tout à fait fâché de n'avoir point pu vous aller voir. Mgr le prince de Marcillac part dimanche pour s'en aller, et moi avec lui. Je ne laisserai pas de vous écrire, en quelque lieu que ce soit, fort exactement tout ce qu'il y aura de nouvelles; préparez-vous aussi à faire la même chose de votre côté, et adressez, s'il vous plaît, vos lettres à M. de Lagny, au cloître de Sainte-Opportune, près Sainte-Catherine[1].

Je pense que vous avez su que Fuensaldagne[2] s'est retiré avec une partie des troupes, et que par là il a rendu M. de Turenne maître de la campagne et donné lieu à Monsieur le Cardinal d'espérer de faire quelque chose devant que de venir à Paris. Tous les jours on lui en fait voir le chemin plus difficile, et si bien, que présentement on ne sait pas quand il viendra.

10. Cette dernière phrase est en post-scriptum, dans l'original, à gauche de la formule de politesse finale et de la signature.

Lettre 19. — *Manuscrits de Lenet*, tome XI, fol. 54 et 55; cachets conservés. Cette lettre, qu'annonce la note 13 de la page 118, est de la main d'un copiste, à qui, sans doute, elle a été dictée par Gourville. Bien qu'elle porte au dos la mention ordinaire : « M. de la Rochefoucault, » elle ne peut avoir été dictée par le duc, qui, à la date du 11 décembre 1652, n'était plus à Paris : voyez la note 3 de la *lettre* précédente, et surtout ci-après, p. 273.

1. Voyez p. 60, *lettre* 22 et note 19. Dans la *lettre* 22, l'adresse indiquée est, non *à M.*, mais *à Mlle de Lagny*; il y a de plus ici la mention de *Sainte-Catherine*. L'église et l'hôpital de ce nom étaient situés rue Saint-Denis. L'hôpital n'avait été d'abord qu'une hôtellerie, l'*Ostellerie Sainte-Opportune*, destinée à recevoir les nombreux pèlerins qui visitaient l'église; il avait pris plus tard le nom d'*Hôpital des pauvres de Sainte-Opportune*, puis de *Sainte-Catherine*.

2. Voyez p. 84, *lettre* 29 et note 11.

Il se prépare bien des choses dans le Parlement pour éclater à son arrivée.

Le bruit est fort que M. le cardinal de Retz agit puissamment pour se mettre en état qu'on ne le puisse plus chasser[3], et l'on m'a même assuré qu'il pensoit tout à fait à s'accommoder avec Monsieur le Prince et se mettre, à Paris, à la tête de tous les amis de l'un et de l'autre et des mécontents de la cour, dont il est presque impossible que le nombre n'augmente pas par le peu de paroles qu'on est en état et en dessein de tenir à tous ceux à qui on n'a rien épargné pour promettre.

M. Damville part demain pour aller trouver Son Altesse Royale[4]; mais je réponds bien qu'il ne lui fera point prendre d'autre parti que celui de se tenir en Touraine. Je l'ai vu en passant, et il m'a paru être fort résolu à n'avoir aucune déférence pour la cour, que la paix de Monsieur le Prince ne soit faite. J'ai vu aussi Mademoiselle dans de très-bonnes intentions, et le grand Beaufort aussi. Il ne faut pas attendre de tout cela de grandes entreprises, mais assurément il peut arriver telle chose qui donnera lieu à tout cela de faire des merveilles. Encore est-il bien juste que je me réjouisse avec vous de celles que vous faites à Bourdeaux : tout de bon, vous vous rendrez illustre. Je vous crois présentement bien maître de votre place, après tant d'entreprises découvertes. Je pense que vous ne manquerez pas d'éclaircir fort ces Messieurs les entrepreneurs[5]; car il n'y a pas plaisir de se trouver souvent exposé à de semblables tours. M. de Châteauneuf en a pensé faire un bien

---

3. Nous voyons Retz, dans ses *Mémoires* (tome IV, p. 438), tenter, peu avant cette époque, de faire sa paix avec Mazarin, d'entrer en négociation avec lui. Mais il fut arrêté, quelques jours après la date de cette lettre, le 19 décembre, au Louvre, dans l'antichambre de la Reine.

4. Le duc d'Orléans. Il est parlé dans la *lettre* 39 (p. 107) d'un semblable voyage de Damville « vers Son Altesse Royale, » à la fin d'octobre 1652.

5. *Entrepreneurs*, dans son ancien sens d'auteurs et conseillers d'entreprises, sens dont M. Littré donne des exemples à l'article de ce mot, 1°. — Il a été déjà parlé ci-dessus (p. 66, *lettre* 24, note 21, et p. 268, note 11 de la *lettre* 17 de cet *appendice*) des intrigues de la petite cour de Bordeaux.

ticulièrement la recrue² de sa compagnie³ du nombre de soixante hommes, et d'en prendre le soin principalement.

Plus, je me suis obligé de faire faire la recrue de M. de Chantellot, mon premier capitaine, du même nombre, de laquelle vous donnerez charge à Bourg d'en prendre soin; néanmoins vous chargerez particulièrement de l'argent et le soin de faire trouver ces hommes.

Plus, vous donnerez adresse au sergent de M. de Courbon rendre Larose en lieu où il pourra faire sa recrue. Pour la dépense, vous la lui laisserez faire sans vous en mêler. Vous procéderez de même de celui de M. de Monchard, nommé Cousouneau.

Plus, vous aurez correspondance tous ensemble à un rendez-vous, et viendrez tous de compagnie.

ESTISSAC.

Il y a deux cent quinze livres pour la levée de chaque compagnie. S'il en faut davantage, ne craignez à le donner, et je vous le ferai rembourser.

2. Le mot est écrit successivement *recruée*, *recruee* et *recrué*.
3. Dans l'original, ici et deux fois à la fin, *complaingnie*; dans le post-scriptum, *craingnez*.

FIN DE L'APPENDICE II.

TABLES DES LETTRES

I

TABLE ALPHABÉTIQUE

DES NOMS PROPRES.

N. B. A partir de la page 227, les chiffres de la table se rapportent aux *Appendices.*

A

Abbesse (l'), voyez Rochefoucauld (Marie-Élisabeth de la).
Adamas, pseudonyme, voyez Viole.
Agen, ville, 285.
Agramate, pseudonyme, voyez Mazarin (le cardinal).
Aiguillon (Marie-Madeleine de Vignerot, veuve du marquis du Roure, seigneur de Combalet, duchesse d'), 45.
Albret (le maréchal d'), voyez Miossens (le comte de).
Albret (le duché d'), 67.
Aligre (Étienne d'), conseiller d'honneur au parlement de Paris, 103.
Alphonse VI, roi de Portugal, 172.
Amboise, ville, 20.
Amitié (*Traité de l'*), écrit de la marquise de Sablé, 147 et note 3, 150.
Angeau (d'), voyez Dangeau.
Angleterre (l'), 190, 194, 241, 243.

Anglois (les), 94, 180, 189.
Angoulême (le duc d'), 77.
Anne d'Autriche, reine de France, 19, 33, 71, 86, 174, 246, 264, 273.
Anville (M. d'), voyez Rochefoucauld (Henri-Achille de la).
Anville (la terre d'), 25-27.
Archiduc (l'), voyez Léopold-Guillaume.
Argenson (René de Voyer de Paulmy, comte d'), 245, 247-249.
Arnauld d'Andilly (Antoine), 228.
Arnauld d'Andilly (Robert), fils aîné du précédent, 227-229.
Arras, ville, 277.
Astropol, pseudonyme, voyez Condé (le prince de).
Aubeterre (*le régiment d'*), 29.
Aumale (Suzanne d'), 182-185, 223, 224.
Auteuil, près de Paris, 165.
Auvergne (l'), 226.

B

Baas (le baron de), 255, 256.
Bagnères-de-Luchon, 234, 239, 241.
Bagneux, près de Paris, 116.
— (Lettre datée de), 113.
Bagnières, voyez Bagnères.
Baigneux, voyez Bagneux.
Bailleul (Nicolas le), président au parlement de Paris, 66.
Baillif (M.), 145.
Balzac (Jean-Louis Guez de), 136.
Bannières, voyez Bagnères.
Barbin, libraire à Paris, 223.
Barcelone, ville, 96.
Barèges (les bains de), 179, 183, 188, 200, 224.
Bar-le-Duc, ville, 274.
Baron (Vincent), dominicain, 222.
Barre (le sieur la), président aux Enquêtes, 122.
Bartet, secrétaire du Cabinet, 56, 78.
Bastille (la), 96, 114, 117.
Bateville, Batteville, voyez Vatteville.
Beauce (pain de), 177 et note 7.
Beaufort (François, duc de), 59, 103, 108, 117, 175, 176, 189, 190, 272.
Beaulieu (M. de), pseudonyme, voyez Rochefoucauld (François VI, duc de la).
Beaumont (M. de), 104.
Beauvais (François de la Cropte, seigneur de), 119, 120.
Belinde, pseudonyme, voyez Condé (la princesse douairière de).
Bercenay (M. de), capitaine des gardes du duc François VI de la Rochefoucauld, 84.
Bérénice, pseudonyme, voyez Chatillon (la duchesse de).
Bessé (Mlle de), 26, 27.

Bitaut (François), conseiller au parlement de Paris, 109.
Blois, ville, 103, 108, 246, 248.
Boisennier (le sieur), 283.
Boispille, Boispillé, voyez Boispillet.
Boispillet, intendant de la maison de Chevreuse, 235, 240, 242.
Bordeaux, ville, 15, 52, 77, 98, 99, 101, 112-114, 253, 255-257, 272, 275, 285.
Bordeaux (le parlement de), 81.
Bouillon (Frédéric-Maurice de la Tour d'Auvergne, duc de), 54, 60, 68, 254, 255, 257.
Bouillon (Godefroy-Maurice, duc de), fils du précédent, 68.
Bouillon, ville, 63, 92.
Boulaye (le marquis de la), 65.
Bourdeaux, voyez Bordeaux.
Bourg (le sieur), 289.
Bourgneuf (Mme de), 259.
Bourgogne (la), 225.
Bousquet (le sieur le), 283.
Bouthillier (Claude), surintendant des finances, 239.
Breil (le sieur de), 286, 287.
Bressuire, ville, 30.
Brezé (Urbain de Maillé, marquis de), 239.
Brienne (Henri-Auguste de Loménie, comte de), 54, 115.
Briolle ou Briord (le comte de), 63, 72, 193, 195.
Brouage, ville, 242.
Broussel, prévôt des marchands de Paris, 94.
Brutus, 131.
Bruxelles, ville, 78, 116, 270.
Buffara (M. de), intendant des biens de la comtesse de Clermont, 198.

C

Cahuzac, bourg, 236, 282-284, 288.

CAILLET, secrétaire du prince de Condé, 56, 61, 69, 87.
CALAIS, ville, 94.
CANDALLE (le duc de), 277.
CANTALS ou CANTALZ (le sieur), 284, 287.
CARTEIL (le sieur), 287.
CASAL, ville, 96.
CASTELAN (M. de), 175.
CASTILLONNÈS, bourg, 234.
CATALANS (les), 256.
CATALOGNE (la), 256, 278.
CATEAU-CAMBRÉSIS (le), 288.
CAZAL, voyez CASAL.
CERDAGNE (la), 279.
CERVELAURRE (M. de), 288.
CERVELAURRE (Mlle de), 288.
CHAMBORD (Lettre datée de), 197.
CHAMILLY (Nicolas Bouton, comte de), 262.
CHAMPLATREUX (Jean-Édouard Molé, seigneur de), 105.
CHANTELLOT (M. de), 289.
CHANTILLY (le château de), 169, 173, 189, 244.
CHAPELLE (M. de la), 187.
CHARENTE (les Traites de), 28-30.
CHARENTON, près de Paris, 88.
CHARLES Ier, roi d'Angleterre, 240, 241.
CHARONNE, près de Paris, 238.
CHARPENTIER, un des secrétaires du cardinal de Richelieu, 238.
CHATEAUNEUF (Charles de l'Aubespine, marquis de), 36, 37, 71, 272, 273.
CHATEAUROUX, ville, 124.
CHATEAU-THIERRY, ville, 77, 108.
CHATILLON (Élisabeth-Angélique de Montmorency-Bouteville, duchesse de), et, en secondes noces, duchesse de Mecklenbourg, 43, 55, 61, 62, 267, 278, 279.
CHATILLON-SUR-LOING, 39, 43.
CHAVIGNY (Léon Bouthillier, comte de), secrétaire d'État, 34-36, 105, 242, 267.
CHAVIGNY (la comtesse de), 223.

CHERÉ (M. de), 238.
Cheval bardé (le), hôtellerie, 20
CHEVREUSE (le duc de), 20, 232, 240.
CHEVREUSE (la duchesse de), 14, 18, 19, 21, 26, 27, 231-243, 287.
CLERMONT (la comtesse de), 197.
CLERMONT-EN-AUVERGNE, 226.
Cloître-Sainte-Opportune (le), à Paris, 60, 271.
COLBERT (Jean-Baptiste), 143.
COMPIÈGNE, ville, 64, 80, 91.
COMTAL (le sieur), 286.
CONDÉ (Louis II de Bourbon, prince de), 23-25, 42, 45, 47, 53-55, 59, 62, 63, 65-68, 70, 73, 75, 77-81, 84-88, 91, 93, 95, 97, 99, 100-102, 104, 105, 108-110, 114, 116, 117, 120-123, 126, 127, 141, 171, 182, 195, 196, 206, 207, 225, 251, 259, 262, 264, 267, 269, 270, 272-275. Voyez aussi l'article *Princes (les)*.
CONDÉ (la princesse douairière de), mère du précédent, 254, 259, 261.
CONDÉ (Claire-Clémence de Maillé-Brezé, princesse de), femme du précédent, 41, 42, 82, 259, 261.
CONTY (Armand de Bourbon, prince de), frère du précédent, 45, 65, 66, 72-77, 79, 84, 86, 91, 251, 259, 275-279. Voyez aussi l'article *Princes (les)*.
CORBEIL, ville, 54.
CORBINELLI (Jean), 146, 208.
COULANGES (Christophe de), abbé de Livry, 198, 207.
COULANGES (Philippe-Emmanuel, marquis de), 205, 208.
Cour (la) de France, 54, 70, 71, 80, 91, 96, 101, 104.
COURBON (M. de), 289.
COURET (M. le), 38.
COURTIN (Antoine), maître des requêtes au parlement de Paris, 74, 75.

COURTIN (Honoré), fils du précédent, conseiller d'État et diplomate, 74, 75.
CREIL, ville, 102.
COUSOUNEAU (le sieur), 289.
CRÉQUY (François de), marquis de Marines, maréchal de France, 198.
CRÉQUY (Charles de), frère du précédent, 65.
CUZAC, voyez CAHUZAC.

D

DAFIS, président au parlement de Bordeaux, 73.
DAMVILLE (François-Christophe de Lévis Ventadour, comte de Brion, puis duc d'Anville ou de), 72, 107, 272.
DAMVILLIERS, ville, 99, 116, 119, 270, 273, 275. — (Lettre datée de), 120.
DANGEAU (le marquis de), 193.
DAUGNION ou DOGNON (le comte du), 73.
DAUPHIN (le), Louis, fils aîné de Louis XIV, 185.
Dauphin (le), hôtellerie, 233.
DAUPHINÉ (le), 128.
DESCARS (M.), 288.
Diane, pseudonyme, voyez ROCHEFOUCAULD (François VI, duc de la).
Didon, pseudonyme, voyez CONDÉ (le prince de).
DINANT. ville, 63.
Doge (le), 160.
DOGNON, voyez DAUGNION.
DONCHERY, ville, 117.
DORAT (l'abbé du), 238.
DOUZAINS, bourg, 234, 236.
Duc (Monsieur le), voyez ENGHIEN (Henri-Jules de Bourbon, duc d').
Ducs (*Messieurs les*), désignation collective des ducs et pairs, 144.

DUNOIS (Jean-Louis-Charles d'Orléans, comte de), 43.
DUNKERQUE, ville, 95.

E

École des maris (*l'*), comédie de Molière, 198.
Éducation des enfants (*l'*), écrit de la marquise de Sablé, 132, 147 et note 3, 150, 185 et note 1.
ENGHIEN (le duc d'), voyez CONDÉ (Louis II de Bourbon, prince de).
ENGHIEN (Henri-Jules de Bourbon, duc d'), fils du précédent, 195, 199, 206.
ÉPOISSE (le château d'), en Bourgogne, 171.
ESCHAUX (Bertrand d'), archevêque de Tours, 234.
ESPAGNE (l'), 50, 57, 58, 77, 85, 120, 128, 238, 239, 241, 251, 253-255.
ESPAGNET (M. d'), conseiller au parlement de Bordeaux, 73.
ESPAGNOLS (les), 54, 56-58, 95, 128, 256.
ESPRIT (Jacques), de l'Académie française, 125, 130, 135, 141, 147, 151, 162, 165, 166, 186.
ESPRIT (Mme), femme du précédent, 154.
ESPRIT (Thomas), père de l'Oratoire, 134.
ESTAMPES (Jacques d'), marquis de la Ferté-Imbaut, maréchal de France, 69, 93.
ESTISSAC (Benjamin de la Rochefoucauld, baron d'), 234, 288.
EUROPE (l'), 254.

F

FAYETTE (la comtesse de la), 174 (?), 190 (?), 200 (?), 205, 279, 281.

FAYETTE (l'abbé de la), fils de la précédente, 205.
FERMELIS (Mlle de), 86.
FERTÉ-NABERT (Henri de la), ambassadeur de France en Angleterre, 241, 243, 244.
FERTÉ-NABERT (Henri de la), maréchal de France, fils du précédent, 60.
FERTÉ-SOUS-JOUARRE (la), 63.
FEUQUIÈRES (Isaac de Pas, marquis de), 220.
FIESQUE (Charles-Léon, comte de), 69.
FIESQUE (Gillonne d'Harcourt, comtesse de), femme du précédent, 108.
FLANDRES (les), 65.
Florestant, pseudonyme, voyez ROCHEFOUCAULD (François VI, duc de la).
FONFRÈDE, voyez FONTFROIDE.
FONTENAY-LE-COMTE (Lettre datée de), 31.
FONTEVRAULT (Marie-Madeleine-Gabrielle de Rochechouart, abbesse de), 211.
FONTFROIDE (l'abbaye de), 195.
FOUCQUET (l'abbé), 99, 104.
FOUCQUET (Nicolas), l'ex-surintendant, 170.
FRANCE (la), 21, 83, 85, 94, 126, 180, 239, 241.
FRANÇOIS (les), 58, 256.
Frondeurs (les), 43.
FRONTENAC (Anne de la Grange, comtesse de), 108, 183.
FUENSALDAGNE (le comte de), gouverneur des Pays-Bas espagnols, 84, 271, 274, 275.
FUENSALDAIGNE, voyez FUENSALDAGNE.

G

GAND, ville, 123.
GAULTIER (le sieur), 275.
GIGERI (Djijelli), ville d'Afrique, 172, 175.
GIRARD, secrétaire du prince de Conty, 56.
GOMBAULD (M. de), 288.
GONESSE, bourg, 64.
GOULAS (Léonard), secrétaire des commandements du duc d'Orléans, 69, 103, 107.
GOURVILLE (Jean Hérault de), 39, 62, 121, 128, 133, 169 (?), 170 (?), 171, 179, 192 (?), 262, 266, 271, 277-279.
GOUVILLE (Lucie de Costentin de Tourville, marquise de), 40, 41.
Graf, pseudonyme, voyez MARCILLAC (François VI de la Rochefoucauld, prince de).
GRANDPRÉ (Charles-François de Joyeuse, comte de), 92.
Grand Prieur (le), voyez SOUVRÉ (Jacques de) et VALENÇAY (Henri d'Estampes de).
GRANGE (Françoise de la), 182.
GRANGE (le sieur la), 235.
GRIEUX (le président de), 51.
GRIGNAN (Marguerite-Françoise de Sévigné, comtesse de), 207.
Gui Joli, voyez JOLI (Gui).
GUISE (Henri II de Lorraine, duc de), 82, 87, 90.
GUISE (Élisabeth d'Orléans, duchesse de), 199.
GUITAUT (Guillaume de Pechpeyrou-Comminges, comte de), 120, 123, 124, 173, 176, 182, 189, 190, 196, 198-201.
GUITAUT (Madeleine de la Grange-d'Arquien, marquise d'Époisse, comtesse de), première femme du précédent, 190-193, 200 (?).
GUITAUT (Élisabeth-Antoinette de Verthamon, comtesse de), seconde femme du précédent, 199, 200 (?).
GUYENNE (la), 76, 82, 96, 176.

H

Harcourt (Charles de Lorraine, prince d'), 53.
Haucourt (Mlle de), 184.
Hilaire, valet de chambre de la duchesse de Chevreuse, 233, 234.
Hillière (M. de la), 117.
Hollandois (les), 180, 189.
Hongrie (l'expédition de), 172.
Hôtel de ville (l') de Paris, 57, 93, 134, 141.
Huet (Daniel), évêque d'Avranches, 281.
Huillerye (M. de l'), 287, 288.
Huxelles (Marie le Bailleul, marquise d'), 222, 223.

I

Indes (la flotte des), 52.
Instruction pour l'histoire (l'), ouvrage du P. Rapin, 214 et note 2.
Italie (l'), 96.

J

Jarzé (le baron de), 53, 68.
Jarzé (René du Plessis de la Roche-Pichemer, marquis de), 193.
Jarzé (Marie-Urbain-René du Plessis de la Roche-Pichemer, marquis de), fils du précédent, 193.
Joli (Gui), conseiller au Châtelet, 88.
Joyeuse (Robert de), lieutenant de Roi en Champagne, 91.
Junon, pseudonyme, voyez Langlade.
Jurats (les), magistrats municipaux de Bordeaux, 56.

L

Labarde (la ferme de), 287.
Laboureur (l'abbé le), généalogiste, 144.
Lagny (M. de), 271.
Lagny (Mlle de), 60.
Lagny, bourg, 63, 84.
Lainet, voyez Lenet.
Langlade (Jacques de), baron de Saumières, 60, 62, 77, 85.
Languedoc (le), 128, 195.
Larose (le sieur), 289.
Lasnier, oculiste, 116.
Lenet (Pierre), 37, 40, 43, 44, 47-74, 77, 80-120, 124, 137, 138, 169(?), 170(?), 174, 179-182, 188-191, 224, 225, 255, 264-266, 268, 271-275.
Léopold-Guillaume, archiduc d'Autriche, 122.
L'Esnet, voyez Lenet.
Lévis, voyez Damville.
Liancourt (Roger du Plessis, duc de la Roche-Guyon, seigneur de), 16-21, 141, 236, 239-243.
Liancourt (Mme de), femme du précédent, 286, 287.
Liancourt (Jeanne-Charlotte du Plessis-), princesse de Marcillac, petite-fille des précédents, 126, 131, 139, 140, 201.
Liancourt, bourg, 64, 162, 165, 169.
Libersac (M. de), 288.
Lieutenant criminel (le), 182.
Lille, ville, 184, 200, 224. — (Lettre datée de), 194.
Limé, village, 81.
Limours, ville, 107.
Linières (Mme de), 142.
L'Isle, voyez Lille.
Loire (la), fleuve, 72.
Londres, ville, 240.
Longueville (Henri II d'Orléans, duc de), 45, 65, 66, 79, 84, 86, 91, 180, 252.

DES LETTRES. 299

Voyez aussi l'article *Princes* (les).
Longueville (Anne-Geneviève de Bourbon, duchesse de), femme du précédent, 75, 139, 141, 186, 258, 259, 261-263, 278.
Lorraine (l'armée de), 56, 68.
Lorraine (Charles III ou IV, duc de), 56, 66, 68, 78, 79, 81, 82, 84, 85, 87, 89, 90, 95, 97, 122, 258.
Lorraine (Philippe, chevalier de), 206.
Louis XIII, roi de France, 229, 230, 233, 235-239.
Louis XIV, roi de France, 21, 59, 65, 71, 79, 83, 89, 90, 92-94, 96, 103, 105, 106, 108, 110, 143, 171, 190, 193, 205, 206, 226, 247-249, 252, 256, 266, 278, 280.
Louvre (le palais du), à Paris, 226.
Luçon, ville, 29.
Lusson, voyez Luçon.
Luxembourg (le palais de), à Paris, 191.
Luynes (le connétable de), 237.
Luynes (Anne de Rohan, duchesse de), belle-fille du précédent, 183.

M

Madame, voyez Orléans (la duchesse d').
Madrid (Lettres datées de), 252, 257.
Maisons (le président de), 103.
Malbastit, 26, 234-236, 282-289. — Son fils, 26, 27.
Mandane, pseudonyme, voyez Longueville (la duchesse de).
Mantes, ville, 54, 91.
Marais-du-Temple (le), à Paris, 281.
Marans (Françoise de Montallais, comtesse de), 207.

Marchin (le comte de), 51, 98, 112, 114, 267, 271, 273 (?), 275.
Marcillac (François VI de la Rochefoucauld, prince de), voyez Rochefoucauld (François VI, duc de la).
Marcillac (François VII de la Rochefoucauld, prince de), fils du précédent, 55, 59, 63, 72, 116, 124, 200, 270, 271, 280.
Marcillac (la princesse de), femme du précédent, voyez Liancourt (Jeanne-Charlotte du Plessis-).
Marie-Thérèse, reine de France, femme de Louis XIV, 174.
Marillac (René de), conseiller d'État, 142.
Marne (la), rivière, 78.
Marsin, voyez Marchin.
Maure (Anne Doni d'Attichy, comtesse de), 135, 142.
Maures (les), 175.
Maximes (le livre des), 132-135, 145, 147, 150, 151, 166, 167, 185-187, 209-210, 213.
Maximes citées, 130, 131, 143, 148, 149, 151-153, 156, 157, 159-164, 204, 211, 213, 214.
Mazarin (le cardinal), 27-34, 45, 54, 55, 58, 59, 61, 63-65, 67, 68, 70, 71, 77, 83, 85, 91, 92, 101, 105, 109, 110, 118, 129, 136, 261, 266, 267, 271, 273, 277.
Mazarins (les), 92.
Mazerolles (M. de), 38, 43, 253-255.
Meaux, ville, 79.
Mecklenbourg (la duchesse de), 184. Voyez Chatillon (la duchesse de).
Mémoires (les) de la Rochefoucauld, 140-142.
Mequelbourg, voyez Mecklenbourg.
Mesmes (Jean-Antoine de), pré–

TABLE ALPHABÉTIQUE

sident au parlement de Paris, 83.
Metz, ville, 55.
Miossens (César-Phébus d'Albret, comte de), maréchal de France, 56, 64, 115, 184.
Mirat (M. de), conseiller au parlement de Bordeaux, 74.
Mirebeau (Marie-Antoinette de Loménie, marquise de), 17.
Molé (Mathieu), premier président du parlement de Paris, garde des sceaux, 105, 266.
Molé (Jean-Édouard), seigneur de Champlâtreux, maître des requêtes au parlement de Paris, fils du précédent, 105.
Molière, 198.
Monchard (M. de), 289.
Montagu, bourg, 31.
Montausier (Julie d'Angennes, duchesse de), 184, 185.
Montbas (M. de), 90.
Montbazon (Hercule de Rohan, duc de), 240.
Montbazon (Marie d'Avaugour de Bretagne, duchesse de), femme du précédent, 117.
Montespan (Françoise-Athénaïs de Rochechouart, marquise de), 202.
Montignac (M. de), 287.
Montpensier (Anne-Marie-Louise d'Orléans, duchesse de), fille de Gaston, duc d'Orléans, 108, 174 (?), 190 (?), 272.
Montpezat (Jean-François Trémolet, marquis de), 96.
Montreul ou Montreuil, secrétaire du prince de Conty, 258.
Montrond-sur-Cher, ville, 38, 44, 64, 72, 79, 83.
Mortemart (Gabriel de Rochechouart, duc de), 115, 239.
Mote-Bregantin (la), 181. — Son fils, 181.
Mouron, voyez Montrond.

Moussaye (Amaury Goyon, marquis de la), 262.
Mussidan, bourg, 234.

N

Navailles (Philippe de Montaut de Bénac, duc de), 181.
Nemours (Charles-Amédée, duc de), 52, 53, 267.
Nemours (Marie-Jeanne de), fille aînée du précédent, 172.
Nemours (Marie-Françoise de), fille cadette du précédent, 171, 172.
Nesmond (M. de), président au parlement de Paris, 65.
Nevers (l'hôtel de), à Paris, 124.
Nonce (le), 258.
Normandie (la), 54, 143, 259.

O

Oise (l'), rivière, 88, 102.
Ondedei (Joseph Zongo), maître de chambre de Mazarin, puis évêque de Fréjus, 71.
Orléans (Gaston, duc d'), frère de Louis XIII, 53, 57, 59, 71, 79-81, 84, 90, 93-95, 98, 100-104, 107, 108, 142, 254, 272.
Orléans (Marguerite de Lorraine, duchesse d'), seconde femme du précédent, 80.
Orléans (Charles d'), fils aîné de Mme de Longueville, 259.
Orléans (Charles-Paris d'), frère du précédent, voyez Saint-Paul (le comte de).
Orléans (Glose d'), 153.
Ormée (l'), cabale frondeuse à Bordeaux, 81.
Osorio (dom Joseph), envoyé de Philippe IV, roi d'Espagne, 253, 255, 256.

P

Palais-Royal (le), à Paris, 92, 199.
PALATINE (Anne de Gonzague de Clèves, princesse), 173.
PALLUAU (Philippe de Clérembault, comte de), maréchal de France, 90.
PALLUAU (l'abbé de), 250.
PARABÈRE (M. de), 245-248.
PARANT (le sieur), 287.
PARIS, ville, 17, 32, 34, 37, 40, 65, 66, 71, 83, 86, 87, 92, 94, 101, 103-105, 108, 110, 113, 114, 121, 124, 128, 131, 133, 137, 151, 179, 189, 191, 192, 196, 219, 221, 225, 248-250, 264, 270-272, 285, 287, 288. — (Lettres datées de), 24, 25, 27, 46, 52, 56, 61, 62, 69, 72, 77, 80, 83, 87, 89, 91, 98, 102, 106, 107, 115, 127, 132, 169, 182, 188, 205, 216, 264, 266, 271.
Paris (le parlement de), 45, 57, 58, 65, 66, 79, 83, 88, 94, 103, 109, 117, 230, 266, 272.
Parlements de Bordeaux, de Paris, de Pontoise, voyez BORDEAUX, PARIS, PONTOISE.
PAUTHET, concierge de la Terne, 237.
P.... D. H. P., dominicain, 222.
PELLISSON (Paul), 216, 219.
Perion, pseudonyme, voyez GOURVILLE.
PERRENELLES (le sieur), 45.
PERSAN (Vaudeter, marquis de), 63.
PHILIPPE IV, roi d'Espagne, 253.
PICARDIE (la), 96.
PIERRE, valet, 46.
PIERRE, cocher, 234.
PLANTE (le sieur la), 140, 147.
PLATON, 151.
PLEMUR, voyez PLYMOUTH.
PLESSIS (Isabelle de Choiseul, femme de Henri de Guénegaud, seigneur du), 217.
PLOMBIÈRES (les bains de), 122.
Pluton, pseudonyme, voyez JARZÉ (le baron de).
PLYMOUTH, port d'Angleterre, 240.
POITIERS, ville, 15, 246, 249. — (Lettre datée de), 35.
POITOU (le), 28, 129, 169, 245, 248, 250.
Pollux, pseudonyme, voyez VIOLE.
PONTOISE, ville, 63, 64, 266.
Pontoise (le parlement de), 58, 64, 83, 85, 103, 166, 266.
PORT-L'ANGLOIS (le), près de Paris, 88.
Porte Saint-Antoine (la), à Paris, 80.
Porte Saint-Bernard (la), à Paris, 88.
PORTUGAL (Alphonse VI, roi de), 172.
PRÉVOST, conseiller au parlement de Paris, 92-94.
Princes (les), désignation collective du prince de Condé, du prince de Conty et du duc de Longueville, 45, 65, 66, 79, 84, 86, 91.
PROVENCE (la), 75, 128.
Provence (la reine de), voyez GRIGNAN (la comtesse de).
PUISIEUX (Charlotte d'Estampes de Valençay, vicomtesse de), 155, 249.
PUYCERDA, ville, 279.

Q

QUINCEY (le comte de), 96.

R

RAPIN (René), de la Compagnie de Jésus, 187, 214.

REGNIER-DESMARAIS, de l'Académie française, 218.
REIMS, ville, 70.
RENIER, voyez REGNIER.
RETHEL, ville, 274.
RETZ (le cardinal de), 117, 272, 274.
RICHELIEU (le cardinal de), 16-18, 21, 229, 230, 235, 238, 239.
RICHELIEU (Anne Poussart, duchesse de), 45.
RICHELIEU (le château de), 183.
RIEUX (François-Louis de Lorraine, comte de), 53, 96, 172.
RIVIÈRES (M. des), 26.
ROCHEFORT (le sieur de), 122 et note 7.
ROCHEFOUCAULD (François V, duc de la), 13, 15, 28, 227-230, 233, 235, 238, 247-249.
ROCHEFOUCAULD (Gabrielle du Plessis-Liancourt, duchesse de la), femme de François V, 14, 124, 201, 234, 238, 242.
ROCHEFOUCAULD (François VI, duc de la), l'auteur des *Maximes* et des *Mémoires*, appelé jusqu'en février 1650 prince de Marcillac, fils du précédent, 13-15, 52, 53, 55, 59, 61, 62, 66, 68, 72, 85, 99, 100, 104, 105, 110, 113-115, 230-238, 241-244, 249, 250, 254, 263, 265, 267-270, 273, 275-277, 279-285, 287, 288.
ROCHEFOUCAULD (Andrée de Vivonne, duchesse de la), femme de François VI, 48, 49, 116, 133, 138, 151, 154, 179, 182, 201, 242.
ROCHEFOUCAULD (François VII de la), voyez MARCILLAC 2°.
ROCHEFOUCAULD (Henri-Achille de la), abbé de Fontfroide, etc., fils de François VI, 196.
ROCHEFOUCAULD (Louis de la), baron de Verteuil, frère de François VI, 120 (?).

ROCHEFOUCAULD (Henri de la), abbé de Sainte-Colombe, etc., frère de François VI, 120 (?).
ROCHEFOUCAULD (Charles-Hilaire de la), chevalier de Malte, frère de François VI, 105.
ROCHEFOUCAULD (Marie-Élisabeth de la), sœur aînée de François VI, abbesse de Saint-Sauveur d'Évreux, 39, 41 (?).
ROCHEFOUCAULD (Marie-Catherine de la), troisième sœur de François VI, voyez SILLERY (la marquise de).
ROCHEFOUCAULD (N., une des filles de François VI, duc de la), 179 et note 8.
ROCHEFOUCAULD (la), ville, 115, 270. — (Lettres datées de), 244, 288.
ROCHELLE (la), ville, 189, 241.
ROCHES-BARITAULT (M. des), lieutenant général en Poitou, 250, 251.
ROCROY (la bataille de), 23.
ROHAN-CHABOT (Henri de), 100, 102.
ROHAN (Louis de), 206.
ROHAN (Mme de), abbesse de Malnoue, 209, 210, 281.
Roi (le régiment du), 193.
ROME, ville, 117.
ROQUE (M. de la), 78.
ROQUELAURE (Gaston-Jean-Baptiste, marquis de), 65.
Rosanire, pseudonyme, voyez CONDÉ (le prince de).
ROUEN, ville, 54.
ROY (Jean), 287.
ROYAUMONT (l'abbaye de), 242.
RUEL ou RUEIL, près de Paris, 238.
RUFFEC, ville, 231, 232, 235, 238.

S

SABLÉ (la marquise de), 131, 132, 134, 136, 138-143, 145, 151,

DES LETTRES.   303

154-169, 185, 186, 201-205, 210-214, 279, 281.
SAINT-AGOULIN (Chauvigny ou Chavigny de), 49, 50.
SAINT-ANTOINE (le combat du faubourg), 142.
SAINT-CAPRAIS (l'église de), à Agen (?), 285.
SAINT-CLOUD, 64, 80.
SAINT-DENIS, 108.
SAINT-GERMAIN-EN-LAYE, 103, 104, 203, 205, 233. — (Lettre datée de), 250.
SAINT-GERMAIN-EN-LAYE (la capitainerie de), 103.
SAINT-HONORÉ (la rue), à Paris, 93.
SAINT-JACQUES (le faubourg), à Paris, 222.
SAINT-JORDY (Lettre datée du camp de), 276.
SAINT-MARCEAU (le faubourg), à Paris, 83, 88.
SAINT-MAUR, près de Paris, 239.
SAINT-PAUL (Charles-Paris d'Orléans, comte de), 259.
SAINT-ROMAIN (Melchior de Harold de Senevas, marquis de), 78.
SAINT-SÉBASTIEN, ville, 253, 255-257.
SAINT-SERNY (le sieur de), 282.
SAINT-SURIN (le sieur de), 283.
SAINTE-CATHERINE (l'église de), à Paris, 271.
SAINTE-GEMME, bourg, 28.
SAINTE-HERMINE, bourg, 28.
SAINTE-MENEHOULD, ville, 116, 274.
SAINTES, ville, 15, 231, 234.
Sangsue (la), pseudonyme, voyez NEMOURS (le duc de).
SARASIN ou SARAZIN (Jean-François), secrétaire des commandements du prince de Conty, 113.
SAUVEBOEUF (le marquis de), 253.
SAVOIE (Charles-Emmanuel II, duc de), 171.

SAXE-WEIMAR (Bernard, duc de), 288.
SCHONBERG (Charles de), duc d'Halluin, maréchal de France, 122, 285.
SCHONBERG (Mme de), femme du précédent, 122, 167.
SCUDÉRY (Mlle de), 215-220.
SEDAN, ville, 92.
SEGUIER (Pierre), chancelier de France, 238, 239.
SELAURE (M. de), 225.
SENLIS, ville, 102.
SERISAY (Jacques de), secrétaire du duc François V de la Rochefoucauld, 13-15, 91, 238.
SERVIENT (Abel), marquis de Sablé, 54, 71.
SÉVIGNÉ (la marquise de), 205-208.
SILLERY (Louis-Roger Brûlart, marquis de), 38, 41, 44-46, 252-257.
SILLERY (Marie-Catherine, marquise de), sœur du duc François VI de la Rochefoucauld, femme du précédent, 177, 221, 270.
SILLERY (Mlle de), fille des précédents, 176-178, 221, 222.
SILLERY (Fabio Brûlart de), évêque de Soissons, 47.
Solon, pseudonyme, voyez MONTREUL.
SOUVRÉ (Jacques de), commandeur de l'ordre de Malte, grand prieur de France en 1667, 129, 135, 149, 202.
STENAY, ville, 81, 261. — (Lettre datée de), 119.
SUCY-EN-BRIE, 81.

T

TALEMENT (le sieur), 283.
TARENTE (Henri-Charles de la Trémoïlle, prince de), 53, 100.

304 TABLE ALPHABÉTIQUE DES LETTRES.

TARTEREAU (le sieur), 17 et note 2, 18-21.
TELLIER (Michel le), chancelier de France, 71, 107, 115, 245, 247, 273.
TERNE (la), 42, 235, 237, 242. — (Lettres datées de la), 42, 138, 140, 189, 200.
THIBAUDIÈRE (le sieur de la), 236.
THIONVILLE (la prise de), 24, 25.
THOU (François-Aug. de), 22, 23.
THOU (Jacques-Auguste de), abbé de Bonneval, frère du précédent, 22, 23.
THOUARS, ville, 30. — (Lettre datée de), 249.
THUILLIN, voyez TULLIN.
Tortue (la), pseudonyme, voyez CHAVIGNY (le comte de).
TOURAINE (la), 272.
TOURNAI, ville, 195.
TOURS, ville, 234.
TOURVILLE (Lucie de la Rochefoucauld-Montendre, comtesse de), 40, 41, 123.
TRÉMOÏLLE (Henri de la), 30.
TRIMOUILLE, voyez TRÉMOÏLLE.
TULLIN, valet de chambre du duc François VI de la Rochefoucauld, 25, 234-237.
TURENNE (le vicomte de), 43, 60, 84, 88, 90, 95, 96, 102, 109, 115, 261, 262, 271, 274.
TUSSON, village, 26.

V

Val (*du*), pseudonyme, voyez LONGUEVILLE (la duchesse de).
VALENÇAY (Dominique d'Estampes, marquis de), 72.
VALENÇAY (Henri d'Estampes de), bailli conventuel de l'ordre de Malte, grand prieur de France en 1670, 202.

VALETTE (le duc de la), 236.
VALON (M. de), maréchal de camp, 83.
VASSÉ (le marquis de), 96.
VATTEVILLE (le baron de), 50, 254, 255-257.
VENISE, ville, 160.
VERDERONNE (Claude de Laubespine, baron de), 84.
VERTEUIL, bourg, 21, 181, 232, 233, 235, 287, 288. — (Lettres datées de), 15, 34, 36, 133, 136, 148, 201, 223, 225, 229, 230, 232, 239, 240, 243, 247, 282, 284, 286.
VERTOBIL, voyez VERTEUIL.
VERTUS, ville, 78.
VICTOIRE (Claude Duval de Coupeauville, abbé de la), 146.
VIEILLEVIGNE (M. de), 31.
VIEUVILLE (Charles, duc de la), 65, 103.
VIGNIER (le président), 238, 241.
VIGNOLE (M. de), 246.
VILLEFAGNAN, postillon, 234.
VILLEROY (François de Neufville, duc de), 208.
VILLEROY (Nicolas de Neufville, marquis, puis duc de), 266.
VILLERS-COTTERETS, 171.
VINCENNES, près de Paris, 105.
VIOLE (le président Pierre), 53, 77, 100, 267.
VIVONNE (Louis-Victor de Rochechouart, duc de), 175.

X

XAINTES, voyez SAINTES.

Z

Zaïde, personnage de roman, 226.

II

TABLE

DES LETTRES CONTENUES DANS LE TOME III,

RANGÉES ALPHABÉTIQUEMENT D'APRÈS LES NOMS
DES CORRESPONDANTS.

*N. B. Les lettres autographes de la Rochefoucauld (François VI)
sont marquées d'un astérisque.*

1° LETTRES ÉCRITES PAR LA ROCHEFOUCAULD A :

Aumale (Mlle d') :
Sans dates d'années, 7 octobre, *lettre 86, page 182; 4 décembre,
*lettre 114, p. 223.

Chateauneuf (marquis de) :
[1650,] mars, *lettre 11, page 36.

Chavigny (comte de) :
[1648,] 7 décembre, *lettre 9, page 34.
[1650,] 15 février, *lettre 10, page 35.

Clermont (comtesse de) :
1669, 24 septembre, *lettre 95, page 197.

Colbert :
[1663,] 21 décembre, *lettre 61, page 143.

Condé (Louis II, prince de) :
[1659,] 23 décembre, *lettre 50, page 126.

TABLE DES LETTRES

Condé (Claire-Clémence de Maillé-Brezé, princesse de) :

[1650,] 20 décembre, *lettre 14, page 41.

Conty (Armand, prince de) :

[1652,] 27 août, lettre 26, page 72.

Enghien (duc d') :

1643, 23 mai, *lettre 4, page 23 ; — 4 septembre, *lettre 5, page 24. — *Voyez* Condé (prince de).

Esprit (Jacques) :

[1660?] *lettre 53, page 130 ; — lettre 54, page 132.
[1663?] *lettre 66, page 151.

Feuquières (marquis de) :

Sans date d'année, 21 janvier, *lettre 111, page 220.

Guitaut (comte de) :

[1653,] 2 mai, *lettre 46, page 120.
[1657,] 22 décembre, lettre 47, page 123.
[1664,] 22 septembre, lettre 81, page 169 ; — 15 novembre, lettre 82, page 173.
Sans date d'année, 19 novembre, lettre 92, page 191.
[1667,] 21 mai, lettre 93, page 193 ; — 20 août, lettre 94, page 194.
Sans dates d'années, 24 septembre, lettre 90, page 189 ; — 19 novembre, page 191 ; — lettre 96, page 198 ; — 26 août, lettre 97, page 200.

Huxelles (marquise d') :

Sans date, lettre 113, page 222.

Laboureur (le) :

[1663,] *lettre 62, page 144.

Lenet (Pierre) :

[1650,] 16 novembre, *lettre 12, page 37 ; — 8 décembre, *lettre 13, page 40 ; — 27 décembre, *lettre 15, page 43.
[1652,] 20 avril, *lettre 17, page 46 ; — 30 avril, *lettre 18, page 47 ; — 2 juin, *lettre 19, page 48 ; — 21 juin, *lettre 20,

page 49; — 4 août, lettre 21, page 52; — 7 août, lettre 22, page 56; — 14 août, lettre 23, page 61; — 21 août, lettre 24, page 62; — 25 août, lettre 25, page 69; — 28 août, lettre 27, page 77; — 4 septembre, lettre 28, page 80; — 4 septembre, lettre 29, page 83; — 8 septembre, lettre 30, page 87; — 11 septembre, *lettre 31, page 89; — 11 septembre, lettre 32, page 89; — 25 septembre, lettre 33, page 91; — 28 septembre, *lettre 34, page 97; — 13 octobre, lettre 35, page 98; — 13 octobre, *lettre 36, page 101; — 16 octobre, lettre 37, page 102; — 23 octobre, lettre 38, page 106; — 27 octobre, lettre 39, page 107; — 11 novembre, *lettre 41, page 113; — 17 novembre, lettre 42, page 115.

[1653,] 11 février, *lettre 44, page 119; — 12 février, *lettre 45, page 120.

Sans dates, *lettre 48, page 124; — *lettre 57, page 137; — *lettre 85, page 181; — *lettre 91, page 190; — 17 décembre, *lettre 115, page 224.

[1665?] *lettre 84, page 179.

[1666,] 17 septembre, *lettre 89, page 188.

Liancourt (M. de) :

1638, septembre, *lettre 2, page 16.

Malbastit :

Sans dates, App. II, *lettre 1, page 282; — *lettres 2 et 3, page 283; — *lettre 5, page 284.

Marchin (comte de) :

[1652,] *lettre 40, page 112.

Mazarin (cardinal) :

1648, 1er septembre, *lettre 7, page 27; — 2 octobre, *lettre 8, page 32.

Rapin (père) :

[1666,] 12 juillet, *lettre 88, page 187.
[1677,] 3 octobre, *lettre 106, page 214.

Rohan (Mme de) :

[1674,] lettre 103, page 210.

Sablé (marquise de) :

[1659, 1660?] * lettre 49, page 125 ; — * lettre 51, page 127 ;
* lettre 52, page 129 ; — * lettre 55, page 134 ; — * lettre 56,
page 136.
[1662,] 21 juin, * lettre 58, page 138.
1669, 26 octobre, * lettre 98, page 201.
[1675,] 2 août, * lettre 104, page 210.
Sans dates, * lettre 60, page 142 ; — * lettres 63 à 65, pages 145 à
148 ; — * lettres 67 à 80, pages 155 à 168 ; — * lettre 87,
page 185 ; — * lettre 99, page 202 ; — * lettre 100, page 203.

Scudéry (Mlle de) :

Sans dates d'années, 22 août, * lettre 107, page 215 ; — 12 novembre,
* lettre 108, page 217 ; — 7 décembre, * lettre 109, page 218 ;
— 30 décembre, * lettre 110, page 219.

Serisay :

[1637,] 13 septembre, * lettre 1, page 13.

Sévigné (marquise de) :

1673, 9 février, lettre 101, page 205.

Sillery (marquis de) :

[1651,] 14 janvier, * lettre 16, page 44.

Sillery (Mlle de) :

[1664,] novembre, lettre 83, page 176.
Sans date, lettre 112, page 221.

Thou (abbé de) :

[1642,] septembre, * lettre 3, page 22.

Tullin :

1643, 28 septembre, * lettre 6, page 25.

Monsieur *** :

[1652,] * lettre 43, page 118.
[1662,] * lettre 59, page 140.
Sans dates, * lettre 116, page 225 ; — App. II, lettre 4, page 284.

2° LETTRES ÉCRITES A LA ROCHEFOUCAULD PAR :

CONDÉ (Louis II, prince de) :
[1650,] App. I, lettre 14, page 264.

CONTY (Armand, prince de) :
[1654,] 17 septembre, App. I, lettre 21, page 276.

LONGUEVILLE (duchesse de) :
[1650, 26 novembre,] App. I, lettre 12, page 258; — 16 décembre 1650, App. I, lettre 13, page 261.

LOUIS XIV :
1651, 27 janvier, App. I, lettre 15, page 264.

MAZARIN (cardinal) :
1648, 9 septembre, App. I, lettre 8, page 249. *Voyez tome II, page* 105, *note* 3.

ROHAN (Mme de) :
[1674,] lettre 102, page 209. *Voyez tome I, page* 387, *note* 1.

SABLÉ (marquise de) :
[1675,] lettre 105, page 213.

SILLERY (marquis de) :
[1650,] 5 [août], App. I, lettre 10, page 252; — 6 août, App. I, lettre 11, page 257.

3° LETTRES DE DIVERS A DIVERS :

ARGENSON (le comte d') :
Au duc François V DE LA ROCHEFOUCAULD, 1644, 11 octobre, App. I, lettre 7, page 247.

ESTISSAC (le baron d') :
A MALBASTIT, sans date, App. II, lettre 8, page 288.

GOURVILLE :

A LENET, [1652,] 28 juillet, App. I, lettre 17, page 266; — 11 décembre, App. I, lettre 19, page 271.

HUILLERYE (M. de l') :

A MALBASTIT, 1639, 1ᵉʳ février, App. II, lettre 7, page 287.

LIANCOURT (Mme de) :

A MALBASTIT, sans date, App. II, lettre 6, page 286.

LOUIS XIV :

A FRANÇOIS V, duc de la Rochefoucauld, 1649, 17 janvier, App. I, lettre 9, page 249.

ROCHEFOUCAULD (le comte, puis duc François V de la) :

A ARNAULD D'ANDILLY, 24 juin, App. I, lettre 1, page 227.
Au cardinal DE RICHELIEU, 1637, 13 juin, App. I, lettre 2, page 229; — 8 novembre, relation sur la fuite de Mme de Chevreuse, App. I, lettre 3 (annexe B), page 238.
A [M. DE LIANCOURT], 1637, 12 novembre, App. I, lettre 4, page 240.
A M. DE LA FERTÉ, 1642, 20 février, App. I, lettre 5, page 244.
A MONSIEUR ***, 1644, 20 juillet, App. I, lettre 6, page 244.

ROCHEFOUCAULD (Gabrielle du Plessis de Liancourt, duchesse de la) :

A [François V, duc DE LA ROCHEFOUCAULD, 1637], 13 septembre, App. I, lettre 3, page 231.

ROCHEFOUCAULD (Andrée de Vivonne, duchesse de la) :

A LENET, [1652,] juillet, App. I, lettre 16, page 265; — 29 novembre, App. I, lettre 18, page 268; — 25 décembre, App. I, lettre 20, page 274.

VIGNIER (le président) :

Au cardinal DE RICHELIEU, 1637, 8 novembre, relation sur la fuite de Mme de Chevreuse, App. I, lettre 3 (annexe A), page 233.

www.ingramcontent.com/pod-product-compliance
Lightning Source LLC
Chambersburg PA
CBHW062010180426

43199CB00034B/1821